“产教融合 MPAcc 教学智库实验平台建设”系列成果

“小班 + 案例”教学模式改革系列教材

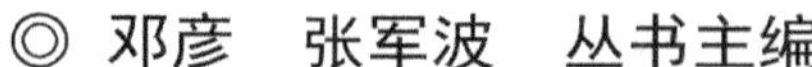

◎ 邓彦　张军波　丛书主编

重组并购教学案例

CHONGZU BINGGOU JIAOXUE ANLI

● 黄蓉　黄灿　曾琼军　陈越　编著

华南理工大学出版社
SOUTH CHINA UNIVERSITY OF TECHNOLOGY PRESS
· 广州 ·

内容简介

本系列教材案例均由广东工业大学管理学院案例开发中心开发完成，涵盖财务会计、财务管理、管理会计和审计等专业核心课程，以及高等学校的会计、银行会计、财税管理、财务报表分析、内部控制与风险管理、资本运营、重组并购等专业课程。适用于 MBA（工商管理硕士）、MPAcc（会计硕士）、工程硕士、全日制研究生以及高年级本科学生案例研讨；可作为理论研究的参考书，供从事财务管理理论研究的专家学者以及企业管理咨询机构使用；同时也是了解中国企业管理实践的必读书，可供企业所有者和管理者参考借鉴。

本系列教材案例为中央财政支持地方高校发展专项资金项目“产教融合 MPAcc 教学智库实验平台建设”（项目编号：400170043）、广东省质量工程项目“基于协同创新视角下的会计教学模式改革研究”（项目编号：JGXM022）、广东工业大学校级质量工程项目“以社会需求为导向的会计学专业教学体系优化”（项目编号：261541418）、广东省哲学社会科学规划项目（GD16XGL53）阶段性成果之一。

图书在版编目（CIP）数据

重组并购教学案例/黄蓉等编著．—广州：华南理工大学出版社，2018.7
ISBN 978－7－5623－5671－4

Ⅰ.①重…　Ⅱ.①黄…　Ⅲ.①上市公司－资产重组－案例－高等学校－教学参考资料　Ⅳ.①F276.6

中国版本图书馆 CIP 数据核字（2018）第 133536 号

重组并购教学案例
黄蓉　黄灿　曾琼军　陈越　编著

出 版 人： 卢家明
出版发行： 华南理工大学出版社
（广州五山华南理工大学 17 号楼，邮编 510640）
http://www.scutpress.com.cn　　E-mail：scutc13@scut.edu.cn
营销部电话：020－87113487　87111048（传真）
责任编辑： 吴兆强　邓荣任
印 刷 者： 虎彩印艺股份有限公司
开　　本： 787mm×1092mm　1/16　**印张：** 13.25　**字数：** 339 千
版　　次： 2018 年 7 月第 1 版　2018 年 7 月第 1 次印刷
印　　数： 1～1000 册
定　　价： 39.80 元

版权所有　盗版必究　　印装差错　负责调换

"产教融合 MPAcc 教学智库实验平台建设"系列成果
"小班 + 案例"教学模式改革系列教材

主编委员

邓　彦　　张军波

副主编委员

黄　蓉　　许　慧　　张　卓　　陈文涓

编委会

蔡植群　　曹晗抒　　陈　沉　　陈少杏　　陈伟晓
陈文涓　　陈忆平　　陈　越　　邓　彦　　范俊麟
郭菡墨　　郭建明　　郭铭芝　　何冠星　　贺　晋
黄　灿　　黄江峡　　黄青山　　黄　蓉　　霍　茵
金　舜　　李英贵　　李泽平　　刘　思　　刘志渊
罗漫玲　　罗　薇　　罗伟峰　　彭　玫　　彭晓辉
彭　镇　　丘　山　　饶　静　　谭三艳　　唐　丽
陶璐雅　　王永霞　　魏姗琳　　温宇冬　　吴　乐
许金花　　许梅英　　曾琼军　　张军波　　张绍婉
张　源　　张　卓　　郑伟健　　肖　鑫　　陈观康

（编委排名不分先后）

本辑案例开发学生团队

田博超　　徐利可　　杨恩珂　　李文杰　　李　敏
林宏贤　　覃玲欣　　周佳阅　　白云霞　　方　瑶
丁汝琳　　王　志　　谭少红　　朱雨珠　　戴媛媛
沈　哲　　唐　敏　　张诗豪　　王文姣　　王昕然
彭茜茜　　谭淳琦　　关　鹤　　胡婧琳　　吴家宜
苏翊栋　　李　迪

序言

广东工业大学管理学院依托广东工业大学的工科优势，扎根我国社会经济转型的热土，以探索管理理论与实践前沿、服务地方社会经济发展为宗旨，持续为广东经济建设提供有力的人才支持、智力支持和决策支持，成为广东地区管理人才的重要培养基地以及广东经济管理的重要研究基地。目前，学院处于快速上升期，正努力建设成为拥有知名学科的高水平学院。

得益于广东省在国家改革开放和转型升级中的前沿地位，学院在学科建设、人才培养的过程中得以接触到大批具有“敢为天下先”精神的优秀企业家，他们在经营管理中遇到的问题颇具代表性、时代性，甚至超前性，他们在这些问题的处理上有宝贵的经验，也有刻骨的教训。他们个人的成长及其企业的发展历程对管理理论形成了很好的诠释、印证。将这些宝贵实践整理提炼形成案例，让更多管理学实践者、教育者和研究者学习、反思，使之发挥更大的作用是我们一直以来的心愿。

在广东省教育厅和学校的高度重视及大力支持下，广东工业大学管理学院一批知名教授和年轻博士组成企业管理案例开发小组，并正式立项撰写本系列教材案例集。项目团队凭借对管理学理论的独到见解和深入管理现场获得的翔实资料，提炼、撰写了 100 余个会计与财务案例，形成本套财会教学案例系列教材。案例主题既有战略管理、财务管理、财务会计等经典管理话题，又包括创新创业、并购重组、物流与供应链管理等具有时代特色和本土特色的热点话题，从借壳上市、并购重组、资本运营、合并报表、财务分析、税务管理、审计等角度，再现了企业家和管理者在财会实际工作中面临的典型情景、需要解决的典型问题和需要做出的典型决策，有助于读者更好地了解企业所面临的内外部环境的复杂性，认识有效管理者在新时代下所要具备的系统性和前瞻性思维。

本系列教材案例适用领域广泛，用于教学，有助于训练学生对实践的观察，深化其对管理理论、财务管理、财务会计的理解，提高其对问题的分析和解决能力；用于科研，有助于学者们捕捉具有转型期特色的管理现象、提炼管理问题、归纳新的管理规律；用于指导实践，有助于启发管理者思维、扩展视野，获得有借鉴性的管理措施。

德鲁克说：“有效管理者的自我发展，是组织发展的关键所在。”我们谨以此书奉献给有志于成为卓越管理者的商学院学生，对服务企业、服务社会负有责任的学者和教师，以及在管理一线探究有效解决问题途径的实践者。愿广大读者与我们一起推动财务管理理论与实务的发展！

广东工业大学管理学院（执行院长）

张德鹏 教授

2018 年 5 月

前言

为进一步推动案例研究及案例教学的开展，开发出更多、更好、更适用于财会教育的高质量教学案例，提高人才培养质量，由广东工业大学承担的“产教融合 MPAcc 教学智库实验平台建设”项目启动了财会教学案例开发与评选的工作，旨在深化产教融合、校企合作，构建教学智库实验平台，引领学科发展，以学科发展支撑智库建设，促进专业教育决策科学化，为专业教学提供智力支持，培养高素质应用型高端会计人才。

本系列教材案例均由广东工业大学管理学院案例开发中心开发完成，涵盖财务会计、财务管理、管理会计和审计等专业核心课程，以及高等学校会计、银行会计、财税管理、财务报表分析、内部风险控制与管理、资本运营、重组并购等专业课程。项目组成员由具有管理实践经验的企业管理相关领域的教授、博士以及部分企业高管组成。案例均在团队成员深入企业调研、采编并与企业经营者或员工深度访谈的基础上完成。入选案例必须是没有进入国内外案例库、亦未发表过的原创案例。本次开发的案例同时进入广东工业大学管理学院案例库，也是“产教融合 MPAcc 教学智库实验平台建设”系列成果。

1. 案例开发的背景

中国经济实现了跨越式发展，而今成为世界第二大经济体，这其中蕴含的中国特色管理现象与问题同样吸引了全世界的目光。中国企业对于管理相关理论和方法从模糊到熟悉，并且逐渐在实践中予以应用和创新，为经济建设积累了宝贵的经验。

财会教学案例是对企业真实运作场景与管理活动的再现，展现出具有典型性的中国式情境、问题和经验。案例在管理学科领域的教学研究和人才培养中得到了广泛认可和重视，是将管理理论与实践相结合、培养应用型高级管理人才的有效手段。案例开发是接触中国企业真实情景的有效途径，是“实践—认识—再实践—再认识”的过程；案例的真实性、实战性可以帮助学生充当决策者的角色，提升学生处理问题的能力。案例教学能让学生深刻领会到理论在实践中的生命力，是缩短教学情境与职业工作情景的有效途径。可以说，离开案例，管理教育的目标就很难实现。

2. 案例的内容框架

本系列教材的编写以管理学涉及的主要内容为范围和框架，几乎涵盖了企业管理和财务管理的各个学科领域。内容涉及创新创业、企业战略管理、财务管理、成本管理、财务会计、税务管理、审计等方面。案例类型多样，既有描述性案例，又有决策性案例。所选案例客观展现了企业某种经营行为的背景、过程、结果和存在的问题，并不对企业的经营管理做出决策，亦无暗示或说明现有管理行为是否有效。案例后附有启发思考题和案例说明书，在教学中可用于专题或综合性的课堂讨论，为案例教学方法的实施提供了有效素材，加快了教学改革的进程。

3. 案例的鲜明特色

相较于众多的企业管理案例，本次开发的案例具有以下鲜明的特色：

第一，浓厚的本土特色。本书所选案例均来自国内上市公司，代表了依托本土资源、政策和技术特点兴起的不同类型的企业，对本土企业认识、解决管理问题具有直接的参考价值。但这并不影响案例的普适性，而恰恰提示广大管理者在决策时必须关注内外部环境的独特性，对于其他地区企业利用地缘特征、地方特色资源形成竞争优势亦具有借鉴作用。

第二，可靠、充实的信息。本书所有案例均由项目组成员在深入企业调研或认真采编上市公司公开数据，并对企业经营者或员工深度访谈的基础上完成，数据可靠、充实、深入。案例展示的不仅是管理事件的经过，也体现了管理者的思想过程，有利于读者嵌入情境，对管理问题形成更深层次的认知。

第三，新鲜的时代气息。本书对近年来的新兴行业给予了充分关注，包括房地产行业、电商行业、物流行业、旅游地产行业，同时也关注了处于转型升级中的传统企业。这些企业在新时代下面临的新挑战往往不能从既有的管理学理论中找到突破口，需要通过实践案例分析来找到解决方案，这样有利于读者进行开放的、发散的、多视角的思考，系统训练思维能力。

4. 案例的适用性

本系列教材案例可满足高等院校经济管理领域的多种教学与科研需求：适用于MBA（工商管理硕士）、MPAcc（会计硕士）、工程硕士、全日制研究生以及高年级本科学生案例研讨；可作为理论研究的参考书，供从事财务管理理论研究的专家学者以及企业管理咨询机构使用；同时也是了解中国企业管理实践的必读书，可供企业所有者和管理者参考借鉴。

在此，对各企业在案例开发过程中给予的信赖和支持表示衷心的感谢，如果没有各企业的慷慨协作，要顺利完成本次案例开发是不可能的。希望所开发的案例能给企业管理提供帮助，同时引导企业经营者对相关经营行为展开探索。

广东工业大学管理学院案例开发中心负责本案例系列教材的出版工作，在此向参与编辑和出版的所有工作人员表示衷心的感谢。

案例编写过程中参考了诸多学者的研究成果，由于篇幅限制，这里不再一一列出。

广东工业大学管理学院案例开发中心

广东工业大学产教融合 MPAcc 教学智库实验平台

2018 年 5 月

目 录

案例 1

案例1　工程机械的龙象共舞：三一重工并购普茨迈斯特*

* 1. 本案例由广东工业大学管理学院的许慧、田博超、徐利可、杨恩珂、李文杰、李敏等共同撰写，作者拥有著作权中的署名权、修改权、改编权。

2. 将本案例授权予广东工业大学产教融合 MPAcc 教学智库实验平台使用，广东工业大学产教融合 MPAcc 教学智库实验平台享有复制权、修改权、发表权、发行权、信息网络传播权、改编权、汇编权和翻译权。

3. 由于企业保密的要求，在本案例对有关名称、数据等做了必要的掩饰性处理。

4. 本案例只供课堂讨论之用，并无意暗示或说明某种管理行为是否有效。

[案例封面]

专业领域： 财务管理

适用课程：《财务管理理论与实务》

选用课程：《财务管理理论与实务》

编写目的： 本案例旨在引导学员进一步了解海外并购的设计、实施及后续整合风险的把控。使学员能够结合所学专业知识以及其他有关知识，运用企业并购的基本理论与操作方法解决企业战略管理的实际问题。培养学员分析企业并购问题的综合能力。通过本案例的具体分析，掌握我国企业并购方式、政策以及具体操作程序。

知 识 点： 企业并购的方式；海外并购的风险；融资渠道

关 键 词： 企业并购；三一重工；普茨迈斯特

中文摘要： 并购作为企业外部扩张的主要途径，对促进企业优化资源配置和实现规模经济有着重要作用。目前，我国许多企业已经开始实行跨国并购战略，但是由于我国在跨国方面的理论成果和实践经验较少，企业在并购过程中经常会遇到一些风险和困难，最后甚至导致并购失败。三一重工作为中国民营重工企业完全收购了其竞争对手——全球最知名的工程机械制造企业之一的德国普茨迈斯特，此次收购有许多问题值得研究。所以，本案例侧重于引导学员进一步了解企业并购的方式、海外并购的风险、企业的融资渠道。

[案例正文]

2012年1月30日，三一重工宣布联合中信产业投资基金（香港），斥资3.6亿欧元收购德国工程机械制造企业普茨迈斯特的100%股权。其中，三一重工子公司三一德国出资3.24亿欧元，占股90%；中信产业基金出资3 600万欧元，占股10%。2013年7月2日，三一重工发布公告称，三一重工全资子公司三一国际发展有限公司出资5 489.77万美元收购中信产业投资基金管理有限公司下属卢森堡公司CP Machinery Limited S. àr. l 100%的股权，从而获取普茨迈斯特原由中信集团控制的10%的股权，借此三一重工完全拥有普茨迈斯特100%的股权，完成了国内国外两大工程机械企业的合并。值得关注的是，三一重工是如何收购有“大象”之称的竞争对手德国普茨迈斯特的呢?

一、背景简介

（一）霸气外露的三一重工

三一重工股份有限公司于1994年由三一集团投资组建而成，2003年成功在上海A股市场上市。2005年作为第一家进行股权分置，并且改革成功，最终达到全面流通的企业而被我国资本市场史册所记载。自成立以来公司取得了持续快速发展。目前，三一重工在国内和国外都有相当的影响力。

三一重工是中国工程机械装备制造业的龙头企业，公司主要从事国家重点基础设施建设工程所需的工程机械设备的研发、制造和销售，包括混凝土机械、挖掘机械、桩工机械等十余种产品类别，并且多种产品都已经成为我国的第一品牌产品，尤其是混凝土机械，更是全球著名。三一重工经过多年的发展，不仅延伸了公司的产品链，提升了产品的整体配套能力，企业产品更在世界市场占据较高的市场份额。在2011年公布的FT500强排行榜中，三一重工以215.8亿美元位列431位，是中国首家进入全球500强的工程机械企业。2012—2016年受宏观经济发展受阻、固定资产投资特别是房地产销量持续下降以及同行业之间的竞争愈演愈烈的影响，工程机械类的产品需求量变小，但由于三一重工有着雄厚的实力和较高的市场占有率，所以在2015年同行业中净利润下降幅度最小。

（二）血统优良的普茨迈斯特

普茨迈斯特是1958年在德国成立的一家集团公司，它的销售网络遍布全球，并且在世界各地拥有10多家子公司。公司主要涉及工程机械行业中的混凝土机械领域，从事开发、生产和销售各类混凝土输送泵、工业泵和其辅助设备，尤其是“大象”牌混凝土泵车，从20世纪开始就很热卖，直到现在仍然拥有很高的全球知名度。

普茨迈斯特创建不久就在混凝土机械领域发展成为一流的企业，并迅速发展成为行业的隐形冠军。普茨迈斯特在全球18个国家分别设立子公司，无论产品组合、产品的技术含量、在世界市场的认可度及区域覆盖，普茨迈斯特都是当之无愧的行业领袖企业。

普茨迈斯特在全球混凝土机械市场占有率常年高达40%，其中90%的销售收入来自海外。2010年，其国际化指数高达95.5%，海外营销网络遍布全球110多个国家。即使受到金融危机和欧债危机的双重打击，普茨迈斯特仍然上榜全球工程机械企业50强的榜单，排名第 25 名。

截至 2011 年，普茨迈斯特共有员工 3 000 多人，完成的销售额达到 5.7 亿欧元。普茨迈斯特产品在世界市场认可度较高，普茨迈斯特凭借高质量的产品和国际化的品牌在欧洲和北美占有较高的市场份额，其销售收入约占其总销售收入的四分之三；但是因为其产品“高质高价”在包括中国在内的新兴市场遭遇销售的冷遇。

普茨迈斯特是较早进入中国市场的工程机械制造企业之一，产品进军中国市场是在 20 世纪 70 年代，虽然其产品在中国市场得到认可，但由于中国本土工程机械制造企业的崛起及普茨迈斯特高昂的产品价格使其在中国发展的步伐较慢。中国国内混凝土机械龙头企业三一重工和中联重科成为其开拓中国市场的主要竞争对手。普茨迈斯特产品在中国市场并不畅销。但普茨迈斯特并未忽视对中国市场的开发，并在北京、华北、华南、西南、东北等地建有办事处。普茨迈斯特秉承“服务、改进、创造价值”的公司理念，在机械工程制造领域精益求精，这使得普茨迈斯特在世界工程机械制造领域的市场地位不可撼动。

（三）三一重工 VS 普茨迈斯特

从表 1－1 可以看出，三一重工的整体规模大于普茨迈斯特，且产品线更为丰富，混凝土机械全球市场份额是普茨迈斯特的 3.6 倍。虽然，三一重工主营业务收入明显高于普茨迈斯特，但从海外销售收入占比来看，其收入主要依赖于国内市场。

表 1－1　并购前普茨迈斯特、三一重工核心数据对比

	三一重工	普茨迈斯特
企业性质	公众公司	公益基金控股
主营业务收入	53.99 亿美元（2010 年）	6.84 亿美元（2010 年）
员工人数	5 350 人（2010 年）	3 000 人（2010 年）
产品线	混凝土机械、路面机械、履带起重机械、桩工机械、挖掘机械、汽车起重机械等	混凝土拖泵、泵车、高压清洁设备、灰浆机、工业泵等
混凝土机械销售占比	53.08%（2011 年）	82.8%（2011 年）
混凝土机械全球市场份额	41.35%（2010 年）	11.49%（2010 年）
混凝土机械中国市场份额	57%	<5%
海外业务销售额比重	6.98%	90%

数据来源：根据公开数据整理。

二、案例概况

（一）并购原因

当年已届 80 岁高龄的普茨迈斯特创始人 Karl Schlecht 之所以宣布出售普茨迈斯特，一是因为其子女对继承产业兴趣不大；二则是全球诸多工程机械制造行业创新能力整体提升，挤压了“大象”的利润空间。但更为致命的原因是，2011 年前后，受欧洲经济形势

萎靡不振以及德国制造业成本高企的影响，普茨迈斯特的毛利率降至10%左右，而许多中国工程机械制造企业的毛利率则高达30%。巨大的毛利率差距，让普茨迈斯特在全球重要项目惨烈的竞争中雄风难再。

三一重工对此次收购表现尤为积极，主要基于四个原因。

1. 加速推进国际化进程

中国工程机械制造企业面对经济全球化、国外顶级企业的竞争和中国本土企业的压力，跻身于世界行业之林、走向国际化是中国企业实现持续经营的必然选择。

2003年，三一重工凭借高质量的产品，在积极开发海外市场的努力下，产品的出口额有了较大幅度的提升，但是三一重工的产品主要在发展中国家获得了良好的市场反应，在发达国家的市场上三一重工的品牌还不具有影响力，给客户的印象可能依然是“中国制造”。

为了实现发达国家客户对三一重工产品的认可，三一重工选择在德国建设工厂，在莱茵河畔树立起三一重工的厂碑。然而三一重工德国工厂在运行期间取得的效果并不令人满意，三一重工从宣布建厂起就进行了艰难的谈判，在建厂的选址及环境保护等细节上进行了艰难的努力，但是在欧洲市场上，三一重工的产品还是会受到客户的质疑，不能实现批量化的生产。

对此，三一重工将迅速实现国际化的方式转移到收购老牌工程机械制造企业上，当获悉德国工程机械制造企业的“隐性冠军”有出售意向时，三一重工迅速采取行动。在三一重工高层看来，普茨迈斯特企业的优势具有不可替代性，这次收购即使花费200亿元也是值得的。因为此次收购将会使三一重工国际化的进程提前5—10年，增强公司国际市场的影响力，未来相关的协同互补效应将逐步显现，同时与“大象”化敌为友，也减少了混凝土泵车领域的一个强大的竞争对手。

2. 获得研发和技术上的新突破

技术是制造业企业尤其是高新技术企业核心竞争力，企业产品要想在市场竞争中脱颖而出，提高企业的自主创新能力，使企业产品在设计理念方面和技术与工艺流程方面领先才是企业安身立命之本。

虽然，三一重工在我国同行业中处于领先地位，但与作为全球混凝土机械的第一品牌普茨迈斯特相比，其产品在技术指标、稳定性、可靠性和质量检测标准等方面还具有一定的差距，三一重工在改变产品的技能方面还有很长的路要走。据统计，普茨迈斯特在全球拥有泵车相关专利约200件，通过此次收购，能够将“大象”的先进技术引入三一重工，使三一重工直接进入世界工程机械制造行业的高端领域，并能提升其在世界机械市场的地位。通过共享自制重要零部件和商务采购资源，降低三一重工的生产成本，三一重工并购后将保留原有的研发团队，三一重工的研发人员与普茨迈斯特的研发人员智力的叠加，将更好地提升企业的研发层次。

3. 实现资源与市场的重新整合

三一重工的产品倾向于中低端，而普茨迈斯特产品的定位是行业的高端产品。三一重工的产品主要集中在中国内地和新兴市场国家进行销售，产品在打入欧美市场时没有收到预期的效果。相反，普茨迈斯特的泵送技术经过52年的发展，在欧美高端市场享有很高的品牌优势和市场份额。

因此，通过并购普茨迈斯特，三一重工可以快速打开欧美市场，完成产业链升级。同时，与普茨迈斯特共享国际化的营销服务渠道，三一重工的原有业务的销售渠道也得以拓宽。

4. 顺应工程机械企业海外并购的浪潮

通过横向并购，企业能够完成对同类产品进行全球整合，或完善业务链条，提高国际市场占比；而通过纵向跨国并购，可以降低企业的生产成本，增加产品的利润率。中联重科是三一重工在国内混凝土机械行业最大的竞争对手，自 2008 年中联重科收购意大利的 CIFA 公司以后，双方的整合效应显著，中联重科在行业中的竞争力进一步提升，这对于三一重工形成挑战。相较于海外设厂建设周期长、审批程序复杂，寻求合适的目标企业进行并购成为三一重工扩大国外生产规模的新方式，三一重工希望通过此次并购改变全球混凝土市场的竞争格局。

（二）并购准备

三一重工早前在德国设立了子公司，利用其进行并购，减少了阻碍。在这次收购中，三一德国收购 90%，中信产业投资基金（香港）收购 10%。三一德国的出资额为 3.24 亿欧元（折合人民币 26.54 亿元）。在并购中，中信基金充当了撮合的角色，其丰富的投行经验在前期谈判中起到了非常重要的推动与协调作用。在这次并购中，中信基金对标的企业有充分调研，了解标的企业地区相关法律文化知识，参与设计了并购方案，还提供了财务支持。

（三）并购的融资模式

2012 年 1 月 31 日，在三一重工的长沙总部，举行了与普茨迈斯特企业并购的新闻发布会，标志着三一重工并购完成。三一重工发布公告称联合中信产业投资基金（香港）斥资 3.6 亿欧元收购德国普茨迈斯特 100% 股权。三一重工选择的是现金支付方式。现金支付是明确而迅速的一种支付方式，不需要承担证券风险，不易产生纠纷，但是巨额的现金支付可能会在资产负债表上产生现金亏空，使并购企业承担较大的资金压力。三一重工的资金较为雄厚，足以承担此并购款。同时三一重工选择与中信基金联合并购，可以弥补三一重工并购经验的不足，提升并购的成功率，降低并购的风险。

（四）并购具体过程

2011 年 12 月 23 日，三一重工收到普茨迈斯特发出的正式的竞购邀标函，除三一重工外，还有四家中国企业也在考虑收购的事项。在参与竞标的企业中，中联重科采取的行动最为积极，在普茨迈斯特寻找交易对象期间，中联重科最先向国家发改委提出收购申请并获得批复。

在中联重科抢先从发改委手中获得资格的情况下，三一重工的董事长直接给普茨迈斯特的管理者写了一封信，信中表达了自己想要并购的诚意。为了能够尽快获得并购的先机，三一重工没有对普茨迈斯特的情况进行调查，在接到回复之后，两家的管理层迅速商谈并购的相关事宜，在交谈的过程中很顺利也很愉快，没多久双方就达成了初步的意向。

2012 年 1 月 20 日，并购双方签署了《转让及购买协议》，三一重工控股子公司三一德国有限公司联合中信产业投资基金（香港）顾问有限公司，以现金支付的方式，共计出资 3.6 亿欧元，以私募股权的方式共同收购普茨迈斯特 100% 的股权，其中三一德国收购90%，中信基金收购10%。三一重工通过三一德国对普茨迈斯特收购，借助三一德国公司在德国的声誉减少了东道国政府对我国企业海外收购的敌意。三一重工并购普茨迈斯特大事记见图1－1。

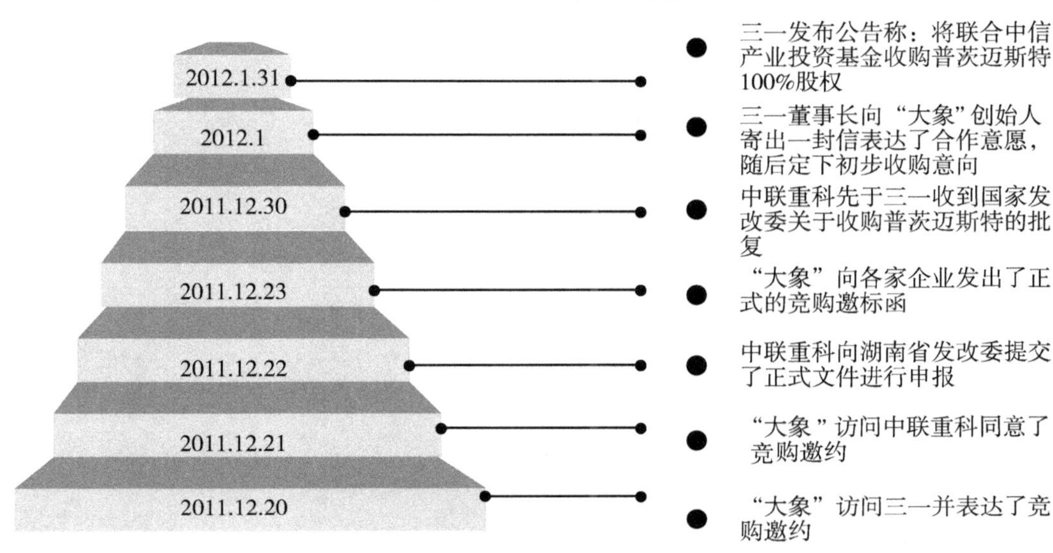

图1－1　三一重工并购普茨迈斯特大事记

在收购之前，由于三一重工没有提前获得发改委的批准，在合同签订后并没有马上进行交割，直至2012年4月16日，三一重工与普茨迈斯特在德国埃尔西塔正式完成收购交割手续，至此，此项收购终于尘埃落定。

2013年7月2日，三一重工发布公告：三一重工全资子公司三一国际发展有限公司出资5 489.77万美元收购中信产业投资基金管理有限公司下属卢森堡公司CP Machinery Limited S. àr. l 100%的股权。从而获取普茨迈斯特原由中信集团控制的10%的股权，借此三一重工将完全拥有普茨迈斯特100%的股权（见图1－2）。

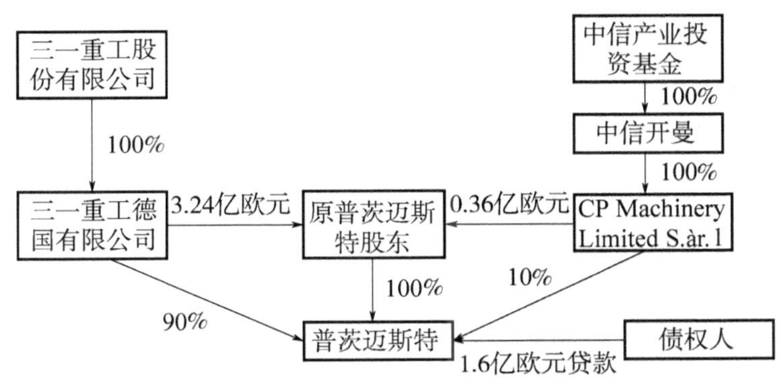

图1－2　三一重工并购普茨迈斯特交易结构图

由于三一重工对目标公司的基本情况缺乏深入的了解，在这次并购中，三一重工不仅要承担为股权支付对价，同时也要负担普茨迈斯特的债务，因此，据估算完成此项交易三一重工可能付出的整体费用在5亿欧元以上。从收购市盈率的角度，业界普遍认为三一重工的此项收购较同行业并购活动付出的成本偏高。三一重工为确保此次收购中所获取普茨迈斯特财务信息准确，在谈判中和对方约定了附加条款，即之后如果审计财务报表发现有误差，则三一重工保有偿债的权利，在一定程度上保证普茨迈斯特提供真实的财务数据。

（五）并购影响

1. 创新与科研技术成果突出

普茨迈斯特在相关产品的技术上可谓顶尖，三一重工并购之后拥有了利用顶尖技术的机会和“德国制造”的品牌荣誉，同时三一重工借鉴普茨迈斯特的国际化运营和管理经验，取得了一系列科研技术成果，如表1－2所示。

表1－2　2013—2016年三一重工取得的科技创新成果

年份	并购后取得的科技创新成果
2013	共生产出了主机新产品96款、部件新产品5款以及研发新技术58项，包括融合中德顶级技术的C8系列泵车。共申请专利5 347项，其中授权3 394项，申请数和授权数在行业内居于第一
2014	共生产出主机新产品97款、部件新产品11款、研发新技术27项，包括了融合德国“大象”技术开发的C9系列泵车。共申请专利6 370项，授权4 693项，申请数及授权数居国内行业第一
2015	陆续推出多款极具竞争力的创新产品，全年累计下线主机新产品71款、部件新产品32款、研发新技术22项。代表性新产品主要包括：环保智能渣土车、搅拌车载泵SYM5120THB－4008、新一代SCM系列铣刨机、SCC1800E履带起重机等
2016	陆续推出多款极具竞争力的创新产品，代表性新产品主要包括：SY485液压挖掘机、SSC1020汽车起重机、STC120C汽车起重机、SCC6500A履带起重机、4桥环保智能自卸车、C8系列沥青搅拌站、液压单驱SSR220AC－8单钢轮压路机、SMG200C－8北美平地机、短臂架30米C8泵车 截至2016年底，公司累计申请专利7 047项，授权专利5 414件，申请及授权数居国内行业第一

资料来源：三一重工2013—2016年报。

2. 并购对企业财务数据的影响

（1）偿债能力分析

企业偿债能力即企业偿还债务（包括本金和利息）的能力，包括短期偿债能力和长期偿债能力，通过偿债能力的分析，能揭示一个企业财务风险的大小。从表1－3可以看出，并购后，企业的短期偿债能力出现了先上升后下降再上升的趋势，其中，流动比率从2011年末的1.46提高到2013年末的2.17，这是因为三一重工在2013年初制定了严格的管控标准，继续提升企业的管理效率，使得集团内各项费用都有所下降，有助于对利润进行回补。之后在2014年末、2015年末流动比率下降，且在2015年末低于收购前，2016年末有明显回暖现象。此外，在收购普茨迈斯特后，三一重工的资产负债率由百分之五十几上升到百分之六十几，利息保障倍数大幅度下滑，特别是2015年末，利息保障倍数下降到0.97，这表明并购后，三一重工的长期偿债能力降幅较大。从总体上看，三一重工偿债能力表现不佳。

表1－3　偿债能力比率分析表

时　间	2011.12.31	2012.12.31	2013.12.31	2014.12.31	2015.12.31	2016.12.31
流动比率	1.46	1.76	2.17	1.83	1.34	1.60
速动比率	1.11	1.29	1.64	1.48	1.14	1.34
资产负债率（%）	55.95	61.82	60.8	60.7	61.4	61.9
利息保障倍数	14.37	6.06	11.62	1.80	0.97	1.06

数据来源：三一重工2011—2016年报。

（2）盈利能力分析

表1－4分别从投资有关的盈利能力、与销售有关的盈利能力和与股本有关的盈利能力三个角度分析三一重工并购前后的盈利能力，检查并购后三一重工是否实现对业务的整合和对资源的重新调配，以提升自身的利润水平。从表1－4可以看出，在收购普茨迈斯特后，加权净资产收益率、销售利润率以及每股收益都出现了持续大幅度下跌，分别从并购前的55.96%、18.44%、1.14元下降到2016年末的0.89%、0.70%、0.03元，三一重工盈利能力恶化。

表1－4　盈利能力比率分析表

时　间	2011.12.31	2012.12.31	2013.12.31	2014.12.31	2015.12.31	2016.12.31
加权净资产收益率（%）	55.96	26.64	12.19	2.95	0.60	0.89
销售利润率（%）	18.44	12.84	8.29	2.49	0.59	0.70
每股收益（元/股）	1.14	0.75	0.38	0.09	0.02	0.03

数据来源：三一重工2011—2016年报。

（3）营运能力分析

三一重工收购前后的营运能力状况用三项周转率指标来衡量。从表1－5可知，三一重工并购后，在一定程度上实现了双方销售渠道的共享，加快了存货周转速度，但由于国内房地产及其他基础设施进程的放缓，使得国内市场需求下行，且下降幅度大于国外市场需求上升幅度。2013年末，应收账款周转率为2.22，低于行业平均值3.43，说明三一重工并没有实现并购后资产管理能力的提升，还需要结合当今的经济形势进一步磨合。

表1－5　营运能力比率分析表

时　间	2011.12.31	2012.12.31	2013.12.31	2014.12.31	2015.12.31	2016.12.31
应收账款周转率	5.96	3.56	2.22	1.57	1.15	1.19
存货周转率	4.67	3.43	2.77	3.60	2.75	2.90
总资产周转率	1.23	0.81	0.58	0.48	0.38	0.38

数据来源：三一重工2011—2016年报。

（4）发展能力分析

由表1－6可知，三一重工并购后，营业总收入、毛利润、归属净利润均下降明显。2012年，随着全球经济复苏乏力，国内经济增速和固定资产投资增速均呈现放缓趋势。上游工程机械制造行业经历了近5年的持续深度调整，优胜劣汰效应显现，市场份额集中度呈不断提高的趋势。2016年下半年以来，国内外经济企稳复苏势头明显，受基建投资增速与PPP项目落地执行率提升、设备更新升级的影响，工程机械制造行业的市场需求回暖，行业整体盈利水平逐步上升，2016年企业业绩改善明显。

表1－6　发展能力比率分析表

时　间	2011.12.31	2012.12.31	2013.12.31	2014.12.31	2015.12.31	2016.12.31
营业总收入（元）	508亿	468亿	373亿	304亿	235亿	233亿
毛利润（元）	183亿	147亿	95.4亿	76.4亿	56.6亿	58.8亿
归属净利润（元）	86.5亿	56.9亿	29.0亿	7.09亿	496万	2.03亿
营业总收入同比增长（%）	49.54	－7.77	－20.29	－18.65	－23.05	－0.81
归属净利润同比增长（%）	54.02	－34.26	－48.94	－75.57	－80.46	4001.13

数据来源：三一重工2011—2016年报。

（六）并购案例小结和评价

（1）虽然从经营数据上看，2016年以前，三一重工的经营绩效改善情况并不乐观。三一重工的偿债能力、盈利能力、营运能力的财务绩效整体下降，主要是两方面的原因：一是并购后企业的协同效应尚未实现，其后期的整合活动花费大量的成本费用，给企业运营带来了很大的压力；二是国内房地产及其他基础设施进程的放缓，国外金融危机和欧债危机影响，市场需求疲软。在经过近5年的深度调整后，2016年主要产品销售回暖，经营质量显著提升，业务转型取得实质进展。

（2）从并购目标的实现程度上来看，三一重工在国际化市场的进程明显加快。三一重工整体的科技含量和产品质量都有显著的提升，跨国并购的绩效对企业发展产生了正面的影响。因此，从价值层面上看，三一重工跨国并购是成功的，尽管从财务指标角度，并购对企业经营的影响显著为负。三一重工的跨国并购是基于企业未来发展的商业策略，属于相关性并购，是基于市场寻求和技术寻求的并购，财务指标表现出暂时的不理想可以接受，财务绩效需要更长时间才能明显体现。

三、参考资料

本案例的关注重点在海外并购过程和并购结果分析上，与此相关的参考资料除了前面案例正文中提供的背景资料以外，还包括有关企业会计准则、国际相关并购法律准则以及相关行业资料。如果需要进行扩展研究，可供参考的其他主要资料目录如下：

1. 王其超："上市公司财务分析方法及技巧——基于三一重工案例分析"，《财会通讯》，2015年第8期。

2. 吴苏林，王玥："中国企业跨国并购融资对策分析"，《武汉金融》，2012年第

1 期。

3. 李霖："国内混凝土机械行业的国际收购策略研究——以三一重工收购德国普茨迈斯特公司为例"，上海外国语大学硕士论文，2012 年。

4. 徐凌葳："三一重工并购案例的财务绩效分析"，黑龙江八一农垦大学硕士论文，2016 年。

5. 吕琳琳："海外并购的战略差异与启示——三一重工与中联重科海外并购对比研究"，《财会学习》，2012 年第 8 期 。

6. 孙春艳："三一重工并购德国'大象'的背后"，《中外管理》，2012 年第 3 期。

7. 张奕："三一重工收购'德国大象'案例讨析"，《现代商贸工业》，2012 年第 4 期。

8. 周忠辉："三一重工海外并购后期整合策略研究"，兰州商学院硕士论文，2014 年。

四、讨论题目

从三一重工收购引发人们太多的思考。本案例的侧重点仅在于：三一重工并购普茨迈斯特的过程和产生的影响，重点思考如下问题：

1. 如何更好地选择适当的融资渠道？
2. 怎样选择正确的并购目标企业？
3. 并购应做好怎样的准备？
4. 并购对双方企业有怎样的影响？
5. 并购之后怎样才能更好地发展壮大？

[案例说明书]

一、本案例要解决的关键问题

本案例要实现的教学目标在于：引导学员进一步了解海外并购的设计、实施及后续整合风险的把控。使学员能够结合所学专业知识以及其他有关知识，运用企业并购的基本理论与操作方法解决企业战略管理的实际问题。培养学员分析企业并购问题的综合能力。通过本案例的具体分析，掌握我国企业并购方式、政策以及具体操作程序。一方面能够从并购的过程中找出其中存在的问题，另一方面能从中国企业并购发展中得到经验和启示，同时拓宽对企业合并的研究思路。

二、教学组织方式

（一）问题清单及提问顺序、资料发放顺序

本案例讨论题目依次为：

1. 如何判断本案例的合并类型？
2. 如何判断本案例的合并方式？
3. 企业的融资渠道及其优劣势是什么？
4. 企业海外并购面临的风险？
5. 对并购目标如何选择？
6. 为什么说此次并购是一次成功的并购？
7. 本案例中三一重工的并购准备和过程带来哪些启示？
8. 本案例对中国企业海外并购的启发是什么？

（二）课时分配

（1）课后自行阅读资料：约 3 小时；

（2）小组讨论并提交分析报告提纲：约 3 小时；

（3）课堂小组代表发言、进一步讨论：约 3 小时；

（4）课堂讨论总结：约 0.5 小时。

（三）讨论方式

本案例可以采用小组式进行讨论。

（四）课堂讨论总结

课堂讨论总结的关键是：归纳发言者的主要观点；重申其重点及亮点；提醒大家对焦点问题或有争议观点进一步思考；建议大家对案例素材进行扩展研究和深入分析。

案例 2

披荆斩棘，来之不易：金马股份并购众泰汽车之路*

---

* 1. 本案例由广东工程技术职业学院的郭建明及广东工业大学管理学院的张军波、林宏贤、覃玲欣、周佳阅、金舜、唐丽、彭晓辉等共同撰写，作者拥有著作权中的署名权、修改权、改编权。

2. 将本案例授权予广东工业大学产教融合 MPAcc 教学智库实验平台使用，广东工业大学产教融合 MPAcc 教学智库实验平台享有复制权、修改权、发表权、发行权、信息网络传播权、改编权、汇编权和翻译权。

3. 由于企业保密的要求，在本案例对有关名称、数据等做了必要的掩饰性处理。

4. 本案例只供课堂讨论之用，并无意暗示或说明某种管理行为是否有效。

[案例封面]

专业领域： 财务管理

适用课程：《财务管理理论与实务》

选用课程：《财务管理理论与实务》

编写目的： 公司并购重组理论，公司并购的价值评估以及公司并购的支付方式都是MPAcc《财务管理理论与实务》的重要内容。公司并购重组的认定，并购重组方案的选择，是否属于同一控制下的企业合并，并购重组的支付方式，这些财务管理的问题，在实际的公司管理运营的业务中，又将呈现出什么样的特点。本案例以上市公司的新业务整合、产业纵向一体化为引入点，通过教师对案例的引导和学生的深入讨论以达到了解公司并购重组给公司运营管理以及公司未来的发展战略带来影响，并合理运用在公司的运营管理中，有效地提高学生的思辨能力和理论结合实际的能力。

知 识 点： 公司并购重组的类型与形式；并购重组的支付方式；并购重组的确定；借壳上市的确定；并购重组的协同效应；并购重组的业绩承诺长期投资；融资方式及渠道；资本运作

关 键 词： 公司并购；并购重组；协同效应；业绩承诺

中文摘要： 本案例详细描述了金马股份收购众泰汽车一案的全过程。金马股份是一家以车用零配件为主营业务的制作加工型企业，主营业务为车用仪表和车用零部件，于2000年进入A股市场。金马股份在汽车模具和制造方面具有良好的技术储备和丰富的经验，但与整车制造企业的良性互动与深入开展合作等方面略显不足。零部件行业发展趋势驱使金马股份不得不调整发展战略，探索零部件企业与整车生产企业共赢的合作模式。于是以自主品牌汽车制造为主业的众泰汽车进入金马股份的视野中。2015年9月，金马发布停牌公告宣布公司正在筹划重大资产重组事件。2016年3月即发布拟以116亿元收购浙江众泰汽车制造公司的草案，不到两个月后便收到来自深交所的问询函质疑其借壳上市，又赶上号称史上最严重组新规的出台，金马股份不得不撤回此次并购重组的申请。令人惊讶的是，在撤回申请不到两个月之后，立即出台了第二份重组草案。第二份草案是否能够顺利拿到证监会的“牌照”？此次资产重组到底是金马股份的并购重组还是众泰汽车的借壳上市？金马股份此次并购是否属于同一控制下的企业合并？并购重组的支付方式是什么？面对证监会三次反馈意见，金马股份又该如何化解呢？这场小蛇吞病象式的收购案又会以什么结局落下帷幕呢？本案例将在描述过程中为学员揭示企业并购重组的详实情况，引导并启发学员的思考，发散学员的思维。

[案例正文]

2017 年 4 月 7 号，中国证监会的一纸文书宣告金马股份收购众泰汽车之案获得批准通过。时隔一年半，这场小蛇吞病象式的收购终于落下了帷幕，金马股份也如愿以偿拿到证监会“牌照”，回顾这一路，披荆斩棘，过五关斩六将，金马股份以其颇富经验的手段，高超的资本运作方式，在面对证监会三番五次问询中，从容淡定地化解一次一次的危机，哪怕是不巧赶上了“史上最严”的重组新规，金马股份还是能在短短不到两个月的时间，通过自身的资产整合巧妙地避开新规红线。金马股份在短时间内高效、高明、高能的资本运作手段，可见其在资本运作上的功力。一路披荆斩棘，翻山越岭，终得来之不易的一纸批准文书。金马股份是如何让自己成功上岸？这一路的每一幕都仿佛如昨日，而今日的我们又该从中洞察出些什么呢?

一、背景介绍

（一）收购方公司历史沿革

黄山金马股份有限公司（深交所上市，股票代码：000980，以下简称“金马股份”）是国内最大的车用仪表生产企业之一，国家火炬计划重点高新技术企业，设有省级技术中心，享有产品自营进出口权。它的诞生历程最早可追溯到 1998 年 8 月 28 日，安徽省人民政府以皖政秘〔1998〕269 号文批准，以金马集团为主发起人，联合杭州永磁集团有限公司、黄山徽新金塑有限公司、中国兵器工业第二一四研究所、黄山普乐房地产开发公司等四家单位以发起方式设立金马股份。1998 年 8 月 31 日，金马股份在安徽省工商行政管理局依法注册登记，注册号为 3400001300055，注册资本为 9 200 万元。公司主营汽车钣金覆盖件、汽车模具研发加工、汽车仪表、汽车线束、汽车传感器、摩托车仪表、摩托车传感器、其他车用电器件，兼营钢质、木质防盗门。经中国证监会证监发行字〔2000〕62 号文批准，金马股份首次公开发行 5 800 万股人民币普通股（A 股），每股发行价格为人民币 5.49 元，总股本增加至 15 000 万股。2000 年 6 月 16 日，金马股份股票在深交所主板上市。

2010 年以来，中国汽车制造业行业收入整体呈现不断上涨的趋势，销售收入从 2010 年的 37 108.52 万元增长至现在的 66 677.01 万元，年均复合增长率达到 15.78%。2013 年，中国整车制造业利润总额增长速度较快，增长率由 2012 年的 0.30% 上升至 25.64%；2014 年，整车制造业利润增长速度放缓，但仍达到 17.29%。处于同时期的金马股份的业绩虽然较为稳定，但其利润十分微薄。2015 年，金马股份实现营业收入 162 586.62 万元，较上年同期增长 46.29%，营业利润 7 392.80 万元，较上年同期增长 125.00%，归属母公司股东的净利润 6 032.94 万元，较上年同期增加 43.75%；2016 年，金马股份实现营业收入 169 350.04 万元，较上年同期增长 4.16%，营业利润 10 168.44 万元，较上年同期增长 37.55%，归属母公司股东的净利润 8 678.44 万元，较上年同期增加 43.85%。但从整体来看，对比同行业相差甚远，金马股份的业务板块均表现平庸。在中国汽车产销规模的不断扩大、汽车行业规模经济效应明显的市场趋势下，金马股份开始探索零部件企业与整车生产企业共赢的合作模式，从简单被动地满足整车制造企业的订单需求，转变为在整车制造企业新车型概念和设计的早期阶段就主动介入，与整车制造企业形成垂直合作关系。金马并购整车制造企业，并与其实现产业链协同发展，是顺应零部件行业发展趋势的必要途径。

（二）收购方公司股东和实际控制人情况

截至2016年12月31日，金马集团持有金马股份10 556.61万股，占已发行股份的19.99%，为金马股份的控股股东，如表2－1、表2－2所示。

表2－1　2016年金马股份公司股东数量及持股情况

2016年12月31日普通股股东总数	54 228	2017年1月31日普通股股东总数	54 375	报告期末表决权恢复的优先股股东总数	0	年度报告披露日前上一月末表决权恢复的优先股股东总数	0

持股5%以上的股东或前10名股东持股情况

股东名称	股东性质	持股比例（%）	报告期末持股数量（股）	报告期内增减变动情况	持有有限售条件的股份数量	持有无限售条件的股份数量	质押或冻结情况	
							股份状态	数量（股）
黄山金马集团有限公司	境内非国有法人	19.99	105 566 146					104 000 000
全国社保基金四一四组合	其他	1.51	7 999 912					
中国建设银行股份有限公司－汇添富消费行业混合型证券投资基金	其他	0.87	4 600 000					
云南国际信托有限公司－云瑞尊享集合资金信托计划	其他	0.78	4 134 156					

续上表
续上表

股东名称	股东性质	持股比例（%）	报告期末持股数量（股）	报告期内增减变动情况	持有有限售条件的股份数量	持有无限售条件的股份数量	质押或冻结情况	
							股份状态	数量（股）
沈文财	境内自然人	0.76	4 015 000					
陈胜	境内自然人	0.63	3 350 000					
刘方	境内自然人	0.63	3 310 300					
中国工商银行股份有限公司－上投摩根智慧互联股票型证券投资基金	其他	0.58	3 067 500					
中国工商银行股份有限公司－诺安低碳经济股票型投资基金								
申万菱信资产－工商银行－国金证券股份有限公司	其他	0.56	2 981 182					
战略投资者或一般法人因配售新股成为前10名股东的情况		无						
上述股东关联关系或一致行动的说明		公司第一大股东黄山金马集团有限公司与其他股东不存在关联关系，也不属于《上市公司持股变动信息披露管理办法》中规定的一致行动人。其他股东之间未知其关联关系，也未知是否属于《上市公司持股变动信息披露管理办法》中规定的一致行动人						
前10名无限售条件股东持股情况								

续上表

股东名称	报告期末持有无限售条件股份数量（股）	股份种类	
		股份种类	数量（股）
黄山金马集团有限公司	105 566 146	人民币普通股	105 566 146
全国社保基金四一四组合	7 999 912	人民币普通股	7 999 912
中国建设银行股份有限公司－汇添富消费行业混合型证券投资基金	4 600 000	人民币普通股	4 600 000
云南国际信托有限公司－云瑞尊享集合资金信托计划	4 134 156	人民币普通股	4 134 156
沈文财	4 015 000	人民币普通股	4 015 000
陈胜	3 350 000	人民币普通股	3 350 000
刘方	3 310 300	人民币普通股	3 310 300
中国工商银行股份有限公司－上投摩根智慧互联股票型证券投资基金	3 217 762	人民币普通股	3 217 762
中国工商银行股份有限公司－诺安低碳经济股票型投资基金	3 067 500	人民币普通股	3 067 500
申万菱信资产－工商银行－国金证券股份有限公司	2 981 182	人民币普通股	2 981 182
前10名无限售流通股股东之间，以及前10名无限售流通股股东和前10名股东之间关联关系或一致行动的说明	公司第一大股东黄山金马集团有限公司与前十大股东之间不存在关联关系或一致行动人。除此之外，公司未知上述其他10名无限售流通股股东之间，以及其他前10名无限售流通股股东和其他前10名股东之间是否存在关联关系，或属于《上市公司股东持股变动信息披露管理办法》中所规定的一致行动人		
前10名普通股股东参与融资融券业务情况说明	无		

表2-2 金马股份公司控股股东情况

控股股东名称	法定代表人/单位负责人	成立日期	组织机构代码	主要经营业务
黄山金马集团有限公司	燕根水	1997年10月17日	91341021704949505D	批发、零售汽车、摩托车整车及零配件、煤炭生铁、有色金属及材料、石油产品化工产品（不含化学危险品）、建筑材料、家用电器、文化用品、服饰、食品；饮食服务；旅游服务等

说明：①控股股东类型：法人；
②控股股东性质：自然人控股。

（三）收购方公司股权结构和实际控制人情况

应建仁先生为现任金马股份董事、金马集团董事、铁牛集团董事长、浙江铁牛科技股份有限公司董事长、浙江卓诚兆业投资开发有限公司董事长等。徐美儿女士为现任铁牛集团董事、浙江铁牛科技股份有限公司监事。应建仁、徐美儿分别持有铁牛集团90%、10%的股权，通过控制铁牛集团而间接控制金马集团，为金马股份的实际控制人。

金马股份与控股股东、实际控制人之间的股权控制关系结构如图2-1所示。

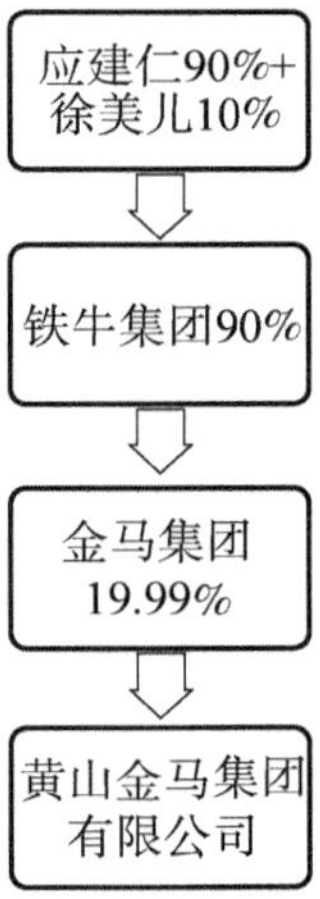

应建仁90%+徐美儿10%
↓
铁牛集团90%
↓
金马集团19.99%
↓
黄山金马集团有限公司

图2-1 金马股份股权结构

（四）被收购方公司简介

2015年11月18日，金浙勇签署了《永康众泰汽车有限公司章程》，出资设立永康众泰汽车有限公司（以下简称“众泰汽车”），公司注册资本为10 000万元。金浙勇以货币出资，占注册资本的100%。2015年11月26日，众泰汽车在永康市市场监督管理局办理了工商注册登记，并领取了统一社会信用代码为91330784MA28D52N36的营业执照。主要经营整车制造；实业投资；汽车配件（不含发动机），模具、电机产品、五金工具、家用电器、仪器仪表配件，建筑材料、装饰材料（不含木竹材料、危险化学品）开发、制造、销售；汽车，金属材料（不含危险物品）销售；货物和技术进出口业务（依法须经批准的项目，经相关部门批准后方可开展经营活动）等。

截至2017年4月，众泰汽车股权结构如图2-2所示。

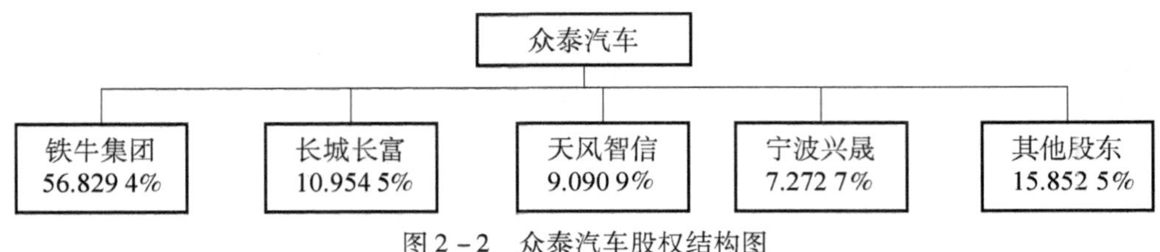

图 2-2　众泰汽车股权结构图

截至 2017 年 4 月，众泰汽车旗下控股公司概况如图 2-3 所示。

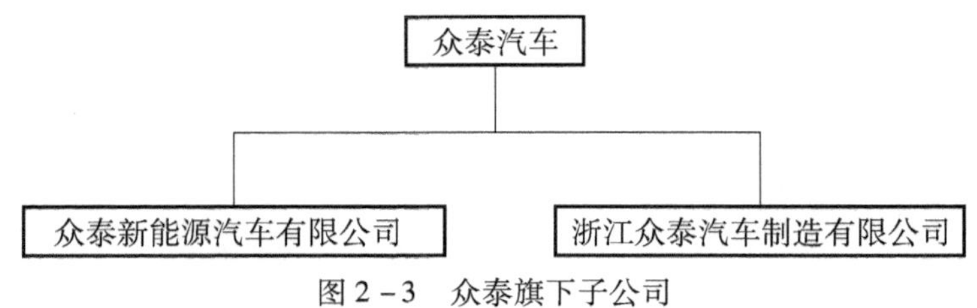

图 2-3　众泰旗下子公司

二、案例概况

（一）忆往昔——并购前夕，亟待改变

目前，国内汽车零部件行业的两大市场竞争主体为本土自主品牌零部件企业和外资零部件企业。外资零部件企业凭借其品牌、研发技术、规模、质量方面的优势控制了大部分关键零部件产品市场，而本土自主品牌零部件企业产品主要集中在中低端零部件市场。

众所周知，汽车行业是我国的重要支柱之一，自 2009 年以来，中国连续多年蝉联世界第一汽车产销大国。据中汽协统计，2016 年全国汽车产销 2 811.9 万辆和 2 802.8 万辆，同比增长 14.5% 和 13.7%，高于上年同期 11.2 个百分点和 9.0 个百分点；其中乘用车产销量 2442.1 万辆和 2437.7 万辆，比上年同期分别增长 15.5% 和 14.9%，增速高于汽车总体 1.0 个百分点和 1.2 个百分点。

据中国报告大厅发布的《2014—2018 年汽车零部件行业市场竞争格局分析与投资风险预测报告》了解到，近年来，与整车企业的快速发展相适应，我国汽车配套企业自主创新体系建设取得新进展，企业自主创新能力显著提高。但是，与当今世界汽车产业技术进步的速度和整车企业发展的实际需求相比，我国汽车配套企业自主创新问题仍然是产业发展的一个瓶颈，亟待从体系建设上加以完善。

1. 竞争对手分析

2016 年 A 股汽车零部件行业营业收入前十名公司主要财务数据如表 2-3 所示。

表 2－3 行业内前十名公司财务数据

公司名称	收入分布（%）	营业总收入（亿元）	上市年份	净利润（亿元）	毛利率（%）
华域汽车 600741. SH	电子电机 2. 74 内外饰件 90. 80	1 242. 96	1996	85. 82	14. 66
潍柴动力 000338. SH	发动机系统 45. 36	931. 83	2007	35. 96	22. 63
中国动力 600482. SH	发动机系统 44. 06	205. 34	2004	11. 53	17. 39
均胜电子 600699. SH	电子电机 82. 46 内外饰件 13. 39	182. 66	1993	6. 754	18. 85
福耀玻璃 600660. SH	内外饰件 100	166. 21	1993	31. 43	43. 07
宁波华翔 002048. SZ	电子电机 7. 49 内外饰件 88. 06	125. 06	2005	10. 97	21. 46
一汽富维 600742. SH	行驶系统 62. 03 内外饰件 31. 44	117. 64	1996	5. 25	6. 54
万向钱潮 000559. SZ	制动系统 88. 82	101. 63	1994	8. 91	21. 95
万丰奥威 002085. SZ	行驶系统 100	90. 99	2006	10. 82	23. 71
凌云股份 600480. SH	发动机系统 82. 74	86. 65	2003	3. 82	20. 10

根据金马股份 2016 年财报，金马在 2016 年实现的营业总收入为 1 693 500 373. 79 元，净利润为 87 150 634. 43 元。华域汽车、潍柴动力、中国动力、均胜电子与金马股份 2016 年实现的营业总收入对比如图 2－4 所示。

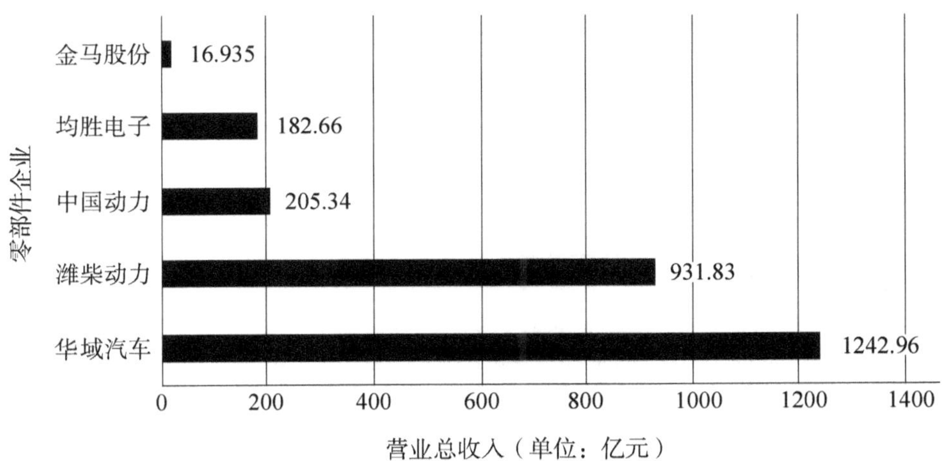

图 2－4 2016 年营业收入对比

2. 汽车整车制造行业分析

中国汽车行业利润水平总体稳步增长，一方面源自汽车产销规模的不断扩大。汽车行业规模经济效应明显，在固定成本基本不变的前提下，产销规模越大，成本得到分摊，汽车制造企业的利润就越大。自2010年以来，中国汽车制造业行业毛利率整体较为稳定。在生产成本普遍上涨的情况下，毛利率保持在较为稳定的水平表明汽车企业利润空间扩大，行业形势向好。另一方面，随着政府全面出台支持发展新能源汽车的政策、企业对产品的升级改进和社会对新能源汽车认可度的提升，2014年以来，新能源汽车有了较快的发展，成为汽车整车企业新的利润增长点。

3. 控股集团的决议

2015年9月28日，公司接铁牛集团通知，铁牛集团正在筹划涉及本公司购买资产的重大事项，本次交易拟购买资产将包括浙江众泰汽车制造有限公司100%股权及众泰新能源汽车有限公司100%股权。本公司拟通过发行股份及支付现金的方式购买上述资产，若交易完成后，公司主营业务将涵盖传统汽车与新能源汽车的研发、制造及销售领域。新能源汽车是全球汽车产业共同努力打造的新兴产业，随着国家制定的各项新能源车利好政策2015年陆续落地，新能源汽车将进入快速发展阶段。

（二）思昨日——并购路上，满是荆棘

1. 重组回顾

（1）跨界造车，纵向一体化？

金马股份是国内最大的车用仪表生产企业之一，国家火炬计划重点高新技术企业，设有省级技术中心，享有产品自营进出口权。公司主营汽车钣金覆盖件、汽车模具研发加工、汽车仪表、汽车线束、汽车传感器、摩托车仪表、摩托车传感器、其他车用电器件，兼营钢质、木质防盗门。

中财网上可得金马股份相关数据如表2－4、表2－5所示，从相关的财务指标可以看出，尽管自2013年以来金马股份的业绩都较为稳定，净利润也都在逐步增长，但认真审视可发现其净利润十分微薄，每年净利润都不足一亿元。与发展良好、同为汽车零部件制造企业的华域汽车相比（如图2－5所示），金马股份的整体业务板块的表现可谓非常平庸。

表2－4　华域汽车财务指标

年　份	2016	2015	2014	2013
每股收益（元/股）	1.93	1.85	1.73	1.34
扣除后每股收益（元/股）	1.82	1.67	1.57	1.26
每股净资产（元/股）	12.08	10.56	9.14	7.21
净利润（亿元）	60.76	47.83	44.56	34.61
净资产（亿元）	458.44	371.06	285.17	235.49
每股未分配利润（元/股）	5.81	5.68	4.52	3.45

表2-5 金马股份财务指标

截止日期	2016年	2015年	2014年	2013年
每股收益（元/股）	0.16	0.11	0.08	0.12
扣除后每股收益（元/股）	0.16	0.1	0.06	0.12
每股净资产（元/股）	4.08	3.94	3.82	6.26
净利润（亿元）	0.87	0.6	0.42	0.39
净资产（亿元）	21.64	20.87	20.27	19.93
每股未分配利润（元/股）	0.64	0.5	0.38	0.54

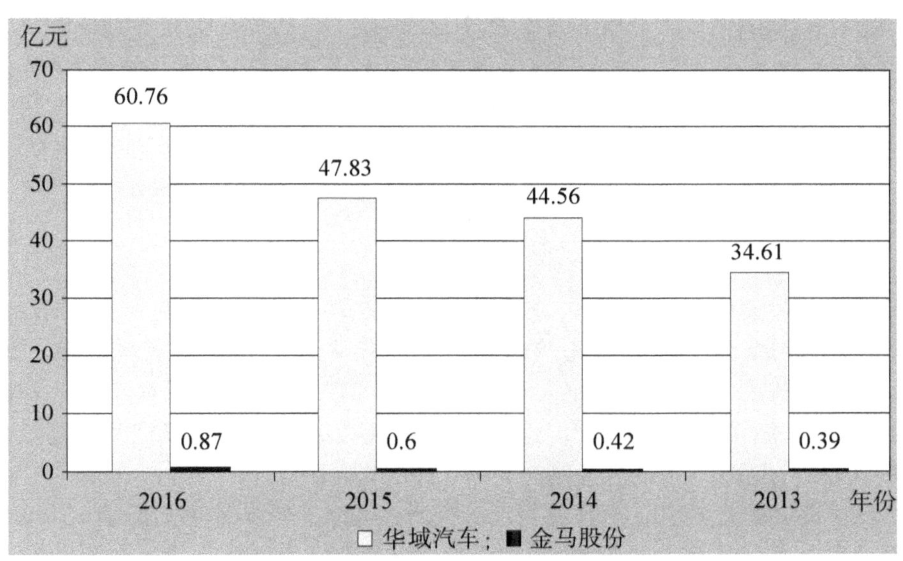

图2-5 华域汽车与金马股份净利润对比

金马股份的直接控股股东金马集团几乎成为空壳，这家上市公司最终变为一个优质"壳资源"公司。金马股份的间接控股公司铁牛集团有限公司（以下简称"铁牛集团"）是以汽车零部件制造为主要竞争优势的大型企业集团。铁牛集团也是众泰控股集团有限公司控股股东，如图2-6所示，而众泰是国内乘用车整车制造集团。铁牛集团拟进一步收购众泰集团股份以实现铁牛集团与众泰控股的汽车零部件与整车生产的优势资源整合。金马股份若成功收购众泰汽车，可将其汽车零部件直接供应给众泰汽车，还可以进一步形成"零部件+整车"的一体化的联动发展模式，由零部件公司晋升为汽车整车制造公司。另外，因为众泰汽车与金马股份的背后实际控制人都是铁牛集团，因此金马股份的

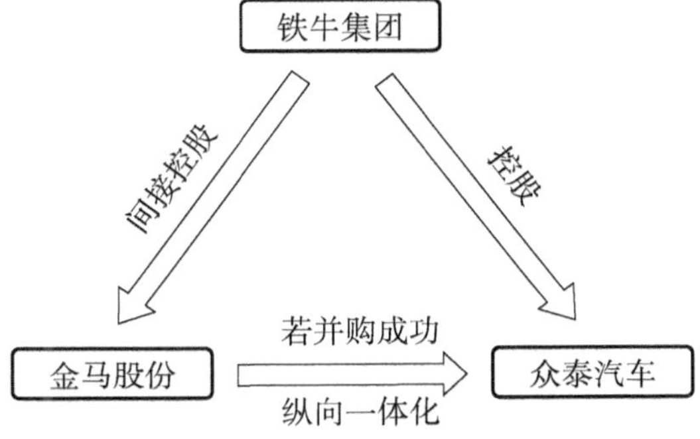

图2-6 收购方与被收购方关系图

此番并购重组也是铁牛集团打通旗下汽车资产的战略部署。

（2）蛇吞象式并购，吃得消?

黄山金马股份有限公司于 2015 年 9 月 28 日发表了重大事项停牌公告，公告称“铁牛集团正在筹划涉及本公司购买资产的重大事项。交易对手方为浙江众泰汽车制造有限公司，交易标的为浙江众泰汽车制造有限公司持有的杭州益维汽车工业有限公司 100% 的股权。鉴于该事项存在不确定性，为维护投资者利益，避免公司股票价格异常波动，根据深圳证券交易所的相关规定，经公司申请，公司股票（证券代码：000980，证券简称：金马股份）于 2015 年 9 月 29 日（星期二）开市起停牌”。

在停牌将近 7 个月之后，2016 年 3 月 28 日，金马股份抛出重大资产重组计划，拟 100% 收购浙江永康众泰汽车股权，交易对价为 116 亿元。

重组计划具体的内容是，金马拟通过发行股份和现金支付的方式进行收购，拟以 5. 44 元/股发行股份作价 96 亿元，支付现金 20 亿元，总计 116 亿元收购金浙勇、长城长富、天风智信、铁牛集团等 23 名股东合计持有的永康众泰汽车有限公司 100% 股权，并拟募集配套资金 100 亿元。其中，金马股份实际控制人铁牛集团认购募集配套资金不低于 45 亿元。金马股份当时的总体市值约 33 亿元，其以 116 亿元收购众泰汽车的行动堪称汽车行业的一次“蛇吞象”的并购事件，其规模可以媲美当年吉利汽车 18 亿美元收购沃尔沃。

（3）并购重组，还是借壳上市?

金马股份的收购标的众泰汽车，旗下拥有众泰汽车、江南汽车两大自主品牌，产品覆盖轿车、SUV、MPV 和新能源汽车等领域，且近年来发展迅速。资料显示，2014 年和 2015 年，众泰汽车分别实现营业收入 66. 20 亿元、137. 45 亿元，归属于母公司股东的净利润分别为 1. 81 亿元和 9. 09 亿元。然而自 2013 年以来，众泰难以控制的高负债率持续升高，在 2014 年和 2015 年甚至分别达到 94. 5% 和 82. 5% 。

同在铁牛集团的控制下，金马股份 116 亿元并购众泰汽车的举动似乎可以解读为铁牛集团为使众泰汽车保持良好迅速的发展趋势、获得更好的资金渠道，众泰汽车通过借壳“优质壳资源”——金马股份进行上市。然而就在收到证监会的质疑不到 2 个月之后，以金浙勇为首的众泰汽车前两大股东主动将 44. 69% 和 7. 23% 的股份转让给铁牛集团，使铁牛集团顺利成为众泰汽车第一大股东及实际控制者。此次的股权转移，将导致金浙勇未来不会持有上市股份，也回应了此前证监会的质疑。除此之外，众泰汽车和金马股份也都能因此举而身价水涨船高，于铁牛集团而言，既实现了旗下资产的战略部署，又为自身带来了一笔数额不小的资金融通。

（4）收购路上，一波三折?

2016 年 4 月 7 日，金马发布公告称收购众泰汽车一案获得中国证监会批准通过。至此，历时一年半的金马股份收购众泰汽车的戏码终于落下帷幕。早在 2015 年 9 月，金马股份已发布停牌公告称公司正在筹划重大资产重组事项，近半年之后金马股份就发布了欲以 116 亿元价格收购众泰汽车的草案，发布首次草案时众泰汽车股权结构如图 2 - 7 所示。不过，在最初的重组草案中，收购方式为现金支付与发行股份支付相结合，发行价格只有每股 5. 44 元。募资额高达 100 亿元，其中铁牛集团拟认购金额达 45 亿元。首份重组方案发布不到一个月后，金马股份即宣布召开临时股东大会，并投票予以通过。2016 年 5 月，在首份重组预案发布不到一个月的时候就收到证监会的反馈意见，正当外界将注意力放在并购金额上时，证监会的反馈意见指向应氏夫妇与并购双方的特殊关系，尤其是与众泰汽车法人代表金浙勇的亲属关系。为此证监会提出疑问，担心并购重组后众泰汽车实际控制者金浙勇是否将利用金马股份“借壳上市”？

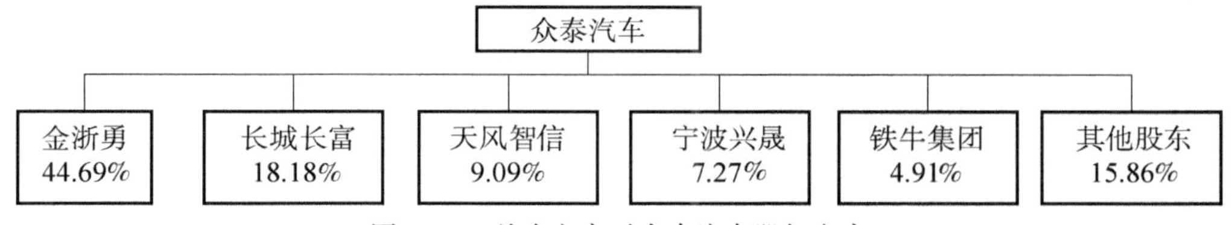

图 2－7　首次方案时众泰汽车股权方案

2016 年 6 月 17 日，证监会出台了被称为“史上最严”的规定，细化了关于上市公司“控制权变更”的认定标准、取消重组上市的配套融资、延长新入股东股份锁定期、严管中介机构等多个内容。金马股份收购众泰汽车一案成为第一批“中枪者”。在金马股份 2016 年 3 月 28 日发布的首个方案中，持有众泰汽车 44. 69% 股权的金浙勇虽然是应建仁姐姐的儿子，二者存在亲属关系，但并不属于直系亲属关系。这样的做法也是在重组新规出台之前比较常见的避免构成借壳的方式。但在重组新规出台之后，上述方法显然行不通了。根据金马股份发布的首份重组方案，交易完成后铁牛集团将持有上市公司 38. 35% 股份，公司实际控制人不会出现变化。若扣除募集配套资金的影响，金马股份的实际控制人将变更为金浙勇，触及重组新规的借壳红线。

在收到证监会关于借壳上市的疑问不到 2 个月，金马股份就于 2016 年 7 月撤回申请文件，公司向有关部门提出申请，中止了这一重组，给出的理由是：目前证券市场环境与政策等客观情况发生较大变化，各方需要就本次交易方案进一步分析论证。一个月后，金马股份出台了新版重组方案，新版重组方案较首版重组方案做出了相对比较大的调整：以金浙勇为首的众泰汽车前两大股东主动将 44. 69% 和 7. 23% 的股份转让给铁牛集团，使得铁牛集团顺利成为众泰汽车第一大股东及实际控制者，发布新版收购方案时众泰汽车股权结构变化如图 2－8 所示。由于此次股权转移，金浙勇未来不会持有上市股份，也回应了证监会提出的“借壳上市”质疑。

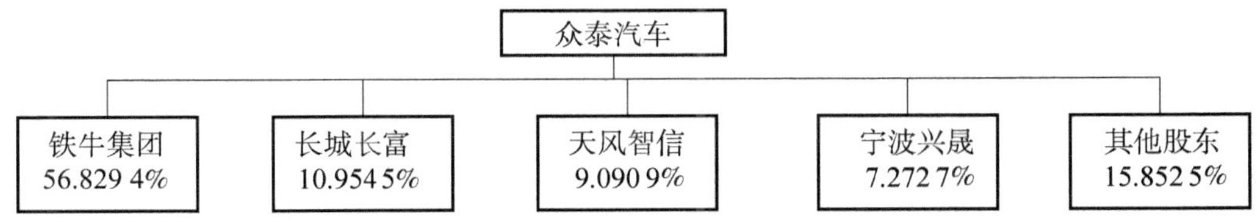

图 2－8　新版收购方案时众泰汽车股权结构图

在 2016 年 10 月发布的新版重组方案中，金马股份表示，在不考虑配套融资的情况下，本次交易完成后，金马集团、铁牛集团分别直接持有上市公司 5. 77%、40. 43% 的股份，铁牛集团实际控制人应建仁、徐美儿夫妇通过铁牛集团间接控制上市公司 46. 20% 的股份，仍为上市公司实际控制人。即使考虑配套融资的影响，应建仁夫妇仍将通过铁牛集团间接控制上市公司 43. 93% 的股份，实际控制人地位不变。

2017 年 1 月 7 日，证监会对此次资产重组中实际控制人不变、贷款来源、业绩承诺等进行第二次问询。面对证监会的第二次反馈意见，金马股份于 2017 年 1 月 21 日发表了详尽的反馈意见回复，对分别收购金浙勇和长城长富的股权的资金来源、披露前后实际控制人不变等问题做出了一一有理合法的解释。如资金来源问题：①铁牛集团 50 亿元贷款最终来自浙商银行义乌分行的自营资金，不存在以公开、变相公开方式向不特定对象募集资金或向超过 200 人以上特定对象募集资金的情形；铁牛集团就 50 亿元贷款签订的相关协议合法有效，贷款方式符合信托、银行等相关规定。②铁牛集团的融资安排和还款安排对上市公司实际控制权的稳定性不会产生重大不利影响。③金浙勇取得的股权转让款的使用安排及资金去向与铁牛集团或上市公司无关。

自此在回复证监会的第二次反馈意见不到两个月之后，金马即获得了并购重组委的有条件通过，并于 2017 年 4 月得到中国证监会的批准通过，成功地并购了众泰汽车。2017 年 6 月 7 日，完成公司名称及证券简称的变更，黄山金马股份有限公司更名为安徽众泰股份有限公司。

2. 重组方案简述

本次交易中，金马股份拟以发行股份的方式购买铁牛集团、长城长富、天风智信、宁波兴晟、益方盛鑫、益方德胜、中达新能、杭州红旭泰、索菱投资、杭州金锋、明驰投资、民生加银、杭州金葵、天津依帆、朱堂福、吴建刚、吴建英、刘慧军、胡建东、诸葛谦、强艳彬、肖行亦共 22 名交易对方合计持有的众泰汽车 100% 股权，并募集配套资金。

根据中通诚评估出具的中通评报字〔2016〕31 号《资产评估报告》，以 2015 年 12 月 31 日为评估基准日，拟购买资产的评估值为 1 160 127. 64 万元。鉴于中通评报字〔2016〕31 号《资产评估报告》有效期届满，上市公司委托中通诚评估对众泰汽车 100% 股权以 2016 年 6 月 30 日为基准日出具了中通评报字〔2017〕15 号《资产评估报告》，截至 2016 年 6 月 30 日，众泰汽车的评估值为 1 185 997. 58 万元，比截至 2015 年 12 月 31 日的评估值增加 25 869. 94 万元。基于上述评估结果，经交易各方友好协商，仍以众泰汽车截至 2015 年 12 月 31 日的评估值为基础确定本次交易价格，即众泰汽车 100% 股权的交易作价为 1 160 000 万元，上市公司将以发行股份方式支付全部交易对价。同时，上市公司拟采用询价方式向包括铁牛集团在内的不超过 10 名特定对象非公开发行股份募集配套资金。本次配套融资总额不超过 200 000 万元，不超过本次发行股份购买资产交易对价的 100% 。其中，铁牛集团同意认购配套资金 50 000 万元，其他单个投资者及其一致行动人认购的配套资金不高于 50 000 万元。铁牛集团不参与本次发行定价的竞价过程，但承诺接受其他发行对象申购竞价结果并与其他发行对象以相同价格认购本次发行的股票。本次发行股份购买资产不以募集配套资金的成功实施为前提，最终配套融资成功与否不影响本次发行股份购买资产行为的实施。

本次交易前，上市公司未持有众泰汽车的股权；本次交易完成后，众泰汽车将成为上市公司的全资子公司。本次交易前后，应建仁、徐美儿夫妇均为上市公司实际控制人。本次交易不会导致上市公司控制权发生变化。

3. 重组发行股份情况

金马股份本次重组涉及两次发行：发行股份购买资产和发行股份募集配套资金。其发行信息如表 2－6 所示。

表 2-6　重组发行股份情况

发行目的	购买资产	募集配套资金
发行种类	A 股	A 股
发行面值	1.00 元/股	1.00 元/股
发行方式	非公开	非公开
发行对象	铁牛集团等 22 名众泰汽车股东	包括铁牛集团在内的不超过 10 名特定对象
发行资金总额	1 160 000 万元	不超过 200 000 万元
发行定价依据	根据《重组管理办法》相关规定：上市公司发行股份的价格不得低于市场参考价的 90%。市场参考价为本次交易的董事会决议公告日前 20 个交易日、60 个交易日或者 120 个交易日的公司股票交易均价之一	根据《重组管理方法》及其《实施细则》规定，上市公司定向增发股票的价格不低于定价基准日前 20 个交易日公司股票交易均价的 90%
发行定价基准日	金马股份第六届董事会第九次会议决议公告日	金马股份第六届董事会第九次会议决议公告日
发行价格	8.91 元/股	9.14 元/股
发行数量	1 301 907 960 股	218 818 380 股
发行地点	深交所主板	深交所主板
发行锁定期	12 个月以上	12 个月以上
发行过度损益期	业绩承诺与补偿协议	业绩承诺与补偿协议

4. 重组交易对价支付

根据《购买资产协议》，本次交易标的资产对价为 1 160 000 万元，100% 股权均通过发行股份支付，具体支付情况如表 2-7 所示。

表 2-7　交易对价表

序号	众泰汽车股东	本次交易转让的持股比例（%）	交易对价（万元）	上市公司支付股份数量（股）
1	铁牛集团	56.829 4	659 221.04	739 866 487
2	长城长富	10.954 5	127 072.20	142 617 508
3	天风智信	9.090 9	105 454.44	118 355 151
4	宁波兴晟	7.272 7	84 363.32	94 683 860
5	益方盛鑫	4.698 2	54 499.12	61 166 240
6	益方德胜	1.454 5	16 872.20	18 936 251
7	中达新能	0.909 1	10 545.56	11 835 645
8	杭州红旭泰	0.681 8	7 908.88	8 876 408

续上表

序号	众泰汽车股东	本次交易转让的持股比例（%）	交易对价（万元）	上市公司支付股份数量（股）
9	索菱投资	0.636 4	7 382.24	8 285 342
10	杭州金锋	0.636 4	7 382.24	8 285 342
11	明驰投资	0.490 9	5 694.44	6 391 066
12	民生加银	0.454 5	5 272.20	5 917 171
13	杭州金葵	0.272 7	3 163.32	3 550 303
14	天津依帆	0.218 2	2 531.12	2 840 763
15	朱堂福	1.454 5	16 872.20	18 936 251
16	吴建刚	0.909 1	10 545.56	11 835 645
17	吴建英	0.909 1	10 545.56	11 835 645
18	刘慧军	0.490 9	5 694.44	6 391 066
19	胡建东	0.454 5	5 272.20	5 917 171
20	诸葛谦	0.454 5	5 272.20	5 917 171
21	强艳彬	0.454 5	5 272.20	5 917 171
22	肖行亦	0.272 7	3 163.32	3 550 303
合　计		100	1 160 000.00	1 301 907 960

5. 发行股份前后的财务状况

并购前金马股份近三年来财务状况如表2－8、表2－9、表2－10所示。

表2－8　金马股份近三年资产负债表主要数据　　单位：万元

时　间	2016.12.31	2015.12.31	2014.12.31
资产总额	411 314.04	340 872.69	290 900.17
负债总额	194 949.94	132 167.38	88 197.25
归属于母公司所有者权益	215 465.52	207 843.37	201 863.15

表2－9　金马股份近三年利润表主要数据　　单位：万元

时　间	2016年度	2015年度	2014年度
营业收入	169 350.04	162 586.62	111 138.08
利润总额	10 472.75	7 422.39	4 975.42
净利润	8 715.06	6 055.11	4 206.89
归属于上市公司股东的净利润	8 678.44	6 032.94	4 196.86
归属于上市公司股东的扣除非经常性损益的净利润	8 307.43	5 536.15	2 939.01

表 2－10　金马股份近三年主要财务指标

时　间	2016 年度/ 2016 年 12 月 31 日	2015 年度/ 2015 年 12 月 31 日	2014 年度/ 2014 年 12 月 31 日
每股净资产（元/股）	4.08	3.94	3.82
基本每股收益（元/股）	0.16	0.11	0.08
资产负债率（%）	47.40	38.77	30.32
销售毛利率（%）	23.42	20.22	18.27
归属于普通股股东加权平均净资产收益率（%）	4.09	2.94	2.10
扣除非经常性损益后归属于普通股股东加权平均净资产收益率（%）	3.92	2.70	1.47

根据天职国际出具的《模拟合并审计报告》，众泰汽车报告期内的主要财务指标如表 2－11 所示。

表 2－11　众泰汽车近三年的主要财务状况

时　间	2016 年度/ 2016 年 12 月 31 日	2015 年度/ 2015 年 12 月 31 日	2014 年度/ 2014 年 12 月 31 日
总资产（万元）	1 833 158.33	1 304 910.84	687 751.50
总负债（万元）	1 493 704.06	1 080 171.40	649 645.21
所有者权益（万元）	339 454.27	224 739.45	38 106.29
归属于母公司所有者权益（万元）	339 454.27	219 505.42	38 744.74
营业收入（万元）	2 250 390.79	1 374 497.39	662 024.16
利润总额（万元）	158 040.35	120 504.25	27 359.34
净利润（万元）	132 645.40	96 809.10	19 988.02
归属于母公司股东的净利润（万元）	130 695.69	90 936.63	18 146.27
扣除非经常性损益后归属于母公司股东的净利润（万元）	123 328.86	88 533.74	17 614.3
经营活动产生的现金流量净额（万元）	－95 114.09	151 427.15	206 877.91
资产负债率（%）	81.48	82.78	94.46
综合毛利率（%）	18.10	17.95	9.78

并购后，众泰汽车（原金马股份）主要财务状况如 2－12 所示。

表 2－12　众泰汽车 2017 年第三季度财务状况

时　间	2017 年第三季度	时　间	2017 年第三季度
总资产（元）	31 307 922 325. 45	扣除非经常性损益后归属于母公司股东的净利润（元）	255 463 530. 06
总负债（元）	15 155 469 363. 54	归属于母公司股东的净利润（元）	258 028 783. 09
所有者权益（元）	16 152 452 961. 91	经营活动产生的现金流量净额（元）	—
归属于母公司所有者权益（元）	16 143 319 881. 19	基本每股收益（元/股）	0. 13
营业收入（元）	5 808 832 828. 32	每股净资产（元/股）	7. 92
利润总额（元）	269 346 676. 67	销售毛利率（%）	18. 36
净利润（元）	258 144 889. 69	资产负债率（%）	48. 41

（三）看今朝——并购完成，来之不易

金马股份通过并购众泰汽车后改名为众泰汽车，可谓一石三鸟。既完成对金马股份的并购重组，也实现了众泰汽车的借壳上市，还实现其背后控制股东铁牛集团对旗下的资产整合部署。金马股份与众泰汽车的并购完成也实现了金马股份产业的纵向一体化。

并购重组是近年以来企业实现资产整合、借壳上市、融通资金的热门手段。金马股份此次成功并购众泰汽车的例子，具有典型的行业代表性。从此次并购之路中金马股份每次快速机智的应对策略，可见其在资本运作方面的高明之处。

借壳上市的难度倍增，金马股份别样并购重组的方法，巧妙的手法让证监会也想不到的借壳上市，又给资本市场上的人们上了一课。明天的资本市场又会再刮起什么样的并购风呢……

三、启发思考题

1. 重大资产重组的认定标准？金马股份此次重大资产重组到底是并购重组还是借壳上市？
2. 金马股份重组过程中涉及并购的类型、形式有哪些？
3. 此次重大资产重组是否属于同一控制下的企业合并？
4. 金马股份并购众泰汽车后为何又变更名称为众泰汽车？
5. 此次重大资产重组带来了怎样的协同效应？
6. 如何看待金马股份对于此次重大资产重组后作出的业绩承诺？

四、附录

附录如表2－13、表2－14所示。

表2－13 其他主要参考资料目录

资料序号	资 料 名 称
1	2016年12月13日金马股份发布的《关于〈中国证监会行政许可项目审查一次反馈意见通知书〉〔163360〕号之反馈意见答复的公告》
2	2017年1月27日金马股份发布的《关于〈中国证监会行政许可项目审查二次反馈意见通知书〉〔163360〕号之反馈意见答复》
3	2017年2月16日金马股份发布的《2016年年度报告》与《2016年年度报告摘要》
4	2017年2月21日金马股份发布的《发行股份购买资产并募集配套资金暨关联交易报告书（草案）》
5	2017年4月15日金马股份发布的《关于发行股份购买资产并募集配套资金暨关联交易之标的资产过户完成的公告》
6	2017年6月1日金马股份发布的《关于完成公司名称、经营范围等工商变更登记的公告》
7	2017年6月1日金马股份发布的《发行股份购买资产并募集配套资金暨关联交易实施情况报告暨新增股份上市公告书（摘要）》
8	2017年6月7日金马股份发布的《关于变更公司名称及证券简称的公告》
9	2017年10月27日金马股份发布的《2017年第三季度报告正文》
10	2017年11月25日金马股份发布的《关于完成公司名称、注册资本等工商变更登记的公告》
11	中财网 http：//www. cfi. net. cn/和深圳交易所 http：//www. szse. cn/
12	赵文佳．金马股份“蛇吞象”式并购．英才，2016，F832. 51
13	王宛秋．企业技术并购协同效应研究．经济科学出版社，2014
14	雷霆．公司并购重组原理、实务及疑难问题诠释．中国法制出版社，2014
15	江苏省上市公司协会．上市公司并购重组流程及案例解析．第二版．江苏人民出版社，2016
16	蒋弘．并购方式视角下的股权制衡治理效应研究．经济科学出版社，2014
17	张奇峰．企业并购与重组会计案例．东北财经大学出版社，2015

为更好了解本案例故事背景，可供参考的案例故事梗概如表2－14所示。

表 2－14　案例故事梗概表

序号	时　间	事　件	备注信息
1	2016 年 3 月 28 日	首次发布非公开发行预案	金马欲以 116 亿元并购众泰汽车
2	2016 年 4 月 12 日	预案修订	补充披露了众泰产权控制情况和配套资金认购方穿透情况的信息
3	2016 年 5 月 23 日	收到项目审查一次反馈意见书	证监会对众泰实际控制人金浙勇与金马控制人应建仁夫妇的亲属关系、是否构成借壳上市等进行问询
4	2016 年 6 月 21 日	第一次反馈意见答复	此次资产重组不构成借壳上市
5	2016 年 9 月 19 日	撤回申请文件，申请终止	2016 年 9 月 8 日证监会出台更为严格的重大资产重组管理办法
6	2016 年 10 月 11 日	更改募集资金用途并发布新版预案	变更募集资金用途用于新能源汽车开发项目
7	2016 年 12 月 3 日	收到项目审查一次反馈意见书	证监会对金马的申请材料提出此次交易是否为一揽子交易、控制人亲属关系、募集资金用途等进行详细问询
8	2016 年 12 月 13 日	第一次反馈意见答复	
9	2017 年 1 月 7 日	收到项目审查二次反馈意见书	证监会对此次资产重组中实际控股人不变、贷款来源、业绩承诺等进行问询
10	2017 年 1 月 21 日	第二次反馈意见回复	
11	2017 年 3 月 6 日	获得证券会并购重组委有条件通过	—
12	2017 年 4 月 7 日	获得中国证券会批准通过	—
13	2017 年 6 月 7 日	完成公司名称及证券简称的变更	公司名称由“黄山金马股份有限公司”变更为“安徽众泰汽车股份有限公司”

[案例说明书]

一、案例要解决的关键问题

本案例的教学目标：本案例旨在引导学员学习并理解企业资产重组中并购重组的相关问题。结合本案例分析，帮助学员更加深入地了解和把握资产重组中的并购重组方式。①通过案例分析使学员更加直观地感受并购重组的含义。②引导学员思考并购重组的作用与应用形式。③进一步启发学员更加直观地感受并购重组的条件及流程。④积极探讨企业并购重组的协同效应等。

案例通过描述金马股份并购众泰汽车一案的过程及其遇到的问题，揭示过程中所涉及企业运营管理中的并购重组形式、并购重组的认定、并购重组的协同效应、同一控制下的企业合并等内容。教师可以根据自己的教学目标来灵活使用本案例，案例分析思路如图2-9所示，可供教师参考。

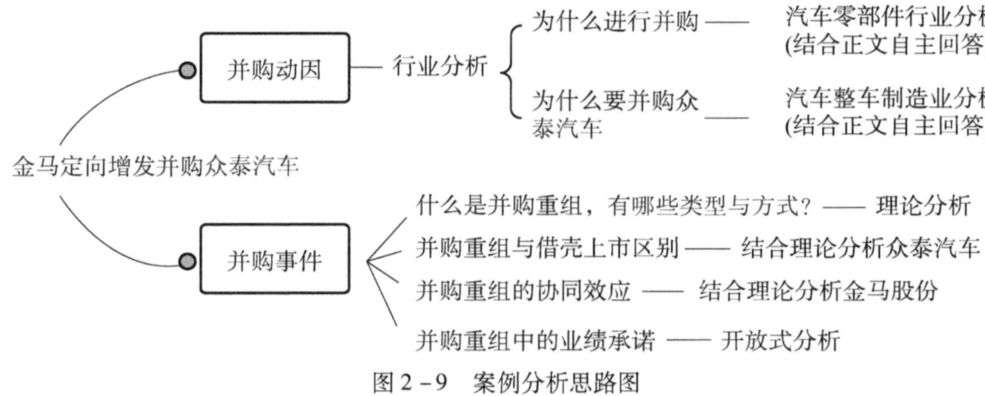

图2-9　案例分析思路图

首先，分析企业所在的行业状况，以便了解此行业的国家政策和市场环境的发展趋势。其次，透过企业的特殊身份和经营特点，分析其内部环境因素，以理解企业在市场行业中地位，以便理解企业要并购重组的动因，并进一步分析出并购之路所面临的一系列问题的背景原因。而后，本次并购重组形式如何选择？是否属于同一控制下的企业合并？通过深入讨论与分析，以达到了解并购重组对企业运营管理带来的影响、并购重组与借壳上市的认定、并购重组的形式以及支付方式的选择、并购重组所带来的协同效应等，以培养学生掌握并购重组的原理，并合理地运用在企业运营管理过程中，有效提高学生的思辨能力和理论结合的实际能力。

二、案例讨论的准备工作

（一）理论背景

1. 并购动因理论

Brouther（1998）认为，并购动因可以分为经济动因、个人动机和战略动机三类。Weston等（1998）将现有文献中的并购动因分为战略驱动的并购、管理层无效驱动的并购、管理层利益驱动的并购以及股市无效驱动的并购四类。综合国内外学者的研究成果，可以将企业并购动因归为：实现管理协同、追求市场控制能力、追求规模经济效益、降低成本、分散风险、应对市场失效、增加管理特权等。相关基本知识包含：并购的基本定义、分类与效应；并购的动因；并购溢价。

2. 协同效应理论

Mark Sirower 曾经给出一个判断并购价值的公式如下：

并购战略的价值 = 协同效应 - 溢价

成熟的资本市场中，股东或投资者判断一项并购对自身利益影响的两个关键指标，就是对潜在的协同效应和并购溢价。当并购方的出价远高于公司的内在价值，而溢价又没有潜在协同效应来支撑的时候，投资者、社会公众以及其他的利益相关者就会怀疑并购方的并购动机。如果并购方不能给出合适的解释，这种怀疑就会被投资者当成事实。相关最基本知识包含：协同效应的相关定义、内涵和主要来源；协同效应的类型；协同效应的相关作用和实现。

（二）案例企业所处行业背景

目前，国内汽车零部件行业的两大市场竞争主体为本土自主品牌零部件企业和外资零部件企业。外资零部件企业凭借其品牌、研发技术、规模、质量方面的优势控制了大部分关键零部件产品市场，而本土自主品牌零部件企业产品主要集中在中低端零部件市场。根据中国报告大厅发布的《2014—2018 年汽车零部件行业市场竞争格局分析与投资风险预测报告》，近年来，与整车企业的快速发展相适应，我国汽车配套企业自主创新体系建设取得新进展，企业自主创新能力显著提高。但是，与当今世界汽车产业技术进步的速度和整车企业发展的实际需求相比，我国汽车配套企业自主创新问题仍然是产业发展的一个瓶颈，亟待从体系建设上加以完善。

众所周知，汽车行业是我国的重要支柱之一，自 2009 年以来，中国连续多年蝉联世界第一汽车产销大国。根据中汽协统计，2016 年全国汽车产销 2 811.9 万辆和 2 802.8 万辆，同比增长 14.5% 和 13.7%，高于上年同期 11.2 个百分点和 9.0 个百分点；其中乘用车产销量 2 442.1 万辆和 2 437.7 万辆，比上年同期分别增长 15.5% 和 14.9%，增速高于汽车总体 1.0 个百分点和 1.2 个百分点。

中国汽车行业利润水平总体稳步增长，一方面是源自汽车产销规模的不断扩大，汽车行业规模经济效应明显，在固定成本基本不变的前提下，产销规模越大，成本得到分摊，汽车制造企业的利润就越大。自 2010 年以来，中国汽车制造业行业毛利率整体较为稳定。在生产成本普遍上涨的情况下，毛利率保持在较为稳定的水平，表明汽车企业利润空间扩大，行业形势向好。另一方面，随着政府全面出台支持发展新能源汽车的政策、企业对产品的升级改进和社会对新能源汽车认可度的提升，2014 年以来，新能源汽车有了较快的发展，成为汽车整车企业新的利润增长点。

（三）制度背景

相关法律法规有《公司法》《证券法》《上市公司重大资产重组管理办法》《关于规范上市公司重大资产重组若干问题的规定》。

三、教学组织方式

（一）问题清单及提问顺序，资料发放顺序

问题（1）：金马股份此次重大资产重组到底是并购重组还是借壳上市？
问题（2）：金马股份重组过程中涉及并购的类型、形式有哪些？
问题（3）：此次重大资产重组是否属于同一控制下的企业合并？
问题（4）：金马股份并购众泰汽车后为何又变更名称为众泰汽车？
问题（5）：此次重大资产重组带来了怎样的协同效应？
问题（6）：如何看待金马股份对于此次重大资产重组后作出的业绩承诺？

本案例在课前一周发放正文部分，并附以上问题，要求学员提前学习理论背景、行业背景、制度背景，并收集相关数据，为课堂讨论做好准备。

（二）课时分配与教学计划

本案例可以作为专门的案例讨论课来进行。如下是按照时间进度提供的课题计划建议，整个案例课的课堂时间控制在80—90分钟。

1. 课前计划

（1）查找并购重组以及借壳上市相关资料，自然带入本案例，激发学员兴趣，进行课前激励。运用问题导向启发学员在课前完成阅读和初步思考。并布置学员收集2015年和2016年资本市场的并购重组的相关数据。

（2）布置学员利用证券软件 http：//www. foundersc. com/. 了解众泰汽车股市变动情况，获取最新讯息，有助于学员理解公司并购行为对股价的影响。

2. 课中计划

（1）问题导入（3—5分钟）。用简洁语言阐释资本市场中的并购重组形式及其作用，引入主题，强调上市公司运用并购重组方式进行资本运作和融资管理的背景和作用，并说明本案例所描述情况会越来越普遍。公司在发展过程中并购重组对其实现资产整合、资产重组的重要性：并购重组的具体应用可能受哪些监管制度的影响？上市公司在运用并购重组时应如何安排选择？用这些问题引导学员对案例的重视，为小组讨论提供激励。

（2）分组讨论（30分钟）。事先告知小组讨论应注意的事项和小组发言要求。将上述问题（1）～（6）分别布置给各小组，在小组中设置组长角色进行总结和问题回答。

（3）小组发言（每组5分钟，控制在30分钟）。

（4）进一步深入分析和预测（20分钟）。随机抽取3组展示其课后收集数据的统计分析结果，阐述2015年中国资本市场并购重组的现状及主要类型（3—5分钟），随机选择一组对其分析结果进行评价（3—5分钟）。随机选择一组展示其对2016年中国资本市场并购重组的预测结论（3—5分钟），随机选择一组对其预测结果进行评价（3—5分钟）。

（5）归纳总结（5分钟）。根据学员的讨论与分析结果，教师进行归纳总结，对中国资本市场中并购重组现象产生的根源、监管与制度约束的重心、企业运用并购重组应注意的问题等进行简洁解析。引导学员更深层次思考资产重组的多样性、资本运营和资产重组的方式选择策略等财务管理的具体应用领域，帮助其形成系统、全面的思维方式，促进其

更好地理解并购重组的相关知识。

3. 课后计划

案例讨论引起学员对并购重组等资本运营模式与财务战略思维的重视。课后要求学员提供详实的针对问题（2）的我国近5年上市公司并购重组类型与形式的描述性统计分析。

（三）讨论方式

本案例采用小组讨论、教师引导、学员相互提问的讨论方式。

（四）课堂讨论总结

课堂讨论总结的关键：归纳发言者的主要观点，重申其重点及亮点；提醒大家对焦点问题或有争议观点进行进一步的思考；建议大家对案例素材进行扩展研究和深入分析。

（五）主要参考资料

主要参考资料目录见表2－15。

表2－15　主要参考资料目录表

序号	时　间	事　件	备注信息
1	2016年3月28日	首次发布非公开发行预案	金马欲以116亿元并购众泰汽车
2	2016年4月12日	预案修订	补充披露了众泰产权控制情况和配套资金认购方穿透情况的信息
3	2016年5月23日	收到项目审查一次反馈意见书	证监会对众泰实际控制人金浙勇与金马控制人应建仁夫妇的亲属关系、是否构成借壳上市等进行问询
4	2016年6月21日	第一次反馈意见答复	此次资产重组不构成借壳上市
5	2016年9月19日	撤回申请文件，申请终止	2016年9月8日证监会出台更为严格的重大资产重组管理办法
6	2016年10月11日	更改募集资金用途并发布新版预案	变更募集资金用途用于新能源汽车开发项目
7	2016年12月3日	收到项目审查一次反馈意见书	证监会对金马的申请材料提出此次交易是否为一揽子交易、控制人亲属关系、募集资金用途等进行详细问询
8	2016年12月13日	第一次反馈意见答复	
9	2017年1月7日	收到项目审查二次反馈意见书	证监会对此次资产重组中实际控股人不变、贷款来源、业绩承诺等进行问询
10	2017年1月21日	第二次反馈意见回复	
11	2017年3月6日	获得证券会并购重组委有条件通过	—
12	2017年4月7日	获得中国证券会批准通过	—
13	2017年6月7日	完成公司名称及证券简称的变更	公司名称由“黄山金马股份有限公司”变更为“安徽众泰汽车股份有限公司”

案例 3

香甜奶酪变烫手山芋：濮耐股份并购郑州华威[*]

* 1. 本案例由广东工业大学管理学院的黄蓉、白云霞、方瑶、丁汝琳、魏姗琳、刘思、张银婉、曹晗抒等共同撰写，作者拥有著作权中的署名权、修改权、改编权。

2. 将本案例授权予广东工业大学产教融合 MPAcc 教学智库实验平台使用，广东工业大学产教融合 MPAcc 教学智库实验平台享有复制权、修改权、发表权、发行权、信息网络传播权、改编权、汇编权和翻译权。

3. 由于企业保密的要求，在本案例对有关名称、数据等做了必要的掩饰性处理。

4. 本案例只供课堂讨论之用，并无意暗示或说明某种管理行为是否有效。

[案例封面]

专业领域： 财务管理

适用课程：《高级财务管理理论与实务》

选用课程： 适用于会计专业硕士、工商管理硕士财务管理方向《高级财务管理理论与实务》《企业并购》等相关课程的教学研讨

编写目的： 本文旨在引导学员通过研究、分析，理解和掌握企业并购估值、商誉减值的影响因素的相关知识；另外，学员可以在此基础上结合公司实施并购的经营后果分析，对公司并购方式以及并购后商誉减值对公司带来的影响做出判断和评价，从而在未来将其运用到经营活动的实践当中去。

知 识 点： 商誉；商誉减值；并购估值

关 键 词： 濮耐股份；商誉；商誉减值；并购估值

中文摘要： 并购重组能够使企业在恰当的时机获得迅速成长的机会，企业并购得越多，商誉也越大，从 2014 年开始，A 股上市公司商誉规模每年以千亿元的速度增长，而高额商誉的背后存在着商誉减值的风险。本案例描述了濮耐股份并购郑州华威的过程，分析了濮耐股份 2016 年的业绩由赢转亏的主要原因是其巨额的商誉减值。通过本案例的分析，可以对并购中商誉的产生及计提减值的情况有所了解，并引起对并购溢价的关注。

[案例正文]

一、背景简介

(一)我国上市公司重大资产重组概况

近年来，随着我国企业“走出去”的步伐不断加快，中国迫切需要更多有竞争力的企业来面对日益复杂的经济环境。对于如何快速提升企业的竞争力和影响力，资产重组不失为一个好的手段。根据 CVSource 数据终端显示，2011—2014 年间我国共发生 650 起重大资产重组，2015 年市场完成交易案例数量为 400 起，同比上升 31.15%，完成交易规模 11.062 亿元，同比增长 59.12%。根据普华永道报告显示，我国重大资产市场 2016 年再创新高，交易总金额上升 15.02%，达到 12.724 亿元；交易总量上升 12.50%，达到 450 起。具体数据如图 3－1、图 3－2 所示。

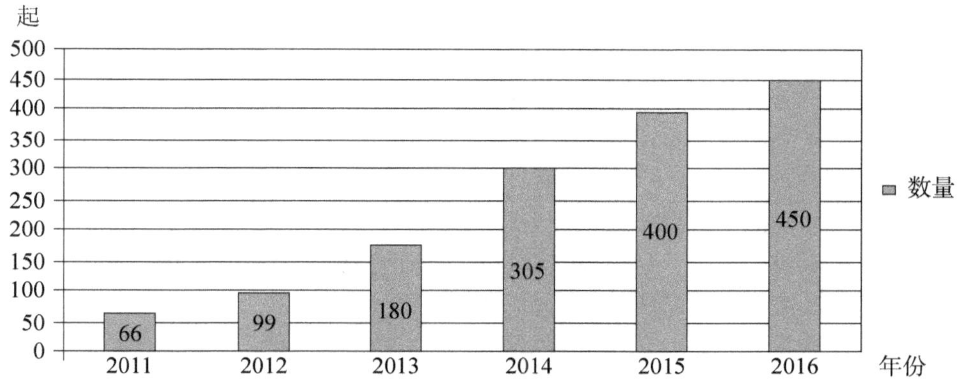

图 3－1　2011—2016 年 A 股重大资产重组数量

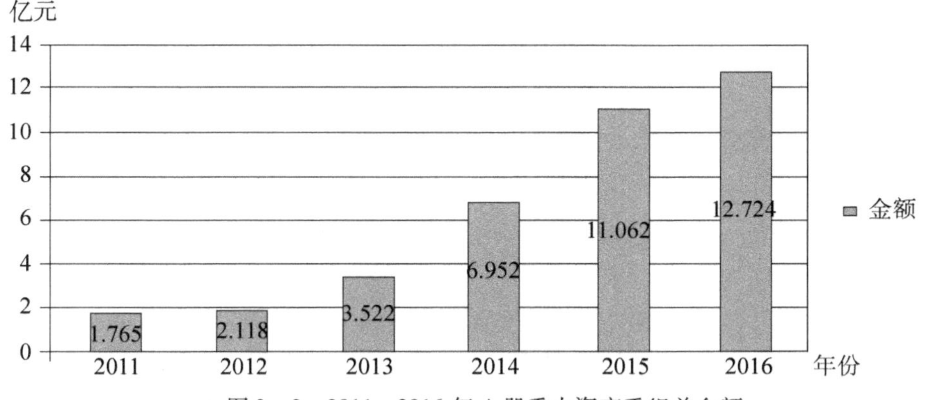

图 3－2　2011—2016 年 A 股重大资产重组总金额

在 A 股市场，并购重组一直以来就广受追捧。但由于并购多为溢价交易，故其往往会为企业带来巨额的商誉资产。2015 年 A 股市场中共有 1 555 家公司产生商誉 6 490.04 亿元，相比 2014 年的 3 288.16 亿元同比大幅增长了 97.38%。2016 年，商誉总值一举突破万亿元大关，9 273 亿元的商誉相比 2015 年再度攀升了 42.88%。而这一增长步伐在 2017 年也没有停歇，最新的一季报数据显示，两市有商誉的公司已达到 1 762 家，一季度 11 356.48 亿元的商誉总值再度刷新了 A 股商誉的历史峰值。具体相关数据见表 3－1。

表 3－1　A 股上市公司并购相关数据（2011—2016 年）

年份	商誉（亿元）	净资产（亿元）	净资产占比（%）	营业利润（亿元）	营业利润占比（%）
2011	1 415.61	152 930.52	0.93	25 601.70	5.53
2012	1 688.78	175 317.22	0.96	26 061.24	6.48
2013	2 137.61	195 548.33	1.09	29 854.07	7.16
2014	3 288.16	227 459.27	1.45	32 418.25	10.14
2015	6 490.04	269 633.43	2.41	33 240.21	19.52
2016	9 273.00	298 334.09	3.11	27 182.05	34.11

（二）并购商誉风险

并购得越多，商誉越大，商誉减值的风险就愈加突出。高溢价和高业绩承诺的外延式并购也伴生了由于并购标的无法达到承诺收益造成的商誉减值计提。经由并购重组产生的商誉也成为了一把双刃剑，一些上市公司也遭受着计提商誉减值造成的不利影响。

一方面，商誉减值会直接减损上市公司当期利润，容易引发业绩变脸。相关会计准则规定，公司合并形成的商誉，至少应当在每年年终做减值测试，一经确认的资产减值不得转回，所以商誉减值将直接造成上市公司当期业绩的减损。

另一方面，商誉减值会损害投资者尤其是中小投资者的利益。上市公司频繁盲目高溢价收购，被收购公司为获得高估值而出具过高业绩承诺，暗藏了巨大的减值风险，最终将损害投资者合法权益。此外，由于商誉本身并没有变现和偿债能力，除了商誉减值风险外，公司真实的资产负债率水平更可能引起投资者的担忧。

二、案例概况

（一）交易双方简介

1. 收购方——濮耐股份

濮阳濮耐高温材料（集团）股份有限公司（以下简称“濮耐股份”）自设立以来一直从事研制、生产和销售定型、不定形耐火材料，功能耐火材料及配套机构，并承担各种热工设备耐火材料设计安装、施工服务等整体承包业务。多年来公司一直保持良好的增长势头，公司逐渐发展壮大。2008 年 4 月在深圳证券交易所挂牌上市，公司资产、业务规模得以进一步扩张和发展。

（1）公司主营业务、主要产品及其用途

公司主营业务为研制、生产和销售定型、不定形耐火材料，功能耐火材料及配套机构，并承担各种热工设备耐火材料设计安装、施工服务等整体承包业务。公司主要产品分为四大板块：（a）功能性耐火材料，包括滑板水口类、三大件类、座砖类及透气砖类；

（b）定型耐火材料，包括钢包砖类、碱性制品类；（c）不定形耐火材料，包括散料类、冲击板及挡渣板类、电炉顶类；（d）其他类。上述产品主要应用于钢铁行业、建材行业、有色金属行业、铸造行业、电力行业及石化行业等涉及高温领域的行业。

（2）公司经营模式

①采购模式。公司及其子公司所采购的原材料主要为镁砂、铝矾土、棕刚玉、白刚玉、莫来石及石墨等大宗原料，由于上述原材料采购量较大且占公司相关产品的成本比重较大，公司制定了严格的《采购管理制度》并积极推动集团化采购，公司采购管理部主要负责集中采购与监督指导各子公司的采购工作，汇总子公司的原材料需求年度计划，采购工作主要采用招标、询价比价、竞争性谈判等方式进行，按照生产安排、价格波动趋势妥善完成原材料采购工作。

②生产模式。公司及其子公司主要按照公司国内营销部、海外营销部与客户签订的销售合同来制订生产计划，技术中心、采购供应部按照相关产品要求的相关流程及时提供所需的图纸、配方及原材料，最终按照合同要求及时发货或提供服务。依据“以销定产”模式，将有效控制原材料的库存量及采购价格，有利于满足客户的定制化要求，亦有利于生产计划与产能的合理匹配。

③销售模式。公司及其子公司销售模式为：一是单独销售，即按照产品销售的数量计价；二是整体承包，即耐火材料企业承包整条或部分钢铁生产线，每年按钢材的产量进行结算。与单独销售模式相比，整体承包模式促使耐火材料企业有充分的动力去研究开发符合客户新要求及市场新趋势、性能更良好的产品与服务，有利于促进供求双方形成互利共赢的利益共同体。

濮耐股份采用整体承包模式实现的销售收入为112 851.37万元，同比上升了1.01%，占营业收入的比重为48.26%。随着下游客户供给侧改革的深入、市场集中度的提高，公司基于技术、产品与品牌的优势，为钢铁企业提供了个性化、定制化服务，随着整体承包模式比重的提高，亦有利于公司增强客户黏性，为公司带来一定程度利润水平的提升。

（3）主要业绩推动因素

①借助供给侧改革，充分利用下游行业回暖的发展机遇。2016年以来，随着国内一系列稳增长、调结构、增效益的政策作用下，作为耐火材料行业的主要下游的钢铁等行业自2016年二季度开始明显回暖，2016年全国粗钢产量为80 837万吨，同比增长1.20%；2016年底全国钢材价格同比上涨74.91%。随着下游行业一定程度的回暖，借助公司良好的品牌知名度和信誉度、领先的技术水平与研发能力及优秀的销售团队与全球化的营销网络，将会促进公司的市场拓展、价格提升、回款加速等良性发展。

②借助创新型管理理念，增强公司核心竞争力。公司将更加注重创新型管理理念的推动，将公司现有业务持续改进、战略协同、创新发展；新领域业务适度交叉、协同发展，利用新业务模式实现新盈利模式。管理创新要求推行有竞争力和激励性的全流程奖惩机制，从采购、研发、制造、销售、财务等全流程进行激励性管理。技术创新要求公司产品实现技术先进、性价比高的目标，在开拓新模式、开辟新领域的行业竞争中占得先机。

（4）公司所处行业的发展阶段、周期性特点及公司所处的行业地位

2016年耐火材料（简称耐材）行业自身产能过剩、无序竞争、回款困难等问题依旧存在，尽管部分下游行业已逐步回暖，但传导至耐火材料行业过程缓慢，经营压力依然较

大。耐材企业必须充分利用下游行业转向良性发展的机遇，树立从需求管理转向供给管理的理念，及时调整经营策略、服务模式，提供高端供给与服务，积极拓展海外市场空间。近年来，国家重点整治环境污染问题，因环保压力导致中小耐材企业关停明显，必然导致中小耐材企业生存困境加重，预计随着环保整治加码，耐材行业中小产能的退出将加速，行业极度分散的格局会逐步转向集中，有利于行业龙头企业市场份额的提升。

濮耐股份是一家专业从事高温工业用耐火材料系统解决方案的服务商，为国内耐火材料行业龙头企业，公司客户涵盖国内外钢铁、水泥、玻璃、有色等领域，目前已为世界钢铁百强企业中的近 70 家提供优质产品和完善服务。公司拥有以前瞻性研究为主的北京科技研发中心和以应用型研究开发为主的濮阳技术中心的双技术研发中心，除在国内有 36 个办事处外，还在乌克兰、美国、俄罗斯、韩国、印度等国家设有 12 个子公司或办事处，拥有较强的研发实力、全球化的营销能力及深厚的市场基础。

（5）行业发展趋势

根据国家统计局统计数据，2016 年全国粗钢产量为 80 837 万吨，同比增长 1.20%，全球（66 个国家和地区）粗钢产量达 16.04 亿吨，同比增长 0.7%，专家预测 2017 年下游需求会有所降温，需求对于钢价支撑力度有限，传统库存周期进入被动补库存阶段，因此粗钢产量可能会维持在 2016 年的大致水平。根据中国耐火材料行业协会的统计，2016 年全国耐火材料产量为 2 391.24 万吨，同比降低 8.56%。随着耐火材料的技术进步，产品品类的不断更新及产品质量的稳定提高，单位产品耐火材料消耗将有所降低，下游行业对耐火材料的需求量多将保持目前的窄幅震荡局面。另外，由于 2017 年 3 月初央行下发 48 号文鼓励对钢铁、煤炭等产能过剩市场中有市场、有竞争力但暂遇困难的骨干企业给予信贷支持，作为供应商的耐材企业有望借此使应收账款下降。

（6）市场竞争格局

至 2016 年，在全国 62 家耐材重点企业中，盈利企业有 48 家，盈利金额为 11.69 亿元，亏损企业有 14 家，亏损金额为 3.57 亿元，行业整体仍处于微利运行；同时耐火材料行业较低的行业集中度未得到改观，这 62 家耐火制品生产企业销售收入只占全国耐火制品年销售收入的 30% 左右。下游钢铁、水泥等行业的行业集中度较高，具有较强的议价权，为降低采购成本、节约财务费用，压低了耐火材料产品价格，延长了付款周期，导致应收账款大幅度增加，另外部分大型钢铁企业新成立下属耐材公司，抢夺了一定的原有市场，多重原因明显地加大了耐材企业的经营压力。与此同时，耐材产品整体差异化程度较低，同行间互相模仿非常容易，行业中存在部分耐材企业尤其是中小企业为了抢占市场，进行超低价竞争，甚至整体承包的价格也大幅偏离了正常价格区间，扰乱了正常的市场秩序，破坏了耐材行业的健康发展，龙头企业也没有有效的解决方案，导致盈利能力持续低迷。

根据以回款为前提、以效益为中心、积极扩大销售规模的经营思路，树立从需求管理转向供给管理的理念，公司将继续在国内推广整体承包模式，坚持开拓海外市场。同时将继续注重技术创新，从提升现有产品性价比和集中力量研发新产品的双通道来提升企业的“刚性”竞争力，利用优质的产品和卓越的服务为全球客户提供系统解决方案，在激烈的市场竞争中赢得先机。

（7）公司发展战略目标

2020年，建成一个以高科技为基础、以耐火材料为主业的跨国集团，进入世界耐材行业的前三名。公司将通过与国内外优质耐火材料公司的合作，加快兼并重组，进一步增加濮耐股份的综合实力，建立集团公司的高铝、镁质材料原料基地，成为全国耐材行业产品配套齐全、覆盖钢铁、建材、有色、石化等主要高温领域的龙头企业。该公司2017年主要经营指标如表3－2所示。

表3－2　2017年主要经营指标

项目名称	2017年计划数（亿元）	2016年实际完成数（亿元）	变动幅度（%）
销售收入	26.48	23.38	13.26
归属于上市公司股东的净利润	0.84	－1.85	145.41

注：①受制于下游行业不景气、已并购企业未完全发挥出协同效应等因素，公司在2016年未能实现销售收入和净利润的经营目标。②上述经营计划指标不包含2017年度可能因并购因素而带来的收入或利润影响；③上述经营目标并不代表2017年度的盈利预测，能否实现取决于市场状况变化、经营团队的努力程度、宏观政策等多种因素的影响，存在很大的不确定性。

2. 标的公司——郑州华威

郑州华威耐火材料股份有限公司（以下简称“郑州华威”）的前身为国营新密耐火材料厂。该耐火材料厂是新密市国营资产经营公司出资设立的新密市属国有企业。2001年8月7日，河南省人民政府出具《关于同意设立郑州华威耐火材料股份有限公司》的文件，同意郑化轸等作为发起人，以发起方式设立“郑州华威耐火材料股份有限公司”。

郑州华威三大类产品为水泥窑用耐火材料、钢铁工业用耐火材料和有色工业用耐火材料，分别服务于水泥工业、钢铁工业和有色工业。郑州华威经过多年的积累，在这些服务领域均具有明显的优势。

（1）在水泥工业方面优势

郑州华威前身是中国最早的水泥窑用耐火材料厂专业生产厂家。从20世纪70年代末，生产出中国第一块水泥窑用磷酸盐高铝砖，至今已有30多年的历史。郑州华威成立后，在承接原有技术的基础上坚持自主创新，积累了丰富的产品生产和市场服务经验，“华威牌”商标在行业享有很高的声誉和知名度，被评为建材行业知名品牌。

目前，我国拥有12 000 t/d特大水泥窑5条，其中有4条窑采用了郑州华威产品作为配套产品使用。郑州华威的产品由于质量过硬，多年来受到用户的信赖，成为了国内少数几家能够为12 000 t/d水泥窑提供配套产品的耐火材料企业，这对郑州华威产品起到了很好的宣传作用，有利于市场开拓。

（2）在钢铁工业方面优势

郑州华威是国内最早从事钢铁炉外精炼炉用耐火材料的生产企业之一，产品出口到国外钢铁工业发达的国家和地区，取得了良好的应用效果。郑州华威钢铁工业炉外精炼炉用耐火材料应用客户主要为世界上先进的钢铁企业，他们拥有先进的生产技术和管理理念，对产品的要求比较苛刻，通过与这些企业合作，郑州华威不断提高产品质量，产品品质始终保持在一个较高的水准，提升了在市场中的竞争优势。

（3）在有色工业方面优势

郑州华威在有色行业的主导产品是镁铝铬复合尖晶石砖和高密度抗剥落镁铬砖，凭借良好产品性能，在相关细分市场具有领先优势。郑州华威自主产品镁铝铬复合尖晶石砖在锌挥发窑上使用以来，表现出了良好的应用效果，使锌挥发窑窑炉寿命提高 2～3 倍，比传统产品铬渣砖高出 2 倍，而价格却是铬渣砖的 2～3 倍，并且锌冶炼率提高 2%～3%。产品在云南蒙自矿冶有限公司锌挥发窑上创下了 346 天的使用寿命纪录，成为有色行业锌挥发窑首选产品，具有较高的市场占有率；郑州华威自主研发的高密度抗剥落镁铬砖不但气孔率低、密度大、高温强度高，而且抗剥落性能优良，在实际使用中具有耐侵蚀、抗剥落、抗冲刷的优异性能，非常适合有色工业冶炼炉使用，在智利铜厂、云南铜业股份有限公司 100 吨大型铜转炉风口区及渣线部位使用寿命达到 416 炉次的世界领先水平。

郑州华威在上述三个细分市场所具有的优势，保证了其具有较强的市场竞争力。

（二）本次交易背景和目的

1. 本次交易的背景

（1）耐火材料是钢铁、建材、有色、机械、化工、电力等高温工业发展不可或缺的基础材料，改革开放以来，我国耐火材料产业取得了长足进步，已成为世界上最大的生产国、消费国和出口国。但我国耐火材料产业大而不强，产业集中度很低、缺乏知名品牌企业。截至 2011 年，全国规模以上耐火材料企业有 2 000 多家，产值超过 30 亿元只有 1 家，产值超过 10 亿元只有 10 家。耐火材料的产量超过 3 000 万吨，几乎能生产所有的耐火材料品种，但只有极少数的国际知名产品。

（2）国家相关产业政策支持耐火材料企业的整合。中国耐火材料行业协会在 2006 年编制的《耐火材料产业发展政策》中明确强调“支持企业向集团化方向发展，通过强强联合、兼并收购、互相持股等方式进行战略重组，减少企业数量，实现耐火材料工业企业组织结构调整、优化和产业升级。支持和鼓励有条件的大企业为龙头，科技型中小企业加入，以产品为龙头，产权作纽带、跨所有制、跨地区的强强联合。”

2013 年 2 月 21 日，工信部发布了《关于促进耐火材料产业健康可持续发展的若干意见》，意见明确推进耐火材料行业内的联合重组，“建立完善新建项目与联合重组、淘汰落后、节能减排联动机制，坚持等量或减量置换落后产能。严格控制产能增长，加快优化存量。规范市场化运作，支持行业内优势骨干企业以品牌、技术、资本等要素为纽带，大力推进横向联合重组，纵向延伸产业链，协同发展生产性服务业，组建大型耐火材料企业集团。”

2. 本次交易的目的

本次交易前，上市公司约 95% 的业务收入来自于面向钢铁行业的耐火材料销售。而根据中国耐火材料行业协会的统计，在国内市场，炼钢用耐火材料仅占耐火材料消耗总量的 65%。因此，为了实现新的利润增长点，上市公司一直积极筹划向钢铁之外的水泥、有色等细分耐火材料行业市场的拓展。上市公司 2020 年的战略规划中明确提出非钢领域销售占整个销售收入 20% 的目标。

在上市公司积极拓展非钢领域市场的过程中，发现尽管耐材本身的消耗对客户生产成本影响非常低，但大型企业对相关耐火材料产品和供应商的选择却非常谨慎，由于非钢领域用耐火材料的消耗周期相对较长（比如普通水泥窑用耐火材料更换通常需要一年左右），客户需要较长时间来验证产品的使用性能，且不愿承担更换耐火材料带来的风险（即便更换供应商，也需要供应商有较好的过往使用业绩做支撑），因此一旦选定某家企业的产品，不会轻易更换供应商。从而使得新的市场竞争者很难快速且大规模地进入非钢市场。

本次收购的标的公司郑州华威是国内知名的水泥行业耐火材料生产企业，在水泥窑用耐火材料生产方面具有成熟的技术和产品，能够提供水泥窑全套耐火材料，并且已经和国内多家大型水泥企业都建立了长期合作关系。其大量产品已经出口日本、俄罗斯、美国等多个国家。2012 年度，其面向水泥行业的耐火材料销售额约占总销售额的 73%。郑州华威的业务和产品与上市公司具有很强的互补性。

因此，通过本次交易，可以实现上市公司与标的资产之间的优势互补、资源互补，充分发挥协同效应，节约上市公司进入其他细分耐火材料行业市场的成本，完善上市公司的产品结构，调节上市公司的收入结构，拓宽上市公司的市场领域和市场份额，提升上市公司的持续盈利能力和抗风险能力。

（三）交易方案

本次交易方案为：濮耐股份以发行股份购买资产方式购买郑化轸、陈瑞珍、李丙灿等 167 人持有的郑州华威 100% 股权。

本次交易完成后，郑化轸、陈瑞珍、李丙灿等 167 人将成为本公司的股东，郑州华威将成为濮耐股份的全资子公司。

2013 年 5 月 8 日，公司与郑化轸等 167 名自然人签署了《濮阳濮耐高温材料（集团）股份有限公司附条件生效的发行股份购买资产协议之补充协议》，本次交易标的资产的交易价格以中联资产评估集团有限公司出具的中联评报字〔2013〕173 号《资产评估报告》的评估结果作为定价依据，经双方协商，本次交易价格确定为 44 012.69 万元，公司以发行股份支付全部对价。

2013 年 5 月 28 日公司召开 2013 年第三次临时股东大会，审议通过了本次发行股份购买资产相关事宜。

2013 年 7 月 18 日，公司与郑化轸等签署了《濮阳濮耐高温材料（集团）股份有限公司与郑化轸等 167 人关于发行股份购买资产之盈利与补偿协议》（以下简称“补偿协议”）。补偿协议约定在利润补偿期间，如华威公司的实际净利润数不足承诺净利润数，华威公司应以股份补偿方式对净利润差额进行补偿。

2013 年 9 月 25 日，中国证监会下发《关于核准濮阳濮耐高温材料（集团）股份有限公司向郑化轸等发行股份购买资产的批复》，核准了本次交易。

2013 年 9 月 29 日，中勤万信会计师事务所有限公司出具了《验资报告》。根据该《验资报告》，濮耐股份原注册资本（股本）为 732 495 679.00 元，实收资本（股本）为 732 495 679.00 元，截至 2013 年 9 月 29 日，濮耐股份实际已收到郑化轸等以股权缴纳的新增注册资本（股本）60 291 356 元，增资完成后，濮耐股份注册资本及实收资本变更为 792 787 035.00 元。

2013 年 10 月 15 日，公司在中国证券登记结算有限责任公司深圳分公司办理了本次向郑化轸等非公开发行股份的股权登记手续，中国证券登记结算有限责任公司深圳分公司出具了《证券登记确认书》。公司已办理完毕本次新增股份 60 291 356 股的登记手续，完成了郑州华威 100% 股权购买。

（四）并购的定价政策

本次评估选用收益法进行评估，收益法的评估基本思路是以企业经审计的母公司报表口径为基础估算其股东全部权益价值，即首先按收益途径采用现金流折现方法（DCF），估算企业的经营性资产的价值，再加上报表中未体现对外投资收益的对外长期投资的权益价值以及基准日的其他非经营性或溢余性资产（负债）的价值，来得到企业的企业价值，并由企业价值经扣减付息债务价值后，得出企业的股东全部权益价值（净资产）。

在标的资产的定价方面，以 2012 年 12 月 31 日为评估基准日，郑州华威母公司的净资产账面值为 14 599.47 万元，评估后的股东全部权益资本价值（净资产价值）为 44 012.69 万元，评估增值 29 413.22 万元，增值率为 201.47%。在此基础上经交易双方协商，最终确定交易价格为 44 012.69 万元。

郑州华威购买日可辨认净资产公允价值为 20 939.13 万元，该公司以 44 012.69 万元购买成本持其 100% 股权，合并成本的公允价值大于合并中取得的被购买方可辨认净资产公允价值的金额 23 073.56 万元作为商誉。

（五）利润预测补偿

根据《发行股份购买资产之盈利预测补偿协议》，郑化轸等 167 人将采取股票补偿为主、现金补偿为辅的补偿方式，具体补偿安排如下：

1. 利润补偿期间

如果本次发行股份购买资产交易于 2013 年度实施完毕，郑化轸等 167 人对濮耐股份承诺的利润补偿期间为 2013 年度、2014 年度、2015 年度；如果本次发行股份购买资产交易于 2014 年度实施完毕，郑化轸等 167 人对濮耐股份承诺的利润补偿期间为 2014 年度、2015 年度、2016 年度。

郑州华威 100% 股份过户至濮耐股份且郑化轸等 167 名自然人本次认购的濮耐股份股票全部登记至其名下之日为本次发行股份购买资产交易实施完毕之日。

2. 预测净利润数与承诺净利润数

根据中联评估出具的《评估报告》，中联评估采取收益法预测郑州华威 2013 年度、2014 年度、2015 年度、2016 年度扣除非经常性损益后的净利润以及郑化轸等 167 名自然人承诺扣除非经常性损益后的净利润如表 3-3 所示。

表 3-3　预测与承诺净利润（2013—2016 年）　　单位：万元

项　目	2013 年度	2014 年度	2015 年度	2016 年度
预测净利润	3 710.85	4 387.79	5 108.00	5 631.98
承诺净利润	3 710.85	4 387.79	5 108.00	5 631.98

3. 股份补偿相关安排

在本次交易完成后，如郑州华威利润补偿期间的实际净利润没有达到承诺净利润，郑化轸等 167 名自然人应以股份补偿方式对净利润差额进行补偿。补偿股份数的计算公式如下：

年度补偿股份数 = [（截至当期期末累积承诺净利润数 - 截至当期期末累积实际净利润数） ÷ 利润补偿期限内各年度的承诺净利润数总和] × 本次实际发行的股份数 - 已补偿股份数。涉及上述股份补偿时，郑化轸等 167 名自然人中每位自然人需要补偿的数量根据其在本次发行中认购濮耐股份的股票数量的相对比例分摊确定，具体计算公式如下：单个自然人需补偿的股份数量 = 该自然人在本次发行中认购濮耐股份的股票数量 ÷ 郑化轸等 167 名自然人在本次发行中认购濮耐股份的股票的合计数量 × 年度补偿股份数。

如根据上述公式计算的补偿股份数小于或等于 0 时，则按 0 取值，即郑化轸等 167 名自然人无需向濮耐股份补偿股份，但已经补偿的股份不冲回。郑化轸等 167 名自然人在利润补偿期间的合计补偿股份数不超过郑化轸等 167 名自然人本次认购的濮耐股份总股份数。

如在利润补偿期间出现濮耐股份以转增或送股方式进行分配而导致郑化轸等 167 名自然人持有的濮耐股份的股份数发生变化，则补偿股份数量应进行调整，调整计算公式为：调整后的补偿股份数 = 按照上述公式计算的补偿股份数 × （1 + 每股转增或送股比例）。

4. 股份不足时，现金补偿相关安排

对于郑化轸等 167 名自然人，其所持有的股份不足以履行《发行股份购买资产之盈利预测补偿协议》约定的补偿义务时，不足部分由其个人以现金折股方式进行补偿。需现金补偿金额的计算公式如下：单个自然人现金补偿金额 = 该年度该自然人不足补偿股份数 × 本次濮耐股份发行股份的股票单价。

如在利润补偿期间出现濮耐股份以转增或送股方式进行分配而导致郑化轸等 167 名自然人持有的濮耐股份的股份数发生变化，根据前述股份补偿计算公式，补偿股份数量会进行调整。由于现金补偿下的股份单价已经锁定，为避免过度现金补偿，前述现金补偿的计算公式调整为：单个自然人现金补偿金额 = 该年度该自然人不足补偿股份数 ÷ （1 + 每股转增或送股比例） × 本次濮耐股份发行股份的股票单价。

（六）商誉减值测试

2016 年末公司对因合并郑州华威形成的商誉进行减值测试，测试后的结果显示：2016 年末郑州华威包含商誉的资产组价值 51 252. 93 万元，运用收益法计算郑州华威包含商誉的资产组未来产生的现金流量金额折现计算到 2016 年 12 月 31 日的价值（即可收回金额）为 27 915. 93 万元，小于包括商誉的资产组组合的账面价值，该资产组存在减值迹象，公司将该合并产生的商誉 23 073. 56 万元全额计提减值准备。

从表 3 - 4 主要财务指标可知，由于郑州华威 2016 年度实现的营业收入、净利润较预测值出现大幅下降，公司对收购郑州华威而产生的商誉 23 073 万元全额计提减值，从而导致公司 2016 年度业绩大幅下降。

表 3 - 4　郑州华威主要财务指标（2013—2016 年）　　单位：万元

年份	总资产	净资产	营业收入	营业利润	净利润
2013	362 486 366. 97	223 660 965. 94	82 551 739. 11	16 139 650. 08	14 269 705. 71
2014	399 552 395. 55	264 463 114. 92	369 067 405. 18	48 451 638. 92	40 802 149. 00
2015	424 533 973. 19	292 990 984. 96	285 599 391. 04	33 584 860. 43	28 527 870. 04
2016	384 664 223. 68	281 793 685. 73	162 357 146. 71	1 615 027. 30	- 1 197 299. 23

三、参考资料

1. 《我国耐火材料制品制造业经营状况分析——兼对濮耐股份的财务分析》，杜立辉，2011 年 2 月，9 - 16 页。

2. 《商誉减值与分析师盈余预测——基于盈余管理的视角》，曲晓辉、卢煜、汪健，《山西财经大学学报》，2016 年 4 月，101 - 113 页。

3. 《合并商誉对企业盈利能力影响的实证研究》，张娟，2012 年 5 月，33 页。

4. 《濮耐股份：发行股份购买资产报告书（修订版）》

5. 《濮耐股份：拟发行股份购买郑州华威耐火材料股份有限公司股权项目资产评估说明》

6. 《濮耐股份有限公司 2013 年年度报告》

7. 《濮耐股份有限公司 2014 年年度报告》

8. 《濮耐股份有限公司 2015 年年度报告》

9. 《濮耐股份有限公司 2016 年年度报告》

四、案例问题

1. 此次并购对郑州华威的定价是否合理？
2. 商誉的成因及后果是什么？
3. 濮耐股份对商誉减值的计提是否合理？
4. 商誉减值对耐濮股份带来何种影响？

[案例说明书]

一、本案例要解决的关键问题

本案例要实现的教学目标在于：引导学员进一步关注企业并购带来的商誉减值对企业经营业绩带来的变化。根据本案例的资料，一方面，学员可以了解并购的基本理论，另一方面，学员在了解并购现状的基础上，进一步关注在并购中引发的商誉减值风险，结合该案例的结果对其实施该项并购的经济后果进行分析，从而对濮耐股份进行该项并购的目的是否实现进行评价。

二、案例讨论的准备工作

为了有效实现本案例目标，学员应该具备下列相关知识背景。

1. 理论背景

企业并购基本理论：定义、种类等；企业价值评估的基本理论；计提商誉减值的会计准则等。

2. 行业背景

近年来，随着我国企业“走出去”步伐的不断加快，中国迫切地需要更多有竞争力的企业来面对日益复杂的经济环境。对于如何快速提升企业的竞争力和影响力，并购不失为一个好的手段。根据中国耐火材料行业协会的统计，在国内市场，炼钢用耐火材料仅占耐火材料消耗总量的65%。因此，为了实现新的利润增长点，上市公司一直积极筹划向钢铁之外的水泥、有色等细分耐火材料行业市场进行拓展。上市公司2020年的战略规划中明确提出，非钢领域销售占整个销售收入20%的目标。因此，濮耐股份并购郑州华威可以实现上市公司与标的资产之间的优势互补、资源互补，充分发挥协同效应。

3. 制度背景

2015年新实施的企业会计准则——商誉；《资产评估准则——企业价值》（中评协〔2011〕227号）；《资产评估准则——无形资产》（中评协〔2008〕217号）。

三、教学组织方式

1. 问题清单及提问顺序、资料发放顺序

本案例讨论的题目依次为：

（1）此次并购对郑州华威的定价是否合理？

（2）商誉的成因及后果是什么？

（3）濮耐股份对商誉减值的计提是否合理？

（4）商誉减值会给濮耐股份带来何种影响？

本案例的参考资料及其索引，在讲授有关知识点之后一次性布置给学员。

2. 课时分配

（1）课后自行阅读资料：约3小时；

（2）小组讨论并提交分析报告提纲：约 3 小时；

（3）课堂小组代表发言、进一步讨论：约 3 小时；

（4）课堂讨论总结：约 0.5 小时。

3. 讨论方式

本案例可以采用小组式进行讨论。

4. 课堂讨论总结

课堂讨论总结的关键是：归纳发言者的主要观点；重申其重点及亮点；提醒大家对焦点问题或有争议观点进行进一步思考；建议大家对案例素材进行扩展研究和深入分析。

案例 4

从“死对头”到“相好”之旅：基于 58 同城与赶集网的联姻看财务绩效及财务整合*

* 1. 本案例由广东工业大学管理学院的陈沉、王志、谭少红、朱雨珠等共同撰写，作者拥有著作权中的署名权、修改权、改编权。

2. 将本案例授权予广东工业大学产教融合 MPAcc 教学智库实验平台使用，广东工业大学产教融合 MPAcc 教学智库实验平台享有复制权、修改权、发表权、发行权、信息网络传播权、改编权、汇编权和翻译权。

3. 由于企业保密的要求，在本案例对有关名称、数据等做了必要的掩饰性处理。

4. 本案例只供课堂讨论之用，并无意暗示或说明某种管理行为是否有效。

[案例封面]

专业领域： 财务管理

适用课程：《财务会计理论与实务》《财务管理理论与实务》

选用课程：《财务管理理论与实务》《企业并购》

编写目的： 本案例旨在帮助学员通过研究、分析、理解和掌握企业并购动因和并购后财务绩效的相关知识，引导学员进一步关注同行业并购意义和价值所在。学员可以在此基础上，结合公司实施并购前后的经营效益分析，对公司并购方式以及并购绩效做出判断和评价，将其运用到经营活动的实践当中去。

知 识 点： 并购动因；财务整合；财务绩效

关 键 词： 58 赶集联姻；并购动因；财务绩效

中文摘要： 随着互联网行业的快速发展，行业整合脚步逐渐加快。企业增长速度放缓，越来越多的互联网企业选择通过并购实现跨越式的增长。2015 年 4 月，58 同城和赶集网以现金加股票的方式进行合并。本案例运用客观事实与财务数据资料，从双方公司背景、并购过程、并购方式、并购动因、并购后的财务整合、控股关系及财务绩效六个方面，对此次并购事件进行了详细介绍和分析，学员可以深入探究双方的并购动因及整合方式，并结合其各自的战略定位，讨论其所处经营环境下的机遇与挑战，寻求相应的对策，激发对并购决策的分析和思考。

［案例正文］

2015 年 4 月 17 日，互联网分类信息领域两大巨头，58 同城与赶集网联合对外宣布达成战略合并协议，58 同城以“换股 + 现金”方式入股赶集网，持有 43.2% 股份。2015 年 8 月 6 日，58 同城发布 SEC 公告，公告显示，58 同城以“有限合伙人”的身份创立私募基金，向一些私募股权基金贡献了 4 650 万股新增发的普通股以及 2.724 亿美元现金，这些基金中的一个财团收购了 58 同城还未收购的赶集网剩余股权。经过两轮的收购，58 同城以不全盘接受且不作详尽披露的联合模式成功收购了赶集网。

合并之后的新公司已顺利进入美股市场中国互联网公司前五位。在此次合并之前，58 同城和赶集网一直在本地分类信息领域厮杀，如今结束了 10 年的激战。随着“互联网 +”的风潮席卷整个中国，O2O 被普遍认为代表了互联网的未来趋势，今后几年将是分类信息网站的爆发期。这个在资本驱动下进行的横向合并，一个更大的舞台，催生了本地分类信息领域占据绝对垄断地位的巨头公司——58 赶集有限公司。

一、背景简介

（一）分类信息行业发展概况

分类信息网是互联网新兴起的网站类型，涉及日常生活的方方面面信息资讯。通过分类信息网站可以获得免费、便利的信息发布服务，包括二手物品交易、二手车买卖、房屋租售、宠物、招聘、兼职、求职、交友活动、生活服务等信息。

分类信息服务行业在各国发展阶段不同，人口总量、经济发展水平（人均 GDP）和互联网化率是其主要影响因素。在美国、法国、英国和加拿大这些成熟市场，分类覆盖率（一个月内使用过分类网站与当地互联网人口总数的比例）均超过 50%，年收入均超过 9 000万美元，净利润率超过 50%①。中国的分类信息行业仍处于成长阶段。与成熟市场相比，中国人口众多，经济发展水平逐步提高，互联网化率的进步空间巨大。未来，中国分类信息服务行业的发展空间、行业的总收入和净利润率都将巨幅提升，行业未来发展潜力巨大。

中国市场调研在线发布的 2017—2023 年中国分类信息网站行业发展现状调研与市场前景预测报告认为，中国正在经历的快速城镇化加速了农村劳动力向城市的转移，构成了数量庞大的城市新移民群体，而分类信息网站的特性，决定其除了能覆盖一线主流城市之外，还能服务于二、三、四线城市人群，甚至覆盖到城乡县。这样庞大潜在用户群体背后也蕴藏着巨大的商机。生活服务市场将会是比电商更庞大的市场，但现有的市场份额整体依旧很小，所以谁能够挖掘到更多潜在市场，谁才能在未来获得市场先机。

（二）参与合并双方简介

1. 58 同城简介

58 同城公司（股票代码：WUBA）成立于 2005 年 12 月 12 日，公司总裁为姚劲波，

① 资料来自中国分类信息网站行业发展回顾与市场前景预测报告（2017—2020 年）

总部设在北京。公司于 2013 年 10 月 31 日正式在纽交所成功上市。2014 年，58 同城正式与腾讯达成战略合作，今后双方将在移动互联领域及其他重点产品线上进行更加深度的合作，提升产品功能和用户体验（见表 4 - 1）。截至合并前，58 同城已经在全国范围内 380 个城市开通了服务，每一天，58 同城都响应着来自全国各地的海量的信息服务请求。每一个用户都能够通过 58 同城庞大并且细致入微的服务，在最短时间内找到需要的本地生活服务。

58 同城不仅是信息交互平台，更是一个一站式的生活服务平台。向用户提供包括房屋租售、二手物品、招聘求职、二手房、二手车、宠物票务、订票查询、旅游交友、餐饮娱乐等多种生活服务。自成立至今，58 同城不断创新和优化平台价值，推出消费者保障计划、实施先行赔付、引入担保交易、改进移动端功能等。

表 4 - 1　58 同城发展历程大事件

时　间	发展历程
2005 年 12 月 12 日	公司成立
2012 年 2 月	58 同城启用“日租”双拼域名 rizu. com 推出新平台
2013 年 10 月 31 日	58 同城在纽交所挂牌上市，股票交易代码 WUBA
2014 年 4 月	58 同城金融服务平台正式上线运营，主要涉足贷款，理财
2014 年 6 月 28 日	获得腾讯控股有限公司 7. 36 亿美元投资，腾讯控股获得 58 同城完全摊薄后 19. 9% 的股份
2014 年 9 月 26 日	斥资 10. 33 亿人民币（1. 684 亿美元），购买总面积 45 000 平方米的办公区
2015 年 3 月 2 日	以现金加股票的方式收购安居客集团，交易金额为 2. 670 1 亿美元，收购安居客仍将保有品牌独立性，保留其网站、APP 等品牌资产

2. 赶集网简介

赶集网成立于 2005 年 3 月，是目前国内最大的分类信息网站之一（见表 4 - 2），总部位于北京，在上海、广州、深圳、天津设有分公司，分站遍布全国近 400 个城市。十年来，凭借不断创新的产品技术手段及强大的线下运营能力，赶集网整合了几乎全部生活领域的服务信息，通过 PC 端及移动互联网端的全平台覆盖，为用户提供招聘求职、房屋租售、车辆买卖、二手物品买卖、宠物票务、教育培训、同城活动及交友等全方位的本地生活及商务服务类信息，帮助用户解决生活难题。为用户提供房屋租售、二手物品买卖、招聘求职、车辆买卖、宠物票务、教育培训、同城活动及交友、团购等众多本地生活及商务服务类信息。

赶集网于 2014 年获得中国分类信息网站龙头奖，活跃商户在赶集网平台上为用户提供生活服务信息，其中付费商户超过百万。所有跟生活相关、跟本地相关的信息在赶集网都有品类，几百个细分领域共同构成了赶集网。作为用户与商户的桥梁，赶集网成为商户互联网营销推广最为重要的环节。此外，从工商注册到租店装修，再到人员招聘，赶集网为商户提供了“专业、高效、成本低”的做生意全面解决方案，成为越来越多客户选择的互联网工具。

表 4－2　赶集网发展历程大事件

时　间	发 展 历 程
2005 年 3 月	赶集网正式上线
2010 年 1 月	收购分类信息网站 263 在线
2010 年 5 月	获得诺基亚成长伙伴基金与蓝驰创投近 2 000 万美元联合投资
2011 年 5 月	获得今日资本和红杉投资的 7 000 万美元投资
2013 年 8 月	赶集网宣布 2012 年完成总规模达 9 000 万美元的两轮融资情况，这两轮融资，一轮来自中信产业基金，另一轮则来自安大略教师退休金基金和麦格理
2013 年 12 月	赶集网宣布正式在全国上线 C2B 模式的赶集招标服务，目前已覆盖全国 300 多个城市，支持包含装修、家政、婚庆等 50 多个服务行业
2014 年 8 月	赶集网宣布完成新一轮融资，融资总额超过 2 亿元。投资方为老虎基金和凯雷投资集团
2015 年 4 月	58 同城战略入股赶集网

二、案例概况

（一）合并前的“死对头”局面

从 2005 年两家公司创立到 2015 年初，58 同城和赶集网共同开创了中国的分类信息行业，让数以亿计的用户更好利用互联网和移动互联网来服务他们的生活。在分类信息行业经过了几轮“洗牌”之后，58 同城和赶集网脱颖而出，成为公认的本地分类信息市场的两大巨头，占据了绝大部分的市场份额。然而，一山不容二虎，两大公司一直处于激烈的竞争状态，争夺市场主导权，口水战、广告战、价格战等各类战火不断。10 年来，二者始终旗鼓相当，谁也无法获得绝对的市场份额。尽管 58 同城略胜一筹，但始终难以拉开与赶集网的距离（见图 4－1），哪怕是在 58 同城成功登陆美股之后，也无法取得相对于赶集网的绝对市场优势。

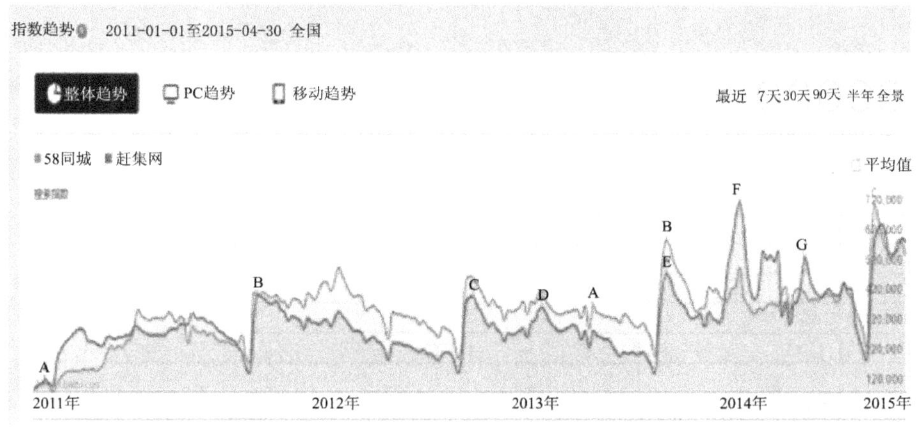

图 4－1　58 同城和赶集网合并前的百度指数对比

数据来源：百度指数。

同时，近年来，信息服务领域向垂直化方向不断分化的趋势日益明显，很多垂直类网站迅速崛起，竞争日趋激烈。而长期的明争暗斗，使两个公司疲惫不堪，双方都无法集中精力拓展有发展潜力的新领域。因相互防御而打消耗战，58 同城和赶集网陆续展开多轮融资，以支撑二者之间长期处于白热化状态的本地分类信息市场竞争。

1. 战火硝烟背后的资本推手

58 同城曾获得软银赛富、DCM、华平等机构的多轮风险投资。2006 年，58 同城获软银赛富 480 万美元投资；2008 年 6 月，软银赛富继续追加投资 4 000 万元；2010 年 3 月，58 同城获得 DCM 和软银赛富 1 500 万美元投资；2010 年 12 月，58 同城获得 DCM 和华平 6 000 万美元投资；2011 年下半年，华平投资 4 200 万美元，姚劲波跟投 1 300 万美元，共计 5 500 万美元。

赶集网同样经历了数轮融资。2009 年，蓝驰创投向赶集网 A 轮投资 800 万美元；2010 年，诺基亚成长伙伴基金和蓝驰创投向赶集网 B 轮投资 2 000 万美元；2011 年，今日资本和红杉资本参与 C 轮 7 000 万美元投资；2012 年，赶集网获得来自中信产业基金、安大略教师退休金基金和麦格理共计 9 000 万美元的投资；2014 年 8 月，赶集网又宣布完成新一轮融资，总额超过 2 亿美金，投资方为老虎基金和凯雷投资集团，这也是国内分类信息网站发展史上的最大单笔融资，甚至超过了此前老对手 58 同城上市时的融资额度，也超过了此前赶集网的所有 4 笔融资金额之和（见表 4 – 3）。

表 4 – 3　上市前 58 同城与赶集网融资情况对比

	58 同城融资情况			赶集网融资情况		
	时间	融资方	融资额（万美元）	时间	融资方	融资额（万美元）
第一轮	2005. 1	蔡文胜天使投资	不详	2009. 6	蓝驰创投	800
第二轮	2006. 2	富赛投资基金	480	2010. 5	蓝驰创投和诺基亚成长伙伴基金	2 000
第三轮	2008. 6	富赛投资基金	4 000	2011. 5	红杉资本和今日资本	7 000
第四轮	2010. 5	富赛投资基金和 DCM	1 500	2012. 1	麦格理和安省教师退休金计划	4 500
第五轮	2010. 12	华平集团和 DCM	6 000	2012. 4	中信产业基金	4 500
第六轮	2011. 8	华平集团	4 200	2014. 8	老虎基金和凯雷资本	20 000

数据来源：58 同城与赶集网公司年报资料。

2. 捷足先登：58 同城成功上市

2013 年 10 月，58 同城成功登陆纽约证券交易所，股票交易代码“WUBA”，发行 1 100 万股 ADS，每 ADS 等于 2 股普通股，新总股本为 15 576 万股，发行价 17 美元，融资 1. 87 亿美元，首日开盘市值超 20 亿元。58 同城成为分类信息行业的第一家上市公司，也让整个分类信息行业成为资本市场热议的话题。上市之后，58 同城多次获得腾讯战略投资，分别于2014年6月和9月引入腾讯7.36亿美元及1亿美元的战略投资。

3. 一波三折：赶集网错失上市机会

相比于58同城，赶集网的上市之路可谓一波三折，屡屡错失IPO良机。赶集网本应该在2012年就可以成功上市，却因杨浩然和前妻的财产问题无疾而终①。对于赶集网而言，IPO的最佳时机已经错失，而其一直受困于上市前的烧钱大战，资金缺口巨大，难以支撑高强度资金消耗战，这也是背后的投资人无法接受的。过度的竞争导致过度消耗，无暇顾及新的商机，错过了很多本该属于分类信息的机会。

（二）58和赶集合并的动因

1. 合并的动因理论

（1）传统的合并动因理论

①效率理论

从效率理论的视角看，并购能够提升交易量及企业的经营业绩，能提高各自的效率。它又分为差别效率理论、协同效应理论及多样化经营理论。这种效率主要体现在并购后产生的协同效应上。协同效应主要指通过并购后的企业集团的实际价值是否得到提升来体现。本文分析认为，效率理论能从扩大生产规模、宏观经济和释放剩余管理资源、提高管理效率这两个方面来说明企业合并的动因，但同时，动因的分析又不仅仅局限于这两个范畴。

a. 差别效率理论。市场中的公司由于各自的管理方式和方法有所不同，所以存在着管理效率的差别。当一家公司认为其管理效率高于公司的运作需求时，就会去收购一家管理效率较低的公司，以此让本公司的管理效率最大化。

b. 协同效应理论。

经营协同效应：并购后的企业集团，可以降低企业的经营成本，增强企业集团的获利能力。且合并后，企业集团将进行各方面的整合，可以增强人力资源、技术等方面的整合能力，实现规模效应。

财务协同效应：并购的企业会产生财务协同，实现两个企业的收益最大化。同时，合并也可以缓解个别企业的财务困难和危机，减轻负债压力。

c. 多样化经营理论。多样化经营理论是站在企业战略的高度，在多元化战略的指导下，促使形成的并购。通过并购，企业可以以最快、最便捷、最便宜的方式进入行业目标企业，收购企业获得它的市场、客户和技术等，获得来自于其他行业的收益，提高企业的收入水平，降低运营风险。

②代理理论

由于所有权和经营权的分离，产生了代理理论。代理理论是基于公司管理层和股东的利益冲突这一层面分析合并动因。代理理论认为，由于管理者和公司所有者之间存在着一定期限的契约，且这份契约不可能无代价地签订和执行，所以这个过程必然会产生代理成

① 资料来源：人民网报道称，赶集网公司总裁杨浩然和前妻王宏艳虽婚姻关系已断，但财产问题悬而未决，持续三年之久的离婚系列案反而日趋白热化。双方最核心的诉讼涉及“赶集网”股权，杨浩然在股权纠纷案中败诉，导致赶集网上市受挫。

本。由于代理成本的存在，公司管理层与股东的利益不一致。该理论对企业并购动因的解释可归纳为以下三点：

a. 代理成本理论。代理成本理论认为，公司的代理人，即管理者的自身利益，有时会和整个企业利益产生冲突。管理者工作积极与否，常常与管理者拥有企业的份额相关。当管理者拥有的企业份额较低时，管理者就会容易懈怠；此外，若管理者从企业中得到的利益与他们的管理绩效相挂钩，管理者很容易过分地、盲目地追求企业规模最大化，追求企业短期的高额利润，以此来提高自身的收益，容易忽视企业长久的发展。

b. 自大假说。自大假说认为，由于收购方的管理者过度自信地高估自身资源整合能力，收购方有时会对被收购方感觉过于良好，高估了被收购方的企业价值，产生对其支付过高对价的情况。

c. 自由现金流假说。企业的资金来源于债权人和股东，企业经营产生了利润，以此维持企业的运作和发展。但是，股东投入资金主要想获得股利，而企业管理者更多的是想把钱留在企业内部，支持企业运作。这就产生了冲突。企业管理者希望通过并购将自由现金流留在企业内部而不是支付给股东。

③市场势力理论

蛋糕就这么大，总会有势均力敌的对手与之争夺。蛋糕大小已经不会变了，企业就要另寻出路寻求价值最大化。这时，横向并购可以消除同行企业间的恶性竞争，扩大集团的规模，实现 $1+1>2$ 的协同效应。

（2）现代合并动因理论

①新古典理论

新古典理论认为，重大的经济冲击会导致并购活动的形成。企业之间的并购可以降低资本成本变化带来的危险。基于经济冲击下企业面临的资本成本变化的风险，新古典理论将合并的动因分为以下三种：

a. 规模效益理论。规模效益理论认为，面临经济冲击时，企业通过并购扩大企业规模的同时，提高了产品绝对量，能够降低产品的单位成本，从而提高利润水平。其一，合并能够产生的内在规模经济在于，横向并购可降低多种经营带来的不适应，而纵向并购可以节省交易成本。其二，合并产生的外在规模经济在于，通过合并能够增强企业的整体实力，巩固市场占有率。

b. 市场力假说。市场力假说认为，企业合并的动因可以归结为，合并能够提高市场占有率。通过横向并购，企业可以减少竞争对手，增加控制市场的能力。但需要注意的是，市场占有率的提高并不意味着规模效益的形成。只有当优势企业既增加了市场占有率，又达成了规模经济，这一假说才能够成立。

c. 税赋效应理论。税赋效应理论认为，由于企业通过并购重组会获得税收优惠。当一个企业报表产生盈余且税赋较重的时候，企业为减轻税收负担，会选择合并一个或多个因为税收负担过重而无法持续经营的企业。由于亏损可以在若干年内税前弥补，一个有高额盈余的企业并购一个亏损企业，无疑会带来税收的好处。

②股票市场驱动理论

股票市场驱动理论认为，公司价值被市场错估可以驱动企业合并的发生。假设在整个资本市场上的信息是完全对称的，公司市场价值被高估的企业，往往会去收购价值被市场低估的企业。

③中国本土特殊并购动因

a. 国外的资本市场发展至今已经相当成熟了，相对来说，中国的资本市场落后许多。中国政府作为资本市场调节的“看不见的手”调控着资本市场，但整体效率还是较低下。政府为了驱动资本市场的发展，推进了很多企业的合并。例如，一些效益不佳的国有企业被并购重组，解决员工的就业问题；再如，国家出台相关税收优惠政策来刺激、鼓励企业并购。

b. 借壳上市。中国资本市场 IPO 的门槛相对国外来说高很多，很多经营业绩较好的企业会选择被一些经营运作不佳但已经上市的企业并购。因此，在股票市场上，很多 ST 的公司成了稀缺的“壳”资源，借壳上市，为原本需要花费很多精力和财力才能获得上市资格的公司提供了一个低成本的渠道。如：美年大健康借壳江苏三友成功上市的案例①。

（3）小结

以上论述了传统的和现代的并购动因理论，为 58 同城并购赶集网这一并购事件的动因分析提供了理论支持。通过分析 58 同城合并赶集网的动因，不仅可以看出合并的初衷，更可以通过分析合并初衷，评价它们合并的绩效，以及这一合并是否达到了理想效果。不同的动因理论从不同角度，如从资本市场、成本、资源等方面，结合企业的实际对企业并购进行动因分析。

2. 58 同城和赶集网合并的动因分析

对企业的并购动因分析，是分析企业并购的重要环节。通过分析 58 同城和赶集网的合并动因，可以看出两家公司管理层的决策，此外，还可以看到两个企业合并后，未来的发展动态和方向。58 同城和赶集网均成立于 2005 年。互联网企业更新换代非常快，适者生存，经过十来年的发展，58 同城和赶集网不仅在这个没有硝烟的战场上生存了下来，还占据了分类信息行业的前两名。那为何要选择在一起呢？动因如下：

（1）扩大企业规模，扩大市场占有率

如图 4－2 所示，据行业内的统计数据分析，在 58 同城和赶集网合并前，平台类移动生活 APP 累计用户市场份额，58 同城以 40.60% 的市场份额排名第一，赶集网以 33.40% 的市场份额排名第二。这个局面下，58 同城如果和赶集网合并，市场占有率将超过 74%。排名第三的百姓网仅仅占有 16.30%，远远无法赶上 58 同城和赶集网合并后的市场份额。所以，两家合并后，两巨头的局势将演变成独角兽，又何乐而不为呢？

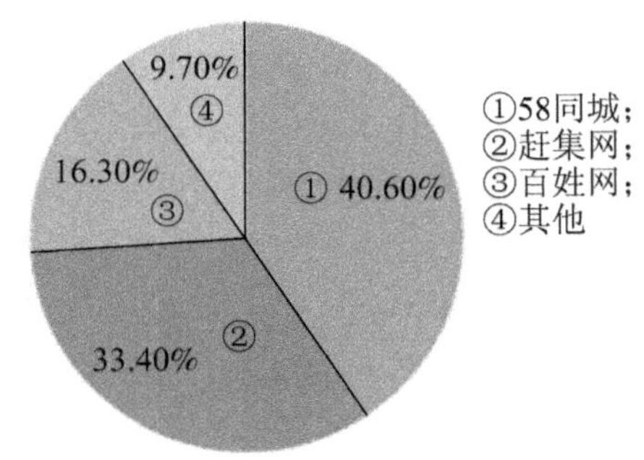

图 4－2　2014 年平台类 APP 累计用户市场份额

（2）实现资源优势互补

在合并之前，58 同城和赶集网均属于互联网的

① 2015 年 3 月江苏三友（002044，股吧）重大资产重组预案终于尘埃落定。美年大健康产业（集团）股份有限公司（简称“美年大健康”）通过资产置换及发行股份收购资产，实现借壳上市，江苏三友将彻底转型，告别现有的服装加工制造业务，变身为健康体检服务领军企业之一。

分类信息网站，但是两者的侧重点和优势不同。58 同城在房产和生活服务领域占据优势，而赶集网在招聘和汽车方面做得更好。两家一结合，各自的优势也结合，实现了资源优势的互补。

（3）提高市场势力，获取垄断优势

58 同城和赶集网的合并属于横向并购，这种并购可以减少与同行业的竞争者的内耗，实现资源共享。进而可以提高对整个行业经营环境的掌控力度，增强企业的实力。58 同城和赶集网都成立于 2005 年，两个企业厮杀了整整十年，58 同城曾多次表示“不会收购没有意义的企业”，而赶集网方面也态度强硬。然而，在资本的推动下，双方还是走向了合并。杨浩涌坦言称：“过去一年，市场变化太快。双方之前在原来的分类信息业务上耗费太多精力，现在需要更多的资金、人力、精力去做新的业务，企业创始人需要用理性战胜情感”，并且，姚劲波也表示：“合并后会让市场营销费用大幅降低，让市场议价能力提高，提高利润去做更多新的业务。”

（4）提高经营效率，产生协同效应

①经营协同

58 同城和赶集网斗了十年，双方在广告宣传领域曾斥巨资，烧钱以维持两家的斗争。两家的广告大战始于 2011 年。表 4 -4 可以看出 58 同城 2011—2014 年在广告营销方面的费用支出。

表 4 -4　58 同城 2011—2014 年广告费用

年　份	58 同城广告费用	年　份	58 同城广告费用
2011	6850 万美元	2013	2270 万美元
2012	2510 万美元	2014	7340 万美元

赶集网方面并未公布近几年广告投放数额，但在 2014 年年初，杨浩涌曾在媒体采访中透露，赶集网 2014 年春节期间的广告费用已超过 1 亿元人民币，预计在 2014 年投放超 2 亿元人民币在市场推广上。根据财报，2014 年，58 同城全年广告费用为 7 340 万美元，增长速度远高于当年营业收入增长率（81.8%）。双方在市场推广上的巨额投入势必拉低利润率水平。所以如果合并，能大幅度降低两家的成本，节省下来的钱可以开发其他新领域、新产品。

②财务协同

58 同城和赶集网合并后，必然会带来业务、人员、文化等各方面的整合，管理机构和人员的精简可以进一步降低管理费用。并且，合并后的集团统一调配资金，增强了资金利用率。

（三）合并的过程

在与赶集网合并前的那十年，姚劲波每天想得最多的一件事，就是吃掉对手。对自己的老对头赶集网 CEO 杨浩涌，姚劲波也用了这一招。每天早上短信轰炸，各种渠道要求合作。两个公司不仅广告竞争打得激烈，口水战也不断升级。

2013 年，58 同城成功在纽交所上市，上市之后，58 同城 CEO 姚劲波约见杨浩涌，但是杨浩涌避而不见。

2013 年，赶集网陷入了“山寨域名事件”，有用户由“ganjiwang. com”进行访问时被骗，经调查发现该域名持有者是姚劲波。

2014 年 7 月 24 日，姚劲波在被访问时，被问到 58 同城会不会考虑收购赶集网时，他回答得很坚决，“我们不会收购一个没有意义的公司。赶集网的用户是我们用户的子集，商户也是我们的子集，产品也是复制我们的，收购这样一家公司没有任何意义。”随后在 2014 年 7 月 25 日，赶集网发布了《给 58 同城公关部的一封信：论一个 CEO 的自我修养》，双方的口水战进一步升级。

2014 年年底，姚劲波对赶集网的态度已经发生了变化。在接受腾讯科技专访时，他这样感慨，“赶集网挺顽强，有一阵子认为它不在了，后来又活过来，挺不容易，希望将来大家都能获得成功。”

2015 年 4 月初，老虎基金在赶集网和 58 同城两边下筹码，积极撮合两家合并。58 同城给赶集网出了换股并购的方案 3∶7 或 4∶6，甚至是 5∶5。

2015 年 4 月 4 日，双方同意进行合并，签署了谅解备忘录。

2015 年 4 月 13 日，58 同城和赶集网投资人在北京威斯汀总统套房谈判，经历了长达 20 个小时的车轮战，最终通过了合并方案。

2015 年 4 月 17 日，58 同城和赶集网召开新闻发布会，宣布两家合并，58 同城以 3 400 万股新发普通股加 4. 122 亿美元现金的方式购买赶集网 43. 2% 股权，成立 58 赶集有限公司，新公司估值超过 100 亿美元。

2015 年 8 月 6 日，58 同城发布 SEC 公告，公告显示，58 同城以“有限合伙人”的身份创立私募基金，58 同城向一些私募股权基金贡献 4650 万股新增发普通股以及 2. 724 亿美元现金，而这些基金中的一个财团已收购了 58 同城还未收购的赶集网剩余股权。

经过两轮的收购，58 同城以不全盘接受，且不作详尽披露的联合模式成功收购了赶集网，同时也躲避了监管部门反垄断审查目光，以及防止竞争对手举报“合并”垄断的担忧。

（四）合并方式

两虎相争，必有一伤。互联网企业的斗争也是一样，58 同城和赶集网斗了十年，两个公司在合并前都以高额营销成本对抗。据 2015 年 58 同城发布了 2014 年年报及第四季度财报，营业收入大幅增长的同时，第四季度净利润出现 70% 的同比下滑。市场费用占营收比一直处于高位的 58 同城，在第四季度大手笔投入。财报显示，58 同城在市场推广及新业务 58 到家的孵化上共计投入 6 044 万美元，接近第四季度营业收入的 75. 3%。

2015 年对于 58 同城来说，注定是不平凡的一年。姚劲波终于把心心念念十年的赶集网收入囊中。回顾此次并购的一波三折，最终能顺利完成，主要因为此次合并运用了合适的并购方法，最大限度地减少并购过程的阻力。此次合并具有以下几个特点：

1. 从并购的内容看，属于横向并购

58 同城和赶集网都是国内排名第一第二的分类信息企业，两家公司在分类信息领域的市场占有率均已超过了30%，二者市场占有率加和已超过74%，此次结合实现资源共享，优劣互补，且横向并购能最大程度地减少并购中的行业壁垒。

2. 从支付方式看，属于“现金+换股”的模式（即股权并购和资产并购相结合的方法）

58同城以3 400万股新发普通股加4.122亿美元现金的方式购买赶集网43.2%股权，且腾讯以52美元每ADS的价格认购价值4亿美元的58同城新发股票。这明显是腾讯给58同城4亿美元的贷款帮助其收购赶集网。若全换成现金进行交易，将会对58同城的现金流产生巨大的压力，加大并购的难度。在现金+换股的模式下，58同城的股票的价格还能得到上涨，公司亦可获得股价上涨的利得，比现金模式下的并购更加安全，盈利更大。

3. 从协商方式看，属于善意收购

58同城和赶集网双方在合并前已经达成共识，两个公司共同运作及进行信息保密工作，通过善意的并购，也有利于并购后企业后续的资源整合和发展，有效避免了人才、技术的流失。

4. 从并购操作看，属于间接并购

58同城并非一下子直接并购了赶集网，整个并购过程分两个阶段进行。2015年4月收购了赶集43.2%的股份，第二轮于2015年8月进行，成立一个基金对赶集网剩余的股份进行收购（见表4-5）。这样的非公开、不全盘接受的联合模式能避免反垄断的调查。

表4-5 并购进程

阶　段	进　程
第一阶段（2015年4月）	58同城收购赶集网43.2%的股份
第二阶段（2015年8月）	成立基金收购赶集网剩余股份

（五）合并后的业务整合

1. 人力资源的整合

（1）管理层的整合。第一阶段收购完成后，58同城和赶集网对外公布，杨浩涌与姚劲波任联合CEO、联席董事长。双方合并后，58同城、赶集网两个品牌仍将独立运营。在并购后，集团使用的双CEO和双董事会主席的架构，结果并不太好，所以，2015年年底，杨浩涌卸任58同城赶集集团联席CEO，集团又回到单独CEO和单独董事会主席的架构。

（2）其他人力资源的整合。不再将赶集网当作独立的业务来运营，保留了赶集网的大部分管理人员，并从外部招来部分管理人员。在58同城和赶集网的每一个垂直细分领域，保持一个领导带领团队的发展。然后对两个公司共同的业务进行合并。

2. 业务的整合

两家公司的业务高度重合，消除恶性竞争，这是两家公司合并的原因。但在业务层面，赶集网以代理为主、直营为辅的模式。但58同城不一样，58同城以直营为主、渠道销售为辅的模式，与赶集网原本模式出现冲突，随着杨浩涌淡出58赶集集团，58同城在业务整合方面，认为直营模式更适合集团，所以大量裁撤代理商。

随后，2016年7月，58赶集集团公布了新的公司组织架构。

由图4-3可见，集团调整为三大事业群、三大事业部，包括：LBG分类业务事业群、HBG房产事业群、AFG车及金融事业群、UBU平台事业部、58英才招聘事业部、TEU技术工程平台部及58到家。

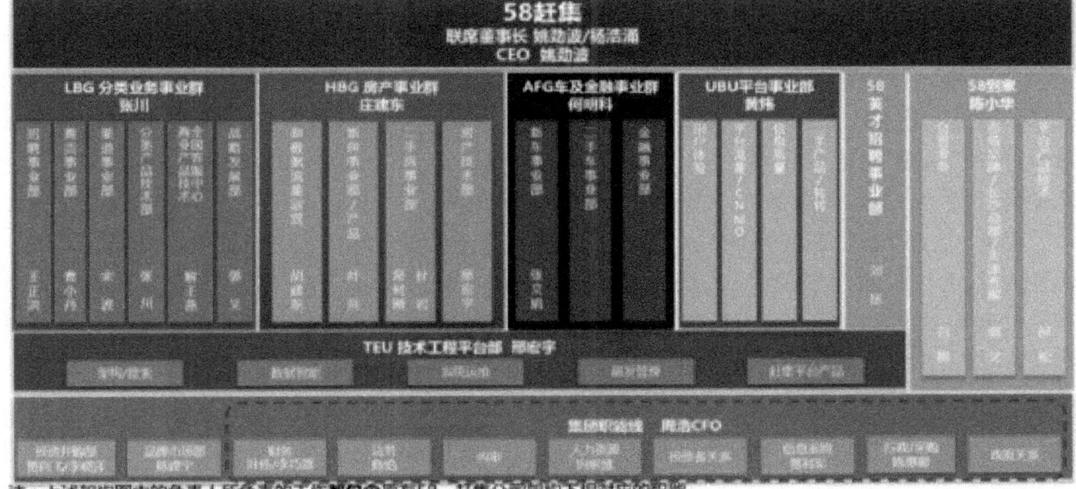

图4-3 58赶集集团业务及组织规划示意图

资料来源：搜狐财经。

3. 文化的整合

（1）在并购实施中，做到公平交易。并购完成后，对内部员工开诚布公，共商发展大计。

（2）建立规章制度，强化文化的整合，以文件的形式，将企业的规章制度、员工守则、奖惩制度、企业文化、企业愿景等以文字形式确立下来。

（3）双方在企业文化上不存在冲突，所以重要的是合并双方员工安排等问题。58同城和赶集网合并时，分别发布各自的内部信，向员工解释事件的始末、集团未来的发展方向和对员工的安排，给予员工安抚和心理安慰，让并购后赶集网的员工能尽快适应。

（六）控股关系

2006年58同城接受软银赛富500万美元投资建立公司，2008年6月软银赛富再次追加投资4 000万美元。2010年3月，软银赛富携手DCM共同追加投资1500万美元。到了2011年下半年，美国华平投资集团向58同城注入资本4 200万美元，同一时期，58同城CEO姚劲波个人注资1 500万美元。2013年58同城在美上市，募集资金2.28亿美元。2015年58同城并购了赶集网，去除58同城的对外投资，两家公司此次的合并采用约 5 : 5 换股的形式进行，58 同城以现金加股票的方式获得赶集网 43.2% 的股份（完全稀释后），其中包含 3 400 万份普通股及 4.122 亿美元现金，58 同城战略入股分类信息网站赶集网，成立 58 赶集有限公司。

2015 年 4 月 1 日，双方的 CEO 姚劲波与杨浩涌在公司内部发布了内部信，宣布了合并成功，简述了接下来双方公司在运营策略以及管理方面的一些调整。58 同城停止了一些短期的市场行为，不再到处撒网，将自己房产和生活服务领域的优势与赶集网在招聘和汽车方面的优势相结合，资源互补，减少营销成本。合并后 58 同城与赶集网的业务大部分是不重叠的，开发的新业务也不是单单只针对这两公司的其中一家公司，而是 58 同城和赶集网一起开发。

姚劲波在媒体发布会上说："58 进赶集 43% 的股份只是第一步，希望将来 58 跟赶集是一个整体"。2015 年 8 月，58 同城向私募股权基金贡献 4 650 万股新增发普通股以及 2.724 亿美元现金，而基金中的一个财团已经收购了赶集网剩余股权。58 同城收购赶集的剩余股权会采取间接收购股权的方式。2015 年 11 月，58 同城与赶集网合并。2016 年 5 月 8 日，58 集团正式成立，赶集网成为 58 集团子品牌。

表 4 – 6 展示了 58 同城收购赶集网后股东持股数的变化。在经历了收购赶集之后，58 同城的第一大股东为普莱斯基金（T. Rowe Price Associates, Inc.），持股比例为 8.4%；第二大股东为 BRV Partners IV Ltd，占 6.13%。腾讯在 58 同城与赶集网合并后以 52 美元/股（每 ADS：美国存托股票 American Depository share）收购了价值 4 亿美元的 58 同城新发股票，这轮追加投资后，腾讯将持有 58 同城 25.1% 的股份。

表 4 – 6 并购后 58 同城的主要股东变动

股 东 名 称	直接持股数量（股）	持股比例（%）	持股变动数（股）	变动比例（%）	投资者类型
2015/4/20					
腾讯（Tencent Holdings Limited）	37 467 616	0.41	—	—	5% 以上持股
美国顶级风险投资机构（DCM International V Ltd1）	707 711	1.88	—	0.00	机构持股
2015/6/30					
普莱斯基金（T. Rowe Price Associates, Inc.）	7 632 959	8.40	2 866 024	60.12	机构持股
华平投资集团（Warburg Pincus LLC）	4 760 598	5.24	0	0.00	机构持股
富达国际（Fidelity Management and Research Company）	3 571 920	3.93	– 1 268 084	– 26.20	机构持股
Emerging Sovereign Group, LLC	2 936 964	3.23	– 432 266	– 12.83	机构持股

续上表

股 东 名 称	直接持股数量（股）	持股比例（%）	持股变动数（股）	变动比例（%）	投资者类型
老虎基金（Tiger Technology Management LLC）	2 450 000	2.70	0	0.00	机构持股
安大略省教师退休基金会（Ontario Teachers Pension Plan Board）	1 945 315	2.14	1 945 315	—	机构持股
普莱斯基金（T. Rowe Price New Horizons Fund）	1 721 775	1.90	1 721 775	—	共同基金持股
OZ 集团（OZ Management LLC）	1 552 318	1.71	28 106	1.84	机构持股
Ruane, Cunniff & Goldfarb Inc	1 368 605	1.51	-77 240	-5.34	机构持股
摩根史坦利投资公司（Morgan Stanley & Co Inc）	1 110 909	1.22	-21 773	-1.92	机构持股
2015/7/31					
腾讯（Tencent Holdings Ltd）	4 354 079	4.79	4 354 079	—	机构持股
2015/8/6					
BRV Partners IV Ltd	5 563 132	6.13	5 563 132	—	机构持股
老虎基金（Tiger Technology Management LLC）	2 168 420	2.39	2 168 420	-14.11	机构持股

资料来源：Choice 数据整理。

（七）合并后财务绩效

并购绩效是评论企业并购成功与否的重要指标，58 同城并购赶集是否真的成功了呢？这里主要分析 58 同城的财务绩效。财务绩效是指企业战略及其实施和执行是否正在为最终的经营业绩作出贡献。财务绩效能够很全面地表达企业在成本控制的效果、资产运用管理的效果、资金来源调配的效果以及股东权益报酬率的组成。

图 4-4 表示了 58 同城 2015 年第一季度到第四季度的总营业收入、净利润和净利润率。58 同城在 2015 年第四季度实现营业收入 2.553 亿美元，同比增长 218.3%；2015 年全年实现营业收入 7.148 亿美元，同比增长 169.8%。截至 2015 年末，58 同城已经连续九个季度实现了营业收入超过市场预期。

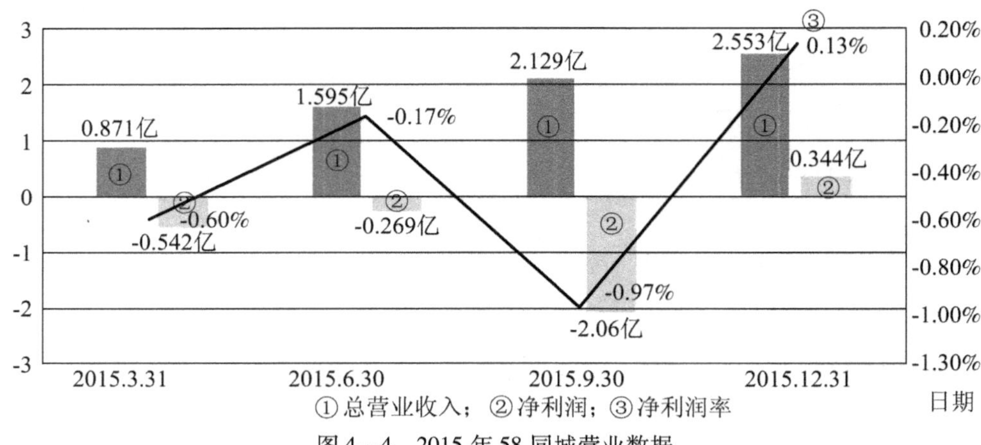

图4－4　2015 年 58 同城营业数据

数据来源：和讯网数据。

增长主要来自 58 同城自身业务的增长、安居客（自 2015 年 3 月）与赶集网（自 2015 年 8 月）合并报表的影响。与赶集网合并之后，58 赶集的 CPC 点击付费突破每日 400 万，用户的自主付费首次超过了会员业务，成为收入的主导，营业收入中在线营销收入的部分增长超过会员费收入，在 2015 年第二季度增长了一倍之多。之后半年，在线营销收入仍然保持着高速增长态势。

2015 年，58 同城付费会员数量约 96.4 万，同比增长约 59.3%。赶集网及安居客付费会员总数大约为 79.1 万。会员服务贡献了 1.009 亿美元的收入，同比增长 153.3%。看来，2015 年 58 同城在经历了与赶集网的合并后，营业收入在短时间内有较大提高，主要是由于赶集网的会员在线收入的增长，58 同城的净利润也在 2015 年下半年有所增长。

如表 4－7 所示，合并后的 58 同城在 2015 年的营业收入为 71 483.6 万元，而到了 2016 年，则为 759 212.7 万元，增长了十倍之多。2016 年每股净资产为 122.2 元，较上年同期增长了 5 倍多。据网易科技报道称，在现金流方面，58 同城 2017 年第一季度实现运营现金净流入 4.224 亿元（6 120 万美元），2016 年同期为运营现金净流入 1.427 亿元。2017 年 3 月底现金及现金等价物为 23.555 亿元（3.414 亿美元）。

表 4－7　合并后 58 同城主要财务指标

项　　目	2015 年 12 月 31 日	2016 年 12 月 31 日	2017 年 6 月 30 日
营业收入（元）	714 836 000.00	7 592 127 000.00	4 581 578 000.00
营业利润（元）	663 568 000.00	6 884 890 000.00	6 884 890 000.00
利润总额（TTM）（元）	－270 908 000.00	－823 943 000.00	226 160 000.00
归属于母公司股东净利润（元）	－250 934 000.00	－783 764 000.00	517 754 000.00
每股净资产（元/股）	19.89	122.20	127.68
营业利润/利润总额（%）	92.98	－28.36	109.14

数据来源：Choice 数据整理。

58 同城与赶集网合并后将节省部分的营业费用，并省下合并前由于对立而产生的营销成本。58 同城和赶集网的并购，让 58 同城在招聘、房产、汽车等本地服务领域均有所布局，使 58 同城的招聘、房产、汽车、二手物品交易等传统及创新业务的收入结构更加合理化。

三、案例小结

对于 58 同城和赶集网，双方都面临着推倒旧业务、重新开发新业务的重任，既然有一个远比分类信息市场广阔的未来在召唤，不再盯着自己一亩三分地，合并共同进取变成上策。合并后 58 赶集公司开始削减市场预算，提升对商户的议价能力，而这些措施有助于改善 58 赶集公司的盈利状况，58 同城将会走得更快，成为中国互联网不可忽视的一股力量。

58 同城和赶集网的合并对 O2O 市场影响深刻。对于行业来说，合并后代表着 58 赶集公司将会是行业的寡头。按照现在“互联网”的发展趋势，不只是 58 同城和赶集网，像滴滴与快车，美团与大众点评等，任何公司都应该对市场发展有前瞻性，借助“互联网 ”的趋势走向“online”。

总而言之，这不只是两个分类信息网站的联姻，而是一场面向未来的策略布局。在互联网的大趋势下，分类信息网站拥抱传统服务业的价值潜力巨大，而 58 同城和赶集网的合并则可以为此扫清障碍。姚劲波在 2015 年年会上的讲话，明确了 58 赶集公司接下来一年的发展方向，他说：“过去，我们不计成本地追求规模和行业相对地位，今天，我们要转而追求口碑和效率——这才是 58 赶集走到一起最应该实现的目标。”

四、讨论问题

1. 企业并购有哪些类型？58 赶集合并属于什么类型的并购？
2. 通常企业并购的动因有哪些？此次并购的动因是什么？
3. 根据财务指标如何评价 58 赶集的案例，58 赶集的并购是成功的吗？
4. 同行业企业能从 58 赶集的合并案例中获得哪些启示或者借鉴？

五、附录

附录如表 4 – 8 所示。

表 4 – 8　58 同城现金流量表

时　　间	2016. 12. 31	2015. 12. 31	2014. 12. 31
经营活动产生的现金流量：			
净利润（元）	– 772 963 000. 00	– 262 956 000. 00	22 644 000. 00
折旧及摊销（元）	406 827 000. 00	33 166 000. 00	5 607 000. 00
基于股票的补偿费（元）	266 575 000. 00	28 060 000. 00	6 173 000. 00
减值及拨备（元）	228 742 000. 00	949 000. 00	—

续上表

时　　间	2016. 12. 31	2015. 12. 31	2014. 12. 31
递延所得税（元）	-56 358 000. 00	-5 465 000. 00	—
资产处置损益（元）	-80 044 000. 00	-118 418 000. 00	40 000. 00
投资损益（元）	-149 000. 00	149 003 000. 00	-2 146 000. 00
重估盈余（元）	—	12 147 000. 00	—
权益性投资损益（元）	926 740 000. 00	—	—
汇兑损益（元）	3 727 000. 00	1 743 000. 00	2 510 000. 00
养老及退休福利（元）	—	—	—
经营业务调整其他项目（元）	140 069 000. 00	8 191 000. 00	—
存货的减少（增加）（元）	—	—	—
存款及限制性现金减少（增加）（元）	—	70 408 000. 00	14 615 000. 00
预付款项及其他应收款减少（增加）（元）	-9 451 000. 00	-16 753 000. 00	-16 000 000. 00
预收款项及其他应付款增加（减少）（元）	233 411 000. 00	—	—
待摊费用及其他资产（元）	—	—	—
应收账款及票据减少（增加）（元）	-87 769 000. 00	-24 163 000. 00	-1 990 000. 00
应付账款及票据增加（减少）（元）	2 564 000. 00	64 347 000. 00	16 806 000. 00
应收关联方款项减少（增加）（元）	—	—	—
应付关联方款项增加（减少）（元）	—	—	—
递延收入（元）	420 938 000. 00	46 668 000. 00	40 229 000. 00
应付税项（元）	-4 078 000. 00	61 000. 00	5 128 000. 00
应计费用及其他负债（元）	269 068 000. 00	23 797 000. 00	4 969 000. 00
应收利息减少（增加）（元）	—	—	—
应付利息增加（减少）（元）	—	—	—
经营业务其他项目（元）	—	—	—
经营活动产生的现金流量净额（元）	1 887 849 000. 00	10 785 000. 00	98 585 000. 00
投资活动产生的现金流量:			
购买固定资产支付的现金（元）	-212 449 000. 00	-245 446 000. 00	-32 476 000. 00
处置固定资产收到的现金（元）	364 000. 00	229 000. 00	44 000. 00
购买无形资产及其他资产支付的现金（元）	-169 408 000. 00	-554 537 000. 00	-676 673 000. 00
处置无形资产及其他资产收到的现金（元）	—	—	—
存款增加（减少）（元）	-1 319 128 000. 00	-352 777 000. 00	-131 645 000. 00
贷款偿还（元）	—	—	—
投资支付现金（元）	-9 701 600 000. 00	—	—
收购附属公司（元）	-1 660 452 000. 00	—	—

续上表

时　　间	2016. 12. 31	2015. 12. 31	2014. 12. 31
出售附属公司（元）	-6 227 000. 00	—	—
投资业务其他项目（元）	9 120 873 000. 00	709 350 000. 00	535 478 000. 00
投资活动产生的现金流量净额（元）	-3 948 027 000. 00	-443 181 000. 00	-305 272 000. 00
融资活动产生的现金流量：			
新增借款（元）	—	—	—
偿还借款（元）	-2 994 038 000. 00	—	—
发行股份（元）	—	400 000 000. 00	809 060 000. 00
回购股份（元）	—	—	-552 075 000. 00
发行债券（元）	—	—	—
赎回债券（元）	—	—	—
股息支付（元）	—	—	—
行使股票期权所得（元）	21 131 000. 00	3 430 000. 00	3 286 000. 00
垫款增加（减少）（元）	—	—	—
贷款收益（元）	3 003 303 000. 00	401 563 000. 00	—
发行费用相关（元）	—	—	-2 841 000. 00
超额税收优惠（元）	—	—	—
现金及权益增加（减少）（元）	28 235 000. 00	—	—
其他筹资活动产生的现金流量净额（元）	—	—	—
筹资业务其他项目（元）	—	—	—
融资活动产生的现金流量净额（元）	58 631 000. 00	804 993 000. 00	257 430 000. 00
汇率变动影响（元）	63 617 000. 00	-668 000. 00	139 000. 00
期间变动其他项目（元）	—	—	—
现金及现金等价物期初余额（元）	3 138 387 000. 00	111 376 000. 00	60 494 000. 00
现金及现金等价物增加（减少）额（元）	-1 937 930 000. 00	371 929 000. 00	50 882 000. 00
现金及现金等价物期末余额（元）	1 200 457 000. 00	483 305 000. 00	111 376 000. 00
利息支付（元）	74 861 000. 00	—	—
所得税支付（元）	3 541 000. 00	-1 119 000. 00	1 194 000. 00
收到利息（元）	—	—	—
补充资料其他项目（元）	36 967 000. 00	6 537 000. 00	1 813 000. 00
非现金活动（元）	94 849 000. 00	2 602 787 000. 00	1 314 000. 00
公告日期	2017-05-01	2016-05-13	2015-04-29

数据来源：Choice 数据。

六、参考资料

[1] 刘晓. 互联网企业并购动机和效应研究 [J]. 山东大学学报, 2017. 8－11.

[2] 王姗姗. 58 赶集合并案: O2O 大战"波涛汹涌" [J]. 市场风云, 2016 (3): 60－62.

[3] 张再生. 58"牵手"赶集——这个"网恋"靠不靠谱儿 [Z]. 天津大学, 2015.

[4] 何昌勤. 并购整合管理研究——惠普与康柏合并案例分析 [D]. 南京: 东南大学, 2004. 3－4.

[5] 张冰. 分类信息网站用户持续使用意愿影响因素研究 [D]. 哈尔滨: 哈尔滨工业大学, 2015. 9－11.

[6] 梁丽雯. 赶集与 58 同城合并: "前两名"为何选择在一起? [J]. 金融科技时代, 2015 (5): 19－19.

[7] 冯福根、吴林江. 我国上市公司并购绩效的实证研究 [J]. 经济研究, 2001 (1): 26－29.

[8] 陈玉罡, 孙晶, 张杨, 许双君. 并购与估值精选案例分析 [M]. 大连: 东北财经大学出版社, 2017.

[9] 李淼. 58 同城＋赶集网: "强强联合"效应可期 [J]. 中国战略新兴产业, 2015 (3): 23－25.

[10] 李思思. 我国互联网企业并购经济绩效研究——基于 58 同城并购赶集网案例分析 [J]. 时代金融, 2017 (4): 204－208.

[11] 程艳, 鲍步云. 互联网企业并购整合的风险与防范——以 58 同城和赶集网合并为例 [J]. 城市学刊, 2016 (1): 29－31.

[12] 王秀丽, 刘子健. 互联网企业战略并购与财务协同效应研究 [J]. 北京工商大学学报, 2014 (6): 47－54.

[案例说明书]

一、教学目的

本案例对58同城并购赶集网这一并购事件的合并背景、合并原因、合并过程、合并方式、合并后的整合以及合并后产生的财务绩效等方面进行分析，检验本次合并的绩效。由于合并前双方均是分类信息行业的老大和老二，希望通过对本案例分析能够回答，本次合并带来的是“1+1>2”“1+1=2”还是“1+1<2”的效果。本案例属于描述性案例，教学目的第一是希望学员通过对本案例的学习后，能够提高对问题的分析能力，提高多方面看待问题的能力，以及理论与实际相结合的能力。第二是希望案例使用者能够从案例分析中得到启发，能够了解并学习到合并的动因、间接合并的模式以及分析管理合并日后合并双方经营绩效。

本案例适用于MBA（EMBA）、MPAcc等研究生和高年级本科生层次的教学实践，希望本案例能够为教学案例库增添素材，完善教学体系。

二、关键要点

案例使用者在对案例进行分析研究过程中，应该着重把握58同城和赶集网合并之路这个特殊的关键点，要从两个企业各自面临的环境、条件出发，思考行业的老大、老二为何要联姻。在了解各种传统的、现代的并购动因理论的基础上，结合企业的实际，探究他们牵手的真正动因。

三、背景信息

随着中国互联网行业的快速发展与成熟，行业整合脚步逐渐加快，企业增长速度放缓，越来越多的互联网企业选择通过并购实现跨越式发展。近几年，行业内的并购事件不断发生。例如，2015年，发生了滴滴打车与快的打车合并、美团与大众点评合并、58同城与赶集网合并、去哪儿网与携程合并等并购大事件，并购双方基本都来自互联网行业，它们都是各自行业内的领先企业。2012年到2016年这5年中，大大小小的互联网企业井喷式并购，即使在互联网行业，既有政策红利，又正处于整合发展期，一些知名企业的合并也不一定会产生非常良好的结果，例如，优酷土豆的合并虽然产生一定积极的效果，在内容资源、用户群体、广告客户等方面为企业带来优势，但仍无法从根本上扭转它们长期亏损的情况。在双方合并后的第二年，根据优酷2015年一季度财报数据，净亏损高达5.174亿元，同比扩大130%，它们合并后的长期效应并不优良。所以，在当前互联网并购大潮下，企业要立足自身实际情况，理智地选择是否并购，并选择合适的并购目标，制定合适的并购策略。

58同城与赶集网竞争多年，产生大量竞争成本，横向并购是一个很好的出路，从并购后的效应来看，目前短期来看并购是成功的，市场对该并购事件反应良好，虽然短期内其财务状况受到影响；在经营和市场方面，企业实现多元化经营，完善了业务布局，整合了平台与流量资源，减少了不必要的营销成本。58 同城并购赶集网的成功源于合并前 58 同城对并购做的详尽分析与评估，在 2013 年 58 同城上市后，就有收购赶集网的意图，一直到 2015 年正式合并，期间做了大量的准备。

58 同城采取的方式是股票加现金的形式合并赶集网，从并购后的合并报表来看，巨额的现金支出确实对合并当年 2015 年的净利润产生很大的影响，使净利润变为负值，这次并购赶集网占用了 58 同城大量的流动资产，降低了 58 同城对于外部环境变化的快速反应和调节能为，增加了合并后企业的流动性财务风险。虽然从 2016 年的财务数据来看，收入在增加，利润在回升，但是，这种财务风险在一定程度上会降低 58 同城对外部环境变化的快速反应和调节能力，也可能使一些投资者对 58 同城与赶集网是否能补上巨大的利润缺口持观望态度，从而影响投资者的信心。对于业务整合方面，对于横向并购的企业，由于行业相同，业务相似，并购的重点在于削减重合的业务，确定合并后业务的重点及整体的业务布局，58 同城与赶集网处于同一行业，合并前业务上有大量重叠，在合并后，对业务进行了重新整合，完善了产业布局。对于混合并购的企业，由于并购的目的是通过并购不同行业的企业，形成产业生态链，在竞争快速又激烈的互联网行业中扩大经营范围，降低经营风险。但是企业从一个熟悉的行业进入一个不熟悉的行业，风险是很大的。所以混合并购的企业在合并之前要做好调研，制定好合并后的发展战略。

四、案例后续发展

与赶集网的“蜜月”还未过完，58 同城 5 月份突然对外宣布完成对中华英才网的并购，这又引起市场上的轩然大波。许多媒体大呼 58 同城“财大气粗”，完全是收购停不下来的节奏，但也有媒体发出质疑：58 同城是不是迷失在并购的路上了呢?①

2015 年 8 月 21 日，58 同城公布了和赶集网合并后的首季财务报告，财报显示 58 同城第二季营业收入为 1.595 亿美元，同比增长 147.1%。但第二季度净亏损为 2 690 万美元，上年同期净利润为 1120 万美元。对于第二季度营业收入的增长，姚劲波非常高兴，并在电话会议中表示：“营收的高速增长不仅说明了更多的客户愈加认可多品牌、跨品类平台的价值，也反映出我们在对收购业务的整合过程中所取得的成绩。展望未来，我们将继续着力于实现 58 同城与赶集网的协同效应，加大在创新领域的投入，进一步拓展新型业务模式，建立中国生活服务领域的生态圈。”可见其对二者未来的合作抱定信心，踌躇满志。

尽管姚劲波和杨浩涌对合并后的新公司的发展充满期待，但要真正有效整合起来也不是一件容易的事情。毫无疑问，未来的整合之路依然存在诸多未知和险滩，这在互联网行业并不是没有先例。比如视频网站巨头优酷和土豆，双方合并之前，优酷市值 40 多亿美元，土豆 20 多亿美元，而合并之后，由于同质化业务、版权等诸多问题处理不当，使得优酷土豆集团市值还不到 40 亿美元。这对 58 赶集来说，是回避不了的前车之鉴，这需要

① 资料来源：人民政协网。合并赶集网后，58 同城又有连续大动作。2015 年 5 月 8 日，在上午宣布完成对中华英才网的收购之后，当天下午 58 同城又对外发布金融发展战略，推出理财产品“58 钱柜”。上市后的 18 个月，58 同城投资并购的企业达 14 家，分布于多个领域，涉及金额将近 17 亿美元。

认真吸取经验，以免“重蹈覆辙”。

此外，双方还要面临反垄断的质疑、人员架构调整和企业文化融合等问题。合并之后，由于两家有较多的重复业务，故一些岗位人员的调动、裁减或在所难免，虽然姚劲波对外承诺不会裁员，但员工心里自有一本帐。另外双方从原来剑拔弩张到现在合为一家，如何去调动员工合作热情，使新企业文化能得到员工的普遍认同和接受都是需要亟待解决的问题。姚劲波在谈到双方整合时用到了“最为激进的方式”“一步到位”等字眼，也可见其焦急的心态。总之，从长期来看58能否对合并后的团队进行有效整合，将直接影响到合并后企业能否实现“1+1>2”的协同效应。

五、课堂建议计划

（一）问题清单及提问顺序、资料发放顺序

本案例讨论题目依次为：

1. 企业并购有哪些类型？58赶集合并属于什么类型的并购？
2. 通常企业并购的动因有哪些？此次并购的动因是什么？
3. 根据财务指标如何评价58赶集的案例，58赶集的并购是否算是成功了呢？
4. 同行业企业能从58赶集的合并案例中获得哪些启示或者借鉴？

本案例的参考资料及其索引，在讲授有关知识点之后一次性布置给学员。

（二）课时分配

1. 课前计划

发放案例正文，提供思考问题给学生，请学生在课前完成阅读，了解相关理论知识，并对案例中涉及的问题进行讨论，以小组为单位形成初步观点。

2. 课堂计划

（1）课堂前言：教师简要介绍案例主题（5分钟）。

（2）案例故事回顾：采用随机提问形式对案例中的要点进行回顾，为下一步讨论打好基础（5分钟）。

（3）案例分析与讨论：按照研究问题的顺序逐个提出问题并进行理论的讲解和引导分析；提问面向小组，给出一定的讨论时间，然后由小组选出代表回答（约定每位代表只能回答一个问题），同一问题可视情况请多个小组回答（所有问题的讨论和回答控制在100分钟）。

（4）案例总结：教师对讨论进行归纳总结，并进一步启发大家从更深层次、利用最新资料对案例进行跟踪和分析（10分钟）。

3. 讨论方式

本案例可以采用小组式讨论。

4. 课堂讨论总结

课堂讨论总结的关键是：归纳发言者的主要观点；重申其重点及亮点；提醒大家对焦点问题或有争议观点进行进一步思考；建议大家对案例素材进行扩展研究和深入分析。

案例 5

一企两制“蛇吞象”：青岛海尔并购 GE 家电*

* 1. 本案例由广东工业大学管理学院的许金花、戴嫒嫒、金舜、唐丽、彭晓辉、魏姗琳、刘思等共同撰写，作者拥有著作权中的署名权、修改权、改编权。
2. 将本案例授权予广东工业大学产教融合 MPAcc 教学智库实验平台使用，广东工业大学产教融合 MPAcc 教学智库实验平台享有复制权、修改权、发表权、发行权、信息网络传播权、改编权、汇编权和翻译权。
3. 由于企业保密的要求，在本案例中对有关名称、数据等做了必要的掩饰性处理。
4. 本案例只供课堂讨论之用，并无意暗示或说明某种管理行为是否有效。

［案例封面］

专业领域：财务管理

适用课程：《财务管理理论与实务》《公司理财》《并购重组》

选用课程：企业并购

编写目的：本案例旨在引导学员对企业并购相关问题进行学习和理解，了解企业全球化过程中的海外并购策略，研究企业海外并购过程中如何对资源进行有效整合。通过对本案例的学习和讨论，为我国其他制造企业“走出去”并有效整合资源提供参考。

知 识 点：公司并购动机；海外并购；协同效应；战略规划；资源整合

关 键 词：海外收购；资源整合；收购绩效；协同效应；海尔；GE 家电

案例摘要：青岛海尔收购 GE 家电业务，是中国制造企业向欧美高端市场“走出去”的并购案例。我国家电企业虽然经过多年的发展已积累相当先进的设计、生产技术，但品牌地位在欧美的高端市场一直处于主流之外。青岛海尔收购 GE 家电业务可获得后者的优质客户资源，其平台与品牌效应将有助于青岛海尔的家电品牌成功打入美国的家电市场，一改海尔的品牌形象。本文将从案例背景、并购过程与动机、并购后绩效等几方面详细介绍案例，然后主要从研发整合、资源整合、管理层整合等方面探讨青岛海尔如何通过“一企两制”成功整合 GE 家电业务，为我国制造企业实施全球化战略提供参考。

[案例正文]

改革开放以来，我国通过出口创汇与引进外资方式实现了经济腾飞，制造业实现了质的飞跃。但在当前竞争激烈的国内经济环境下，随着人民币国际化的进程，我国制造业需配合国家的“走出去”战略，积极参与国际竞争与全球资源分配。

2008 年金融危机后，随着全球经济的复苏，我国家电企业掀起了一股海外并购浪潮，美的、海尔等我国家电龙头企业在日本、欧洲、美国等发达国家通过绿地投资或海外并购的 FDI 模式迅速拓展发达国家的高端家电市场。

在家电市场上，GE、惠而浦、博世等家电品牌长期霸占欧美市场的中高端市场，例如在美国市场，海尔品牌占 1% 多一些的市场份额，而 GE 家电业务的市场份额则超过 10%。青岛海尔并购 GE 家电业务不仅能夺得后者的技术与渠道，更重要的是能借助 GE 的品牌打开欧美甚至全球的高端市场，非常有助于海尔集团拓展其国际市场。希望通过海尔收购 GE 家电业务的案例分析，探讨我国家电行业，甚至是中国制造业实施全球化战略、打开发达国家的高端制造市场、改变我国企业品牌形象的有效途径。

一、案例背景

我们将从家电行业发展状况与并购关联方两方面来介绍青岛海尔收购 GE 家电业务的案例背景。

（一）行业发展状况

2015 年全球家电市场区域分化明显。受世界经济深度调整、经济复苏乏力、金融和大宗市场剧烈波动、地缘政治风险等影响，全球家电市场整体呈现下滑态势。根据欧睿国际统计，2015 年全球冰箱、洗衣机、家用空调零售额同比分别下滑 2%、4%、3%；从主要区域来看，欧洲、拉美、中东非等市场呈负增长；而美国市场一枝独秀，保持较快增长，其中冰箱、洗衣机、家用空调零售额同比分别增长 5%、4%、2%；亚太市场整体持平，冰箱、洗衣机同比分别微增 2%、1%，家用空调零售额同比下降 3%[①]。受低迷市场影响，日本、欧洲及美国等家电产业纷纷被出售。

在国内家电市场方面，早年家电普及率已得到提升，加之现今经济增速放缓，房地产市场低迷等，家电行业增长乏力，更新需求成为主导。我国家电行业进入平稳增长期，行业增长驱动因素由销量增长转变为与消费升级结合的结构提升。根据中怡康数据（见图 5-1）显示，2015 年空调行业零售额同比下降 4.8%、零售量同比下降 1.1%；2015 年冰箱行业零售额同比下滑 1.2%、零售量同比下滑 4.9%；2015 年洗衣机行业零售额同比增 4.0%、零售量同比微增 0.6%，主要是受益于洗衣机机构升级带来的均价提升。

随着国内生活水平提高，更新需求占比提升、中产阶级崛起带来的生活观念改变，消费者对品质、设计、功能、品牌重视程度日益提升，国内家电产品结构升级明显，中高端产品保持快速增长。如 2015 年冰箱多门化趋势明显，多门冰箱产品行业零售额占比达到

① 资料来源：青岛海尔 2015 年年度报告。

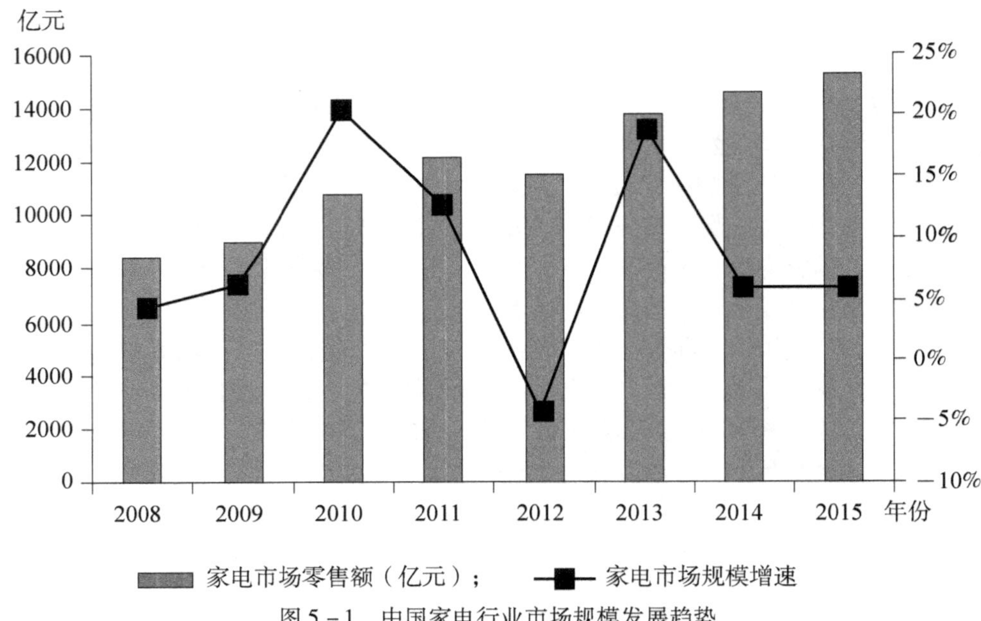

图 5-1　中国家电行业市场规模发展趋势

27.1%，同比提升 8.4 个百分点；洗衣机滚筒化大容量趋势明显，滚筒洗衣机行业零售额占比达到 41.8%，同比提升 5.1 个百分点，洗衣机大容量、变频产品保持快速增长。①

2012 年到 2013 年，由于国家家电下乡政策的刺激，我国家电销售大增。但政策过后，随着市场的饱和，2014 年始，我国家电销售增速放缓，国内市场竞争激烈。不仅行业巨头竞争，如美的与海尔等，且家电线下销售受到线上平台的冲击，市场占有量被快速分割。

互联网 + 家电业务形式严重冲击家电实体店的营业收入，根据我国电子信息产业发展研究院发布的《2016 年上半年中国家电网购分析报告》显示，2016 年上半年，线上线下的家电网购市场规模达 1848 亿元，同比增长 35%，高于家电实体店零售额增幅。例如，在线上方面，洗衣机市场的零售量达到 470 万台，同比增长 38%；零售额 69 亿元，同比上涨 40.8%。在线下方面，同期内，彩电零售额同比下滑 15.4%，空调零售额同比下滑 5.8%，冰箱零售额同比下滑 7.8%，洗衣机零售额同比下滑 2.9%。

细分家电市场竞争激烈。由于消费者对于家电需求的转变，家电产品的细分化是发展的必然趋势。一方面随着人们生活水平的提高，市场对量的需求转变为对质的追求，消费者所消费的不仅是家电产品本身，同时也包括产品所彰显的身份和个性，这是我国第三次消费结构升级带来的必然结果。另一方面，80 后、90 后年轻人作为当前家电消费的主力人群，他们本身就有着独立的人格特征和消费观念，在家电消费上有着自己个性化的选择，不盲从跟风。这在客观上也导致了需求的多样化与个性化。②

为应对国内家电市场越来越高程度的白热化竞争，多家国内家电巨头纷纷布局全球化战略。在全球化战略过程中，家电企业应关注市场与品牌两方面。在市场方面，欧美等发

---

① 资料来源：青岛海尔 2015 年年度报告。

② 中国报告厅，《2016 年上半年我国家电行业市场分析：走向细分企业积极跟进》，http://www.chinabgao.com/freereport/73134.html.

达地区相对于非洲等贫穷地区的家电普及率以及家电更新需求会更高，拥有巨大的消费市场；在品牌方面，为抢占欧美家电市场，应注重打造企业的中高端家电品牌，虽然我国家电企业的研发、制造等能力已赶上了世界高端制造业水平，但由于欧美市场对中国家电品牌的刻板印象，及欧美优质家电品牌的阻碍，我国家电品牌难以抢占欧美市场的中高端市场。因此，最快速并有效的途径是收购国外的高端家电品牌，借助其品牌效应推广中国家电产品。表5－1展示了我国两家家电巨头近几年的海外并购情形。

表5－1　美的与海尔的近几年国外并购事件

年份	主并方	被并方	并购金额	主并方股权占比	被并方国家
2011	青岛海尔	三洋公司	100亿日元	100%	日本
2012	青岛海尔	斐雪派克	7亿美元	100%	新西兰
2016	青岛海尔	GE家电业务	55.8亿美元	100%	美国
2016	美的集团	东芝家电	4.73亿美元	80.1%	日本
2016	美的集团	库卡集团	未确定①	30%	德国

（二）重要关联企业

1. 青岛海尔公司

青岛海尔股份有限公司成立于1989年4月28日，并于1993年11月19日在上海证券交易所上市，证券代码为600690。根据青岛海尔2015年年度报告知其总资产约为760亿元，2014年营业收入约为897亿元，净利润约为43亿元。青岛海尔母公司为青岛集团，后者占青岛海尔约41%的股份。

青岛海尔主营业务为白色家电产品的研发、生产和销售，产品线覆盖冰箱、冷柜、洗衣机、空调、热水器、厨房电器、小家电等，为消费者提供智能家电成套解决方案；渠道综合服务业务提供物流、售后、家电及其他产品分销业务。现今，青岛海尔已成为全球白色家电龙头公司。2015年，青岛海尔的中国市场占比见图5－2。在国内市场，青岛海尔的冰箱、冷柜、洗衣机、热水器市场占有率均位居行业第一，而家用空调市场占有率位居行业第三。

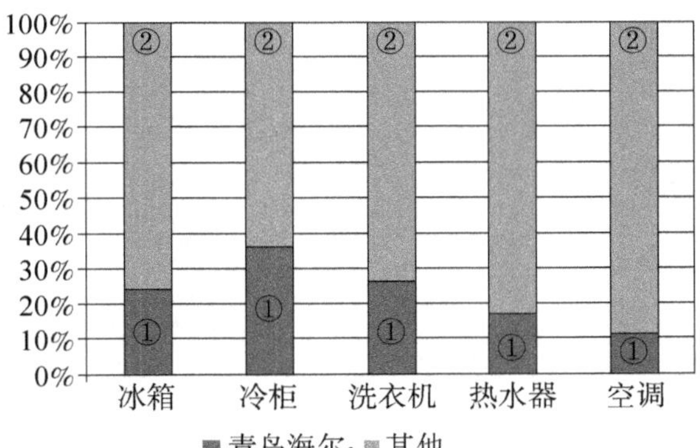

图5－2　2015年青岛海尔产品中国市场份额占比

根据世界权威市场调查机构欧睿国际（Euromonitor）2015年全球大型家用电器品牌零售量数据（见图5－3）显示：青岛海尔大型家用电器2015年品牌零售量占全球市场的9.8%，第7次蝉联全球第一；同时，冰箱、洗衣机、酒柜、冷柜继续蝉联全球第一。

在全球化市场方面，根据海尔2015年年报所得数据（见图5－4）显示，青岛海尔的营业收入主要来自于国内，2015年约21%的营业收入来自境外。目前青岛海尔的家电品牌全球化程度低，与欧美的家电品牌对比竞争力较低。

---

① 此并购仍在进行中，具体并购金额仍未确定。

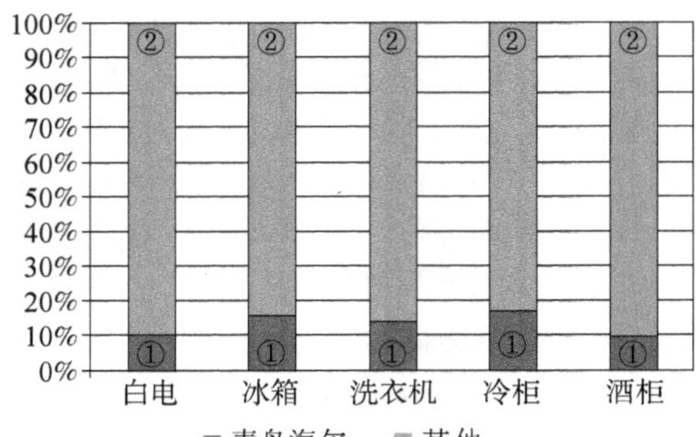

图 5－3　2015 年青岛海尔产品全球市场份额占比

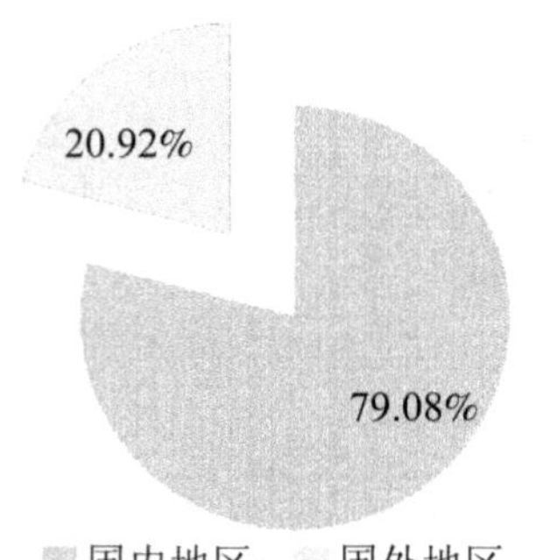

图 5－4　2015 年青岛海尔营业收入地区占比

为拓宽海外市场，青岛海尔坚持创牌战略、推进多品牌运作，通过研发、制造、营销“三位一体本土化”建设提升本土化运营能力，同时积极把握外延式发展机会，收购原三洋亚太白电资产、托管 FPA，整合 GE 家电业务，增强全球竞争实力。

2. 通用电气公司

GE 成立于 1982 年，是全球知名数字工业公司，主营业务囊括电力、可再生能源、石油与天然气、家电与照明①、航空、运输与医疗行业等。据其 2015 年年度报告可知，GE 2014 年的营业收入为 1 174 亿美元，其中 1 084 亿美元属于工业营业收入，剩余部分为金融投资收入，2015 年的净利润约为 17 亿美元，总资产约为 3 717 亿美元。

按收入来源地区划分，GE 的经营业务分布全球，但根据其 2015 年所得数据（见图 5－5）所示其主要收入来源仍是美国本土，占了总收入的 45%，其次则为亚洲。

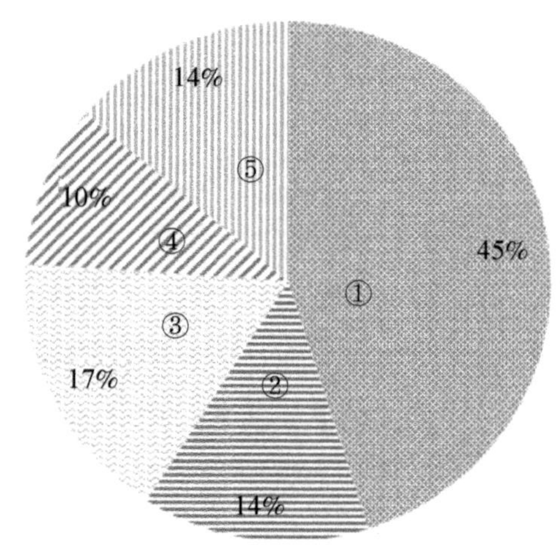

①美国；② 欧洲；③亚洲；④美洲（不包括美国）；⑤ 中东与非洲

图 5－5　2015 年 GE 营业收入来源地区占比

① 2016 年，GE 的全部家电业务被青岛海尔收购。

按行业划分收入来源，由图5－6我们可发现，GE的主要收入来源分别来自航空业（21%）、电力业（18%）与卫生医疗业（15%），而家电业务为GE创造了7%的收入，排在GE九个行业中的倒数第四位。

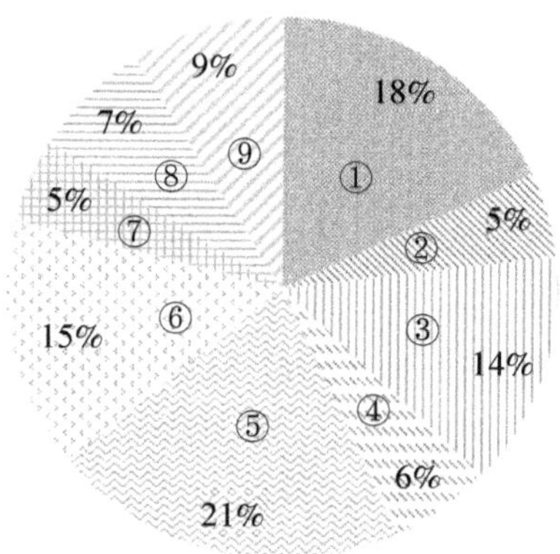

① 电力；② 可再生能源；③ 石油与天然气；
④ 能源管理；⑤ 航空；⑥ 卫生医疗；
⑦ 运输；⑧ 家电与照明；⑨ 资本投资

图5－6　2015年GE营业收入来源行业占比

GE家电业务的主营业务包括空调、冰箱、冰柜、过滤水系统与其他厨电等家电销售及服务。GE家电业务为美国第二大的家电公司，在美国具有强大的品牌影响力与较高的市场占有率。2015年，根据GE年报可知其家电业务的营业收入约为63亿美元，净利润约为7亿美元。且88%的主营业务来自于美国的本土市场。另外，如图5－7所示约95%的营业收入来源于家电设备销售，可见GE家电业务的主营业务为产品销售。

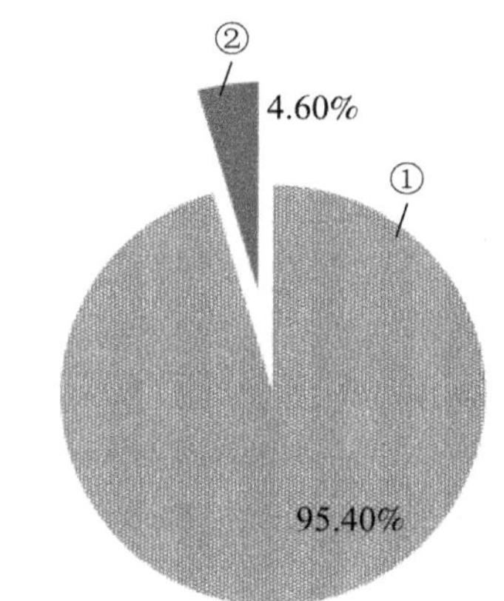

①家电设备；②家电服务

图5－7　2015年GE家电业务营业收入来源

GE的家电产品已有100多年的历史，为美国老百姓家电的老品牌，拥有卓越的研发、技术等能力，占据着欧美白色家电的中高端市场。

二、案例概况

（一）并购动机：不谋而合，合作共赢

由于海外并购面临不同的东道国、行业和目标公司，所以并购的具体动机存在较大的差别，因此很多国内外从不同的角度分析海外并购的动机。贾红睿等（2000）根据寡头垄断的情形，分析企业间的技术互补是并购动机的重要因素之一。江小涓与杜玲（2001）认为跨国并购是企业成长的需求，我们可归纳为成长导向理论。该理论解释企业跨国并购的动机是为了拓展市场、提高经济规模。艾尔弗雷德（2004）指出企业通过跨国并购，

除了可扩大生产规模外，还可分摊技术研发成本、原料采购成本等。黎平海与李瑶（2009）通过对我国部分企业的跨国并购动机分析，研究得出我国企业跨国并购的主要动机在于扩大海外市场份额，获得先进技术等。Dunning（1981）提出 OLI 理论，从所有权优势、区位优势与内部优势方面分析跨国并购动机。

1. 被并方并购动机

GE 出售家电业务的动机主要在于服从其集团战略安排要求。GE 从 2008 年起开始走一条转型之路，重整其集团业务，努力集中资源将其核心业务转向能源、医疗等领域，而家电等消费型业务则属于剥离之列。近几年的具体表现有，2015 年 GE 以 124 亿欧元买下法国电力巨头阿尔斯通，但几乎同时宣布出售价值 3 600 亿美元的金融业务，虽然金融业务在 2015 年时为 GE 集团贡献了 9% 的利润。集团 CEO 伊梅尔特在声明中解释说，“目前工业制造的回报率有 18%，而金融业务的回报率只有 7%，GE 将专注于收益更高的工业基础建设”。故总的来说，GE 出售家电业务的动机在于其转型战略需剥离家电等业务。

2. 主并方并购动机

（1）提升青岛海尔品牌形象。GE 家电业务的家电产品在欧美市场的家电行业是著名的中高端品牌，其依靠 GE 的高端研发能力、科技水平及优良名声作为品质的保证。而由于我国历史原因，青岛海尔起步与发展阶段主要生产销售中低端的家电产品，虽然现今其技术水平能挤进世界顶级水平，但是在欧美市场，其低端品牌形象在消费者心中相对根深蒂固。收购 GE 家电业务可有助于青岛海尔提升国际形象。

（2）开拓美国市场，实现市场多元化。GE 家电业务的美国市场占有额名列第二，约为 14%，为美国消费者心中的老品牌，具有很好的市场效应。然而，收购前，青岛海尔在美国市场份额为 1%～2%，占有率相对较低。为了快速扩展海外市场，跨国并购相对绿地投资是比较便捷有效的途径。另外，青岛海尔的家电业务收入来源主要为我国大陆地区，依赖度高，随着 2011 年收购日本三洋，扩展日本市场，以及现在收购 GE 家电拓展美国市场，青岛海尔的家电销售市场实现了多元化格局，降低了市场集中度风险，有助于青岛海尔实现跨国集团企业的战略目标。

（3）降低技术研发与生产的边际成本。青岛海尔收购 GE 家电业务属于家电行业的横向并购，可依此实现技术研发与生产的协同效应。Hollenbeck（2016）通过模型研究认为，横向并购有利于提高技术创新能力，且青岛海尔与 GE 家电业务可相互交流学习、分摊技术的研发费用等，既可促进创新又可从整体上节约研发成本。另外，同为家电行业，在上游原料采购、物流运输方面，可做到统筹规划，有利于降低原料的采购成本、运输成本等，故可降低产品的边际生产成本。

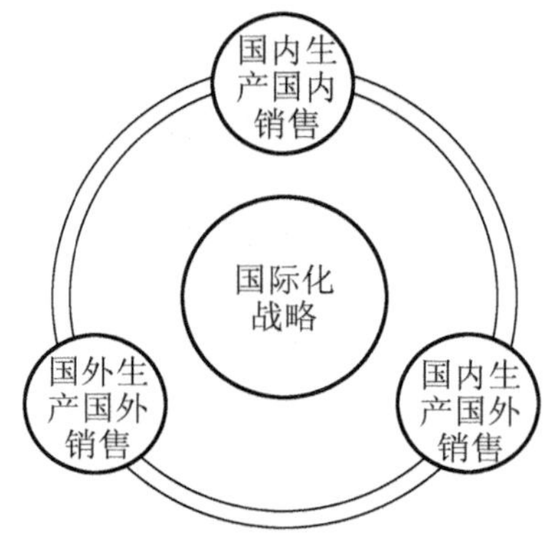

图 5－8　海尔的“三个 1/3”战略目标

（4）适应海尔集团的国际化战略需求。在 20 世纪末，海尔集团开始实施国际化战略，制定了“三个 1/3”战略目标，见图 5－8。目标是国内生产国内销售、国内生产国外销售与国外生产国外销售均占总体销售收入的 1/3。在 20 世纪末，青岛海尔早已实施国际化战略，进入欧美日等发达市场，其主要 FDI 手段为绿地投资或直接通过跨国贸易来竞争，但由于受到惠而浦、伊莱克斯与三星等老牌家电的挤压，国外市场拓展道路曲折难行。现在，通过收购GE家电业务，打开了美国家电市场，将有助于青岛海尔成功实现国外生产国外销售的1/3目标要求。

（二）并购过程：火中取栗，伺机而动

2015年下旬，在美国司法部以垄断为由阻止将通用家电卖给瑞典的电器巨头Electrolux后，青岛海尔收购通用家电业务较为顺利，没有遇到美国司法部等机构的阻拦，并于2016年6月6日顺利交割成功。从2008年起，当GE向外公布出售其家电业务消息后，就一直受到世界各个家电巨头的“虎视眈眈”。

从2008年起，GE出售家电业务的过程并不顺畅（见图5－9），一开始是受到金融危机的冲击，无法找到合适的买家。虽然在2014年与2015年时，GE本可以33亿美元的价格把其家电业务出售给欧洲家电巨头Electrolux，却受到美国司法部门的阻挠，收购以失败告终。几个月后，GE迅速与青岛海尔达成收购协议，初始售价为54亿美元，最终交易价格为55.8亿美元，且由于青岛海尔的美国市场份额极低，两者合并后并不会造成垄断局面，故此次并购没有受到美国司法部的阻挠。

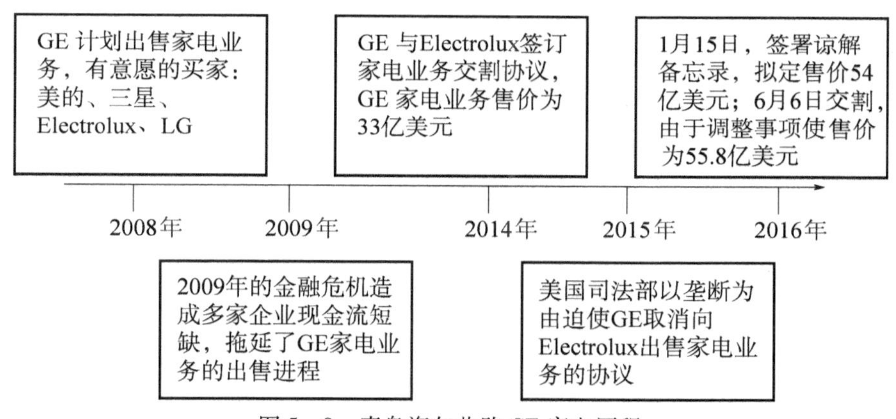

图5－9　青岛海尔收购GE家电历程

（三）并购整合：因地制宜，协同效应

学术界普遍认为，一个并购的成功与否取决于并购后的整合过程。目前国内外研究对并购整合有较多不同的解释，普里切特与鲁宾芬（1999）指出并购后整合过程的五阶段：设计阶段，评估阶段，展开阶段，管理阶段与收尾阶段。亚历山德拉等（2001）认为并购整合是使并购后经营能实现“1＋1＞2”协同效应的重要过程，此过程同时是一门具有理论与实践意义的艺术。

但是要评价一项并购投资的成功与否，关键在于并购后的整合。例如，根据2015年全球智能手机市场报告，联想收购摩托罗拉移动业务，收购前2014年两家移动业务占据全球市场的7.5%，但在2015年联想与摩托罗拉的移动市场份额却跌至5.4%。在此，我们根据海尔收购GE的主要动机，提出家电研发、资源共享、管理层与文化方面的整合策略。

1. 研发整合：核心共享，以需促供

GE 家电资产已于 2016 年 6 月完成交割，青岛海尔已与其展开了协同项目的规划设计。产品研发方面，公司任命原 GE 研发经理为全球研发总负责人，设计共用的产品模块，将有效提升公司家电产品的技术引领能力和全球通用性。此举可助海尔的海外研发团队适应欧美尤其是美国市场的需求，反面例子有 TCL 收购汤姆逊全球彩电业务之后，曾设想把中国设计的模具与汤姆逊共享，以此节约模具设计的巨大成本开销，但法国人却反感此种中国设计。另外，融合 FPA、GE、亚太（原三洋白电）全球研发资源和模块化设计全球统一的领先产品平台，并以此为基础根据当地用户需求进行当地化调整，实现产品开发成本的优化。

2. 资源整合：品牌双轨，兼容互补

这里所提到的资源主要指的是 GE 家电业务在美国的第二大市场地位，拥有优质的客户渠道及家电高端品牌。

首先，收购 GE 家电的第一大价值在于 GE 家电在美国人心中的品牌形象。海尔应在美国继续保持双品牌营销的双轨策略，即保持并购前海尔与 GE 家电共同抢占美国市场的局面，让两者品牌既有竞争又有合作。合作指的是海尔家电与 GE 家电的产品应该要逐渐趋向兼容互补，例如现在兴起的智能家电、智能家居产品，同一电子控制系统既能控制 GE 家电产品，又能适应海尔家电产品，希望能借助 GE 家电原有的市场地位带动海尔美国市场的发展。

其次，GE 家电在美国 5 个州拥有 9 家工厂，并拥有世界一流的物流和分销能力，以及美国市场强大的零售网络关系。也就是说，GE 家电拥有优质的平台资源，海尔家电品牌可借助此平台快速推广产品。另外，虽然海尔希望通过收购 GE 家电打开欧美的高端家电市场，但是随着多年的发展，海尔已拥有足够高端的研发生产技术，可生产高品质产品，其主要的困境在于品牌能力在欧美市场得不到认可。那么既然收购 GE 家电这种高端品牌，海尔自身品牌是否应继续抢占同一高端市场还是与 GE 家电联合实施差异化战略？我们认为海尔品牌与 GE 家电品牌应实施差异化战略，因为同一细分市场潜在客户资源有限。应发挥所长，例如，可让 GE 家电专攻黑电市场，而海尔家电则借助 GE 家电在美国的市场地位专攻白电市场。

3. 管理层整合：经营、决策、用人自主

青岛海尔收购 GE 的家电业务后，没有对其进行大刀阔斧的改革。并购后，GE 家电的总部仍然保留在美国肯塔基州路易斯维尔，且会在现有高管团队的引领下，开展日常工作，独立运营。由通用电气家电和海尔的高管团队及两位独立董事组成的公司董事会，将会指导公司的战略方向和业务运营。主要原因在于：一是收购前，GE 的家电业务经营状况良好，属于优质资产，不存在财务等问题；二是海尔收购 GE 的主要目的在于帮助海尔打开欧美高端家电市场，获得 GE 家电优质客户的平台与渠道资源，投资并壮大美国的家电业务是海尔的核心策略。

但完整性地保留了原先管理团队，则意味着需要面临妥善安抚的问题，其中的风险在于：一是担心管理层人才流失，二是害怕管理层不配合母公司的战略需求。

4. 文化整合：强调融合，拒绝统治

柳传志在总结联想收购 IBM 的 PC 业务时曾说过，海外并购整合最大的风险在于文化的磨合。收购成功后，海尔的创始人张瑞敏先生在对 GE 的管理层及普通员工的演讲中展示了个人魅力，试图拉拢 GE 人心。在演讲中，张先生利用西方式的演讲方式拉近大家的距离，然后介绍海尔的发展历程，介绍“一把锤子砸出世界 500 强的家电企业”的故事，让 GE 员工充分了解海尔的信念与愿景。然后再讲述收购之后海尔与 GE 的战略制定，赢得当场所有人的喝彩。要想他人相信你，听从你，则先要让他人了解你。在海外并购中，中国企业的领导者若有这个能力，可尝试向被并方展示其个人魅力，不仅从制度上约束被并方员工归属本公司，还可从内心上使员工“臣服”。

另外，青岛海尔收购 GE 后维持了后者的完整性，希望能以此最大可能地降低两种管理文化冲突带来的矛盾。

5. 整合总效应

青岛海尔在此次跨国并购整合中（见图 5－10），做到了研发本土化、品牌本土化、管理制度本土化、管理决策本土化、用人本土化以及坚持了一定程度上的文化本土化。青岛海尔发挥协调、监督及导向作用，而保留 GE 的高度自主经营权，实现“一企两制”，这是海尔此次并购能够最大限度保留其优秀管理资源、品牌优势与核心研发能力并降低并购失败风险与其他市场发挥销售网络协同、采购成本协同、研发资源协同的最重要原因。

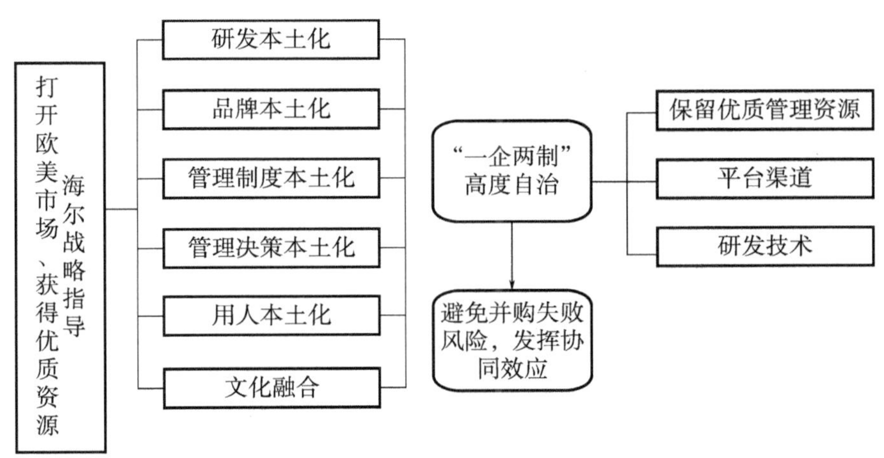

图 5－10 海尔整合示意图

（四）并购绩效：自不量力或深谋远虑

在绩效分析模块，由于青岛海尔收购 GE 的交割于 2016 年 6 月 6 日完成，6 月 7 日开始的 GE 业绩才能归属于青岛海尔公司。于是我们主要从市场绩效方面评价投资者对此次并购的态度。如图 5－11 所示。我们将利用海尔首次公布收购 GE 当日（2016 年 1 月 14 日）前后 30 天交易日的 AR（超额收益率）与 CAR（累积差额收益率）衡量市场的反应。

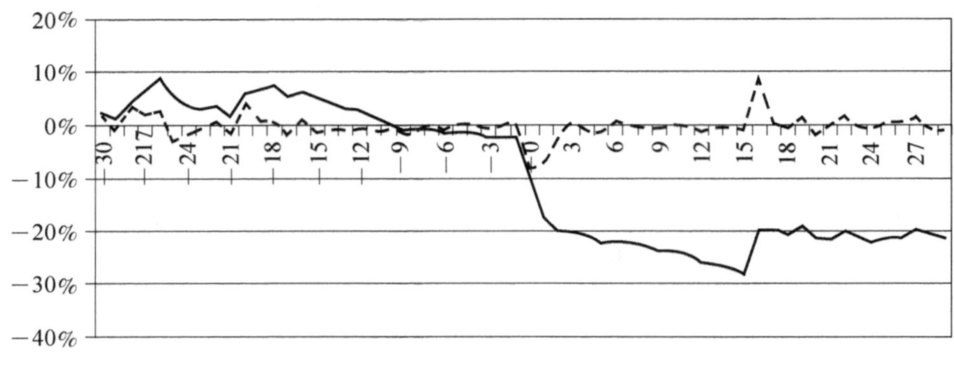

图 5－11　青岛海尔收购 GE 公布日前后 30 个交易日的 AR 与 CAR 走势图

股权收购事件公告后的首个交易日超额收益率为－8.44%，当天股价跌停，收益率为－9.98%。在窗口期［－3，＋3］期间内，累计超额收益率为－18.44%，而在窗口期［－30，＋30］期间内，累计超额收益率为－21.43%，因而资本市场对此次股权收购行为同样是给出了消极的看法，投资者在此次股权收购行为中短期内获得了负的超额收益。

但在财务绩效方面，海尔收购 GE 家电并表的效益显现，根据青岛海尔的 2016 年半年度报告，海尔二季度单季度收入、扣非归母净利润分别同比增长 15%、14.4%。上半年 GE 家电业务资产为 GE 实现收入 31.09 亿美元，同比增长 3.63%，实现 EBITDA 3.07 亿美金。在全球经济持续下行的背景下，上半年海尔海外业务实现收入 140.09 亿元，同比增长 31.33%。6 月 7 日以后，GE 家电业务的经营业绩归属于青岛海尔公司，在一个月左右的时间内，此家电业务贡献给公司的收入 34.6 亿元、净利润 1.03 亿元。

三、启发与建议

如何成功“走出去”始终萦绕在中国制造企业领导者的心头。虽然在国内，如海尔、美的等拥有极高的品牌认知和信赖度，且随着中国政府改革开放以来与第三方国家的经济紧密合作，处于相对领先的中国制造业在相对落后的亚非拉国家拥有光明的市场前景，但是在海外主流市场，如欧美日等地区市场，中国制造的品牌远未达到主流地位。对于实施全球化战略的中国企业来说，短时间内难以在竞争激烈的欧美市场树立品牌效应，自身产品也需一定时间来适应当地消费者的需求，故最好的办法是实行海外并购策略。经过对青岛海尔收购 GE 的案例分析，得到的启发与建议如下：

（1）选择合适的标的公司。

对于现在拥有大量财富的中国企业来说，加上国家政策的大力支持，资金并不是限制中国大型制造业海外并购的首要因素，例如海尔收购 GE 案例中，55.8 亿美元的收购现金，其中包括国开行向其提供了 33 亿美元的贷款。为了能在海外市场快速崛起，应选择标的为市场占有率领先的优质公司，但为了避免东道国的防垄断等经济保护行为，应规避龙头企业，如万达集团收购了美国第二大院线公司 AMC，海尔收购了美国第二大的家电业务 GE。市场占有率相对较高，品牌效应好，又可规避司法部门的阻挠。

（2）并购整合前，理应调查分析标的公司相对于主并方公司的优劣性，根据分析，整合应“对症下药”。

例如海尔收购GE，GE为优质资产，经营情况良好，无重大财务问题，因此海尔也无需对GE进行重要的财务整合，且反而应争取保留住GE原先的优秀管理团队。另外一点是对标的公司的品牌管理问题，前面第一点已说需选择优质的标的公司，那么标的公司的品牌效应在东道国也具有良好效应。例如GE的家电品牌，但是海尔同时也需要在美国市场提升海尔家电品牌的影响力，于是可使用双品牌运作，双轨运行齐头并进。此举海尔在收购日本三洋家电时已开始使用，但是由于海尔只能使用三洋的子品牌，故效果不明显。因此我们应注重在整合过程中的“因人而异，因地制宜”的做法。

四、参考资料

[1] 贾红睿，何新宇，陈宏民．企业兼并理论研究［J］．预测与分析，2000（1）．
[2] 江小涓，杜玲．国外跨国投资理论研究的最新进展［J］．世界经济，2001（6）．
[3] 黎海平，李瑶，闻拓莉．我国企业海外并购的特点、动因及影响因素分析［J］．经济问题探索，2009（2）．
[4] 宋佳楠．并购通用：海尔的蓝色梦想［J］．家用电器，2009（394）．
[5] 尚海龙．全球家电贸易：形势多变，危中寻机［J］．电器，2016．
[6] 侯隽．海尔："借GE生蛋"［J］．中国品牌，2016．
[7] 胡杰武．中联重科并购CIFA获得了什么？——5周年之后的回顾与反思［J］．中国软科学，2016．
[8] 崔晓火．海尔收购三洋：中国品牌的“务实之战”［J］．中国新闻周刊，2011．
[9] 冉荷．海尔智慧生活战略引领全球家电行业发展［J］．中国贸易报，2016．
[10] 唐旭辉．家电行业跨国并购研究［D］．湖南大学，2013．
[11] Lajoux A R，Fred J W．并购的艺术：融资与再融资［M］．张秋生等译．北京：中国经济出版社，2001．
[12] Hollenbeck B. Horizontal Mergers and Innovation in Concentrated Industries. UCLA Anderson School of Management，working paper，2016.
[13] Dunning J H. The multinational enterprise［M］. London：George Allen and Unwin，1971.
[14] Pritchett P，Robinson D，并购之后——成功整合的权威指南［M］．张凯等译．北京：机械工业出版社，2005．

五、讨论问题

1. 企业进入他国市场的可选择方式？为什么海尔选择了跨国并购？
2. 为何海尔选择了GE家电？
3. 海尔跨国并购是如何整合资源以避免整合失败风险，并发挥协同效应的？

［案例说明书］

一、本案例要解决的关键问题

本案例重点关注制造型企业跨国并购的整合及绩效问题。具体在于通过介绍青岛海尔并购 GE 家电，分析企业选择以并购方式进入市场的原因，并由此理解并购和被并购的动机，再引出对跨国并购是否成功有重要作用的企业资源整合问题，以此思考此次跨国并购是否能够给企业带来绩效的问题。

二、案例讨论的准备工作

（一）理论背景

跨国并购动机理论；跨国并购进入方式的种类及优劣性；跨国并购整合理论。

（二）行业背景

案例所属公司所在的行业为家电制造业，而该制造业所处的行业生产的产品在国内国外市场已趋近饱和。

2015 年全球家电市场区域分化明显，全球家电市场整体呈现下滑态势，欧洲、拉美、中东非等主要区域呈负增长，但美国市场保持较快增长。受低迷市场影响，日本、欧洲及美国等家电产业纷纷被出售。

而从国内家电市场来看，早些年家电普及率由于经济增长、人民生活水平提高以及国家政策的影响得以提升，当前经济增速放缓，家电行业的增长乏力，更新需求成为主导，我国家电行业进入平稳增长期。而随着互联网的普及，家电线下销售受到线上平台的冲击，市场占有量被快速分割，互联网 + 家电业务形式严重冲击家电实体店的营业收入。由于消费者对于家电需求的转变，家电产品的细分化发展是必然趋势，产品的质量和产品的多样化、个性化越来越重要。总而言之，国内家电市场的竞争日趋白热化。

因此，国内多家家电巨头纷纷进行全球化战略布局，在此过程中，关注市场与品牌两方面。但是中国品牌想进入相对于拉美非等地区更加巨大的欧美等发达地区消费市场较为艰难。而收购国外的高端家电品牌是最快速有效的途径，可借助其品牌效应推广中国家电产品。

而从公司背景角度来说，青岛海尔股份有限公司成立于 1989 年 4 月 28 日，并于 1993 年 11 月 19 日在上海证券交易所上市，证券代码为 600690。主营业务为白色家电产品的生产和销售。现今，青岛海尔已成为全球白色家电龙头公司，大型家用电器 2015 年品牌零售量第 7 次蝉联全球第一。但其营业收入主要来自于国内。

而 GE 成立于 1982 年，是全球知名数字工业公司。家电业务为 GE 创造了 7% 的收入，排在 GE 九个行业中的倒数第四位。GE 家电业务的主营业务包括空调、冰箱、冰柜、过滤水系统与其他厨电等。GE 家电业务为美国第二大的家电公司，已有 100 多年的历史，为美国老百姓家的老品牌，拥有卓越的研发、技术等能力，在美国具有强大的品牌影响力与较高的市场占有率。

（三）制度背景

了解企业跨国并购的相关法律知识，以及公司法等规定。了解美国与企业并购有关及其反托拉斯法律的规定。

三、教学组织方式

（一）问题清单及提问顺序

本案例提问的顺序为：

1. 企业进入他国市场的可选择方式？为什么海尔选择了跨国并购？
2. 为何海尔选择了 GE 家电？
3. 海尔跨国并购是如何整合资源以避免整合失败风险，并发挥协同效应的？

（二）课时分配

课前提前阅读案例并搜集相关资料：1 小时；
老师介绍案例背景资料：20 分钟；
小组讨论并做好提纲记录：30 分钟；
课题发言展示：30 分钟；
课堂总结：30 分钟。

（三）讨论方式

本案例采用小组讨论的方式。

四、参考资料

[1] 林钰：《跨国并购和跨国战略联盟研究》，上海财经大学出版社，2011 年版.

[2] 刘洋："跨国并购的动因理论研究综述"，《中国商贸》，2011 年第 18 期.

[3] Alfred DuPont Chanlder, 1994. Scale and Sxope: The Dynamics of Industrial Capitalism. Cambridge: Harvard University Press.

[4] 宋林，彬彬："我国上市公司跨国并购动因及影响因素研究——基于多项 Logit 模型的实证分析"，《北京工商大学学报（社会科学版）》，2016 年第 5 期.

[5] 谢洪明，王悦悦，张光曦，程宣梅："基于全球价值链再造的民营企业跨国并购整合研究——以卧龙和均胜为例"，《软科学》，2015 年第 3 期.

案例 6

并购带来的巨额“负商誉”：以吉利收购沃尔沃为例*

---

* 1. 本案例由广东工业大学管理学院的陈越、沈哲共同撰写，作者拥有著作权中的署名权、修改权、改编权。

2. 将本案例授权予广东工业大学产教融合 MPAcc 教学智库实验平台使用，广东工业大学产教融合 MPAcc 教学智库实验平台享有复制权、修改权、发表权、发行权、信息网络传播权、改编权、汇编权和翻译权。
3. 由于企业保密的要求，在本案例中对有关名称、数据等做了必要的掩饰性处理。
4. 本案例只供课堂讨论之用，并无意暗示或说明某种管理行为是否有效。

[案例封面]

专业领域： 财务会计

适用课程：《财务会计理论与实务》

选用课程： 适用于会计专业硕士、工商管理硕士财务管理方向《高级财务管理与实务》、《企业并购》等相关课程的教学研讨

编写目的： 随着公司并购乃至跨国公司并购的愈发普遍，由并购产生的商誉和负商誉问题日益显现。本案例旨在帮助学员认识并理解由于企业并购产生的负商誉问题，引导其对负商誉的会计处理选择合理的处理程序及方法。通过实例分析，理解负商誉产生的原因和经济实质，了解国际和国内对于负商誉的认识和会计处理的异同，在此基础上，结合实际经营活动，引导学生思考和设计合理合规的负商誉会计确认和处理方法。

知 识 点： 企业并购；负商誉；无形资产；营业外收入；负债

关 键 词： 负商誉；企业并购；负商誉会计处理

中文摘要： 负商誉问题在会计领域一直存在较多争论。国内外学界及业界对于负商誉的性质、确认及其会计处理等问题都有不同的见解。世界范围内，以《美国会计准则》《国际会计准则》为代表的各国理论界对企业合并产生负商誉的处理方法也各不相同。2010 年吉利集团以 18 亿美元的对价成功收购沃尔沃轿车 100% 股权，并创造了约 17 亿美元的负商誉。本案例拟透过此次商业行为，分析负商誉的产生和实质，讨论合理的负商誉会计处理方法，并对我国关于负商誉的会计处理提出建议。

[案例正文]

一、案例背景

商誉是指能在未来期间为企业经营带来超额利润的潜在经济价值，或一家企业预期的获利能力超过可辨认资产正常获利能力（如社会平均投资回报率）的资本化价值。商誉是企业整体价值的组成部分。在企业合并时，它是购买企业投资成本超过被合并企业净资产公允价值的差额。

我国2006年发布的《企业会计准则》体系中，《企业会计准则第20号——企业合并》中规定，对于非同一控制下的企业合并，购买方对合并成本大于合并中取得的被购买方可辨认净资产公允价值份额的差额，应当确认为商誉；购买方对合并成本小于合并中取得的被购买方可辨认净资产公允价值份额的差额，应当确认为当期损益。由此可以看出，目前无论从理论上还是实践上，商誉都应分为正商誉和负商誉，本文以吉利收购沃尔沃为例，着重探讨合并损益（即负商誉）的性质以及会计处理。

所谓负商誉，一般是指企业购并时，购并企业支付的价款低于被购企业净资产公允价值的差额。在会计学界有不少学者否认负商誉的存在，理由如下：

（1）负商誉在逻辑上不存在。其代表人物是亨德里克森，他在其著作《会计理论》中提出："假使认为商誉是企业的一组不可辨认的有利属性，可以和可辨认资产分离，则很难想象会出现负商誉。因为如果整个企业的价值小于各个资产价值的总和，原业主就会个别出售其资产，而不是把企业作为整体来出售了，从而负商誉是不可能存在的。"

（2）负商誉与资产的定义矛盾。该观点认为商誉的实质是资产，负商誉就只能是负资产，而负资产与商誉是超额收益的定性不符，现实中也不会有负资产存在，即空概念观。在这种观点下，负商誉被看成是现实中没有对应的一个空概念，因此倡导取消负商誉概念。关于取消的方法，有人建议购买方可按资产的交易价值入账。

（3）负商誉不符合商誉的性质。商誉的本质是带来超额收益的能力。确认商誉都是肯定其正确的、积极的、有利的属性，根本不应出现负面的情况。因此，企业可能存在商誉，而不可能存在负商誉。

理论界对于负商誉存在的理由大致如下：

（1）从被购买方的角度看，当预期企业整体的售价低于资产分拆出售的价格时，被购买方会寻求分拆出售资产。但有些企业的资产具有整体的不可分拆性，不可能分开出售；对于可以分开出售的资产，由于需要寻求多家买主，经过多次谈判，既增加了交易成本，又延长了全部资产出手的时间，所以将资产分开出售，很可能使资产的价值大大降低。

（2）在被合并企业长期亏损，即将倒闭的情况下，企业的实际价值已经低于其净资产的公允价值，为了尽快将企业售出，避免更多的亏损，企业主可能将企业以低于公允价值的价格出售。

（3）被并购企业存在一些未入账的不利因素（隐性的负债或成本），例如，拥有大量的退休工人，肩负着数额庞大的退休费支出。因此，并购企业在确定并购价格时常常压低并购价格，以弥补这部分未来的付出。

（4）当购买方预计被购买方的收益低于平均收益，购买方会在谈判中尽量使购买成本低于被购买方净资产的公允价值。从我国企业并购发展历史来看，曾出现过其并购目的是为经营困难的国有企业寻找出路的情况，国家为了盘活国有资产，安置下岗职工，鼓励和支持业绩好的企业兼并有困难的国有企业，往往在并购中给予政策上的优惠，将有困难的国有企业以低于净资产公允价值的价格转让给具有优势的收购企业。

二、案例简介

2010 年，吉利控股以 18 亿美元的价格收购了沃尔沃汽车 100% 的股权。

（一）交易双方简介

1. 标的公司——沃尔沃汽车

沃尔沃（Volvo），瑞典著名豪华汽车品牌，曾译为富豪。该品牌于 1927 年在瑞典哥德堡创建，1999 年，沃尔沃集团将旗下的沃尔沃轿车业务出售给美国福特汽车公司。

沃尔沃以生产轿车起家，其创始人瑞典人古斯塔夫·拉尔森（Gustaf Larson）和阿瑟·格布尔森（Assar Gabrilsson）原本都服务于瑞典知名滚珠轴承（Ball bearing）制造厂 SKF，其中拉尔森是工程师，而格布尔森则是经济学出身的国际行销部门经理。由于两人对汽车的前瞻性与热情，携手合作在 1925 年 9 月时成功说服 SKF 的董事会，借到了该公司位于特斯兰大（Torslanda）的厂房进行试作车的组装，并且在 1926 年 8 月 10 日获得授权，正式开始新车量产。而沃尔沃第一款产品，是 1927 年 4 月 14 日上市的 Volvo ÖV4 型敞篷车。

由于销售表现优秀，沃尔沃生产规模越来越大，沃尔沃在 1935 年正式脱离母公司 SKF，独立为沃尔沃公司继续营运。直到 1998 年为止，沃尔沃汽车都一直属于沃尔沃公司（AB Volvo）所拥有，该公司除了乘用汽车之外，也是世界知名的商用车辆制造商，其产品还包括航天、航空设备及各种机械。

2010 年，中国汽车企业浙江吉利控股集团从福特手中购得沃尔沃轿车业务，并获得沃尔沃轿车品牌的拥有权。

2. 收购方——吉利集团

吉利集团成立于 2003 年，注册资本 9.3 亿，总部设在杭州，在浙江台州、宁波、湖南湘潭、四川成都、陕西宝鸡、山西晋中等地建有汽车整车和动力总成制造基地，现有博瑞、博越、帝豪系、远景系、金刚系等 10 多款整车产品及 1.0～3.5L 全系列发动机及相匹配的手动/自动变速器。

吉利集团在国内建立了完善的营销网络，拥有 800 多家品牌 4S 店和近千个服务网点；在海外建有近 350 个销售服务网点；投资数千万元建立国内一流的呼叫中心，为用户提供 24 小时全天候快捷服务。截至 2016 年底，吉利汽车累计社会保有量超过 500 万辆，吉利商标被认定为中国驰名商标。

吉利集团所属公司浙江吉利控股集团以 314.298 亿美元营业收入位列第 343 位，强势攀升 67 位。自 2012 年首次进入《财富》世界 500 强榜单以来，吉利控股集团已连续 6 年上榜。而在净资产收益率榜上，吉利在中国公司中排名第四，中国车企中排名第一。

（二）收购过程

2008 年，金融危机在全球蔓延。这年上半年，美国市场销量下滑了 17%。相比之下，中国汽车市场则在逆势上扬，同期市场销量上涨了 10%。在这一大背景下，著名的投资银行法国洛希尔银行董事会在经历了几番争辩和讨论后，最终决定接受吉利“沃尔沃项目”。

2008 年 10 月，福特汽车 CFO 道恩·雷克莱尔退休，负责福特欧洲和沃尔沃汽车董事长的刘易斯·布斯接任 CFO。当年的 12 月 1 日，福特汽车明确表示，“认真考虑出售沃尔沃”。

2008 年，在接连询问了几家国企并得到否定答案之后，发改委给了吉利“路条”。

2009 年 3 月，吉利向福特提交第一轮标书。同年 4 月，国家发改委信息备案确认。拿到“路条”之后的吉利，迅速进入了收购沃尔沃的下一个阶段。

2009 年 4 月 1 日起，沃尔沃并购项目团队开始进行为期 4 个月的尽职调查。尽职调查结束之后，吉利向福特提交第二轮标书。围绕并购的谈判正式开始。

2009 年 9 月 30 日，李书福迎来了吉利收购沃尔沃的一个关键节点：福特汽车公开宣布，吉利成为沃尔沃的首选竞购方。

2009 年 12 月 23 日，圣诞节前一天，吉利与福特同时宣布，双方就收购沃尔沃的主要商业条款达成一致。

2010 年 3 月 27 日，吉利沃尔沃项目组与工会达成最后的协议。

2010 年 3 月 28 日，在英国伦敦签署协议。

2010 年 8 月 2 日，交割仪式完成。

（三）收购对价

福特最初对沃尔沃的报价是 60 亿美元，比 10 年前收购沃尔沃汽车时少了 4.5 亿美元。尽职调查结束之后，洛希尔给了李书福一个建议收购价格——35 亿美元。李书福以此为基础，递交了新一轮标书。

2009 年 9 月底，吉利沃尔沃项目组成员集体奔赴哥德堡，李书福等人第一次见到了沃尔沃汽车的高管人员。李书福见到沃尔沃 CEO 斯蒂芬·奥德尔之后，CFO 尹大庆和沃尔沃 CFO 有个单独会面。这次见面直接让吉利的报价降低了 17 亿美元。

尹大庆发现，福特汽车对沃尔沃汽车有一个未来三年的预测，预测的结果是 2010 年沃尔沃基本实现盈亏平衡，2011 年开始盈利。但是，基于这个结果的研发费用投入却并没有相应增长。尹大庆一算，沃尔沃对未来三年研发费用和固定资产的投资与此前相比减少了 17 亿美元。在得到洛希尔团队支持之后，吉利提出，报价更改为 18 亿美元。

由于涉及交易金额的巨大变化，关于收购沃尔沃的谈判因此中断了一个月。期间，皇冠突然加入竞购，并提出了切实可行的融资计划。而自 2009 年年中开始，全球市场有了回暖迹象。情况看起来对李书福很不利。李书福心里也没有底，福特是否会放弃出售沃尔沃。

在痛苦中等待了一个月，李书福终于等到了好消息：福特汽车董事会通过了吉利的新报价。

（四）吉利集团收购沃尔沃形成了巨额收益

吉利集团在2012年度第一期中期票据募集说明书中披露了其在2010年的财务报表中因合并沃尔沃按购买法确认了折价收益110.84亿元。该折价收益由被并购方归属于吉利集团股东的权益公允价值为280.5亿元人民币，减购买对价169.76亿元人民币，初始投资成本低于按股权比例享有的净资产的账面价值为110.8亿元，根据我国会计准则的规定在2010年确认为当年度营业外收入。该收益按2010年12月31日的汇率6.6227元/美元计算，折合美元约17亿美元，与收购对价基本相当。

在我国《企业会计准则第20号——企业合并》中规定，对于非同一控制下的企业合并，购买方对合并成本大于合并中取得的被购买方可辨认净资产公允价值份额的差额，应当确认为商誉；购买方对合并成本小于合并中取得的被购买方可辨认净资产公允价值份额的差额，应当确认为当期损益。吉利集团正是基于这条准则把并购沃尔沃产生的“负商誉”全额确认为当期损益。

三、对吉利集团收购沃尔沃后形成负商誉的分析

（一）负商誉的产生

本项收购被业界称为“蛇吞象”。吉利集团在国内汽车行业内都不能算是个强者，根据盖世汽车网发布的统计数据2009年至2011年汽车销量有9家企业排名均在前十，吉利汽车在这9家企业中排名最后。与上汽集团、一汽集团、东风集团、长安汽车等国企的雄厚实力相比，吉利集团尚不具备与之相抗衡的竞争优势。

然而，吉利集团却以18亿美元收购了沃尔沃轿车产生了约17亿美元的负商誉。会计学界普遍把负商誉定义为，并购时所取得产净资产公允价值超过购并成本（收购价格）的差额。这一定义所涉及的仅仅是负商誉的计量方面，而未明确负商誉的本质属性。

（二）负商誉的实质分析

关于负商誉的性质理论界看法不一，主要存在三种观点：

（1）负商誉是收购企业的自创商誉。其理由是收购企业之所以能够以低于被购企业净资产公允市价的价格收购，其主要原因是，收购企业具有知名的产品品牌、销售渠道、市场高占有率、先进的管理体制等商誉。“收购人格的差异实质上是收购公司将商誉让渡给被购公司的代价。”对于被购企业来说之所以愿意以低于本企业净资产公允市价出售，是为了获得收购企业的商誉资产的投资。所以，“在收购中，表现出来的负商誉只是收购公司自创商誉的转化形式。”收购企业商誉的价值之所以用负商誉的形式表现出来，是因为收购企业的商誉未入账。

结合吉利集团收购沃尔沃轿车的分析再来看该项负商誉产生的原因，绝不可能将这个合并收益归因于吉利集团的自创商誉。吉利集团的产品品牌、销售渠道、市场高占有率、管理体制等方面在国内企业中尚不具有竞争正优势，更难与国际上著名的沃尔沃轿车相提并论。反过来，吉利集团收购沃尔沃轿车看重的正是其品牌、技术以及管理体制等方面的优势。而不可能是通过本次收购表现出来的是吉利集团未入账自创商誉。

（2）负商誉是超额收益。收购方因为谈判技巧出色，能够说服出售方相信收购方的报价是合理的。或者是由于出售方对被收购企业的经营信息掌握得不完整，遗漏了重要的因素，或者关键信息除了差错，造成出售方对被收购企业的估值出现了误判断，导致收购方可以以低于被收购企业公允价值的收购对价完成收购交易。也可能是出售方迫于某种外在的压力被强制以低价出售。

在此次收购事件中，不存在吉利和沃尔沃收购和出售双方信息不对称的情况，倘若当出售方面临资金或其他方面压力的时候，出售方尽管不一定心甘情愿，但也会出于无奈而低于公允价值转让所持有的企业。但是沃尔沃并不属于这种情况。

（3）负商誉是一种负债，是购买企业替被购企业承担的未来的资产贬值或收益减少的责任。持这一观点的学者认为负商誉的存在是因为被购企业存在一些账面上未能反映的不利因素（隐性成本或隐性负债），这些不利因素将影响企业未来的经营活动，导致企业未来资产贬值和经济利益减少。

排除了自创商誉及超额收益的可能之后，吉利集团收购沃尔沃产生的巨额合并收益是不是一种负债呢？通过吉利集团财务报告披露的信息来看，收购日沃尔沃轿车的主要资产集中在存货（占比约为14%）、固定资产（占比约为56%），但是同时也披露了2010年吉利集团将沃尔沃并入报表使固定资产净值增加294亿元。2010年末公司无形资产较上年末增加129亿元，增长534.86%。2010年末沃尔沃无形资产余额129亿元。2011年末公司无形资产较上年末减少了7亿元，主要是非专利技术本期摊销12亿元。通过观察2010年底吉利集团合并报表无形资产的披露可以看出，其无形资产中包括非专利技术（约69亿元）、商标权（约34亿元）、经销商网络（约7亿元）、客户关系（约4亿元）。仅这四项无形资产价值合计就达114亿元。这四项无形资产通常都不会在沃尔沃轿车自身报表中确认，而是在收购过程中通过资产评估确认每项资产的公允价值，并最终在收购方即吉利集团的合并报表中得以体现。这些资产若按10年的使用期限计算摊销，在未来每年将产生10多亿元的摊销。

透过上面披露的信息可以估计，吉利集团收购沃尔沃轿车产生巨额合并收益（即负商誉）的主要原因是在合并报表中确认了大量沃尔沃自创的无形资产，按照公允价值计量的价值约100多亿元。可以粗略地估计，吉利集团的对价与沃尔沃轿车扣除自创无形资产（以商标权、非专利技术、经销商网络、客户关系为主）之后的净资产大体相当。

根据商誉的定义，商誉是一项特殊的无形资产，该项资产可以为企业带来超额收益。那么负商誉如果以负资产来解释肯定难以理解，若定义为“负债”或“利得”将比较合理。然而，负商誉有可能是负债也有可能是利得。既不肯定全是“利得”也不肯定全是“负债”。而且，所谓“利得”也有可能转化为“负债”，而所谓“负债”也有可能转化为“利得”。

四、对负商誉的处理

根据美国会计准则SFAS141《企业合并》的规定，收购的净资产的公允价值超过所支付的收购成本的差额（即负商誉），应按比例冲减购入企业的可辨认的长期非货币性资产，但递延所得税资产、通过销售被处置的资产以及与养老金有关的资产除外。如果这些资产已冲减为零，那么剩下的负商誉金额可以确认为非常利得。如果企业购并涉及或有支付协议，且有或有事项发生时，有可能确认为被并购企业的一项额外成本要素，则并购企业还需将最大或有支付以及冲减后的负商誉余额中的较小金额确认为一项负债。

如果按美国财务会计准则处理，吉利集团将不可能产生 110 亿元的合并收益，不仅如此，还可能将全部或部分冲销掉收购过程中获得的无形资产的价值。如果按照美国会计准则来处理，那么沃尔沃轿车的商标、非专利技术、经销商网络、客户关系等资产就没有价值吗？恐怕谁也不敢否定这些资产的价值。虽然这些资产是有价值的，但是吉利集团收购沃尔沃轿车获得了这些无形资产，就可以因此而产生 110 亿元的收益，一次性体现在收购当期吗？这更值得怀疑。

《国际财务报告准则——企业合并》要求购买方重新评估被购买方可辨认资产、负债或有负债的可识别性与可计量性，若购买方占被购买方按各项目公允价值计量的净资产的权益超过合并成本，则需要重新评估合并成本的计量。若重新评估后仍有差额，购买方应立即确认为损益。

我国的会计准则与国际财务报告准则的要求基本趋同，但我国对负商誉的会计处理只有一种选择，即确认为当期损益。但《国际财务报告准则》中对确认损益情况的描述充分体现出了谨慎性，要求购买方在出现负商誉时，应重新评估合并成本，只有再次确认负商誉的存在时，才确认损益。而美国的财务会计准则规定最为谨慎，当负商誉出现时，按比例冲减可辨认的长期非货币性资产，包括无形资产。

2012 年美国国家公路交通安全局宣布，沃尔沃轿车北美公司已同意支付 150 万美元民事罚款，以了结该部门针对沃尔沃公司存在迟报汽车召回信息等违规行为的调查。美国国家公路交通安全局发表的声明说，该机构在调查中发现，在 2010 年和 2012 年的 7 起汽车召回中，沃尔沃轿车北美公司没有及时报告相关信息。

沃尔沃汽车以较好的安全性享誉世界。而这一系列的召回事件将使人们对沃尔沃一贯保持的安全性产生怀疑。2010 年 8 月，吉利集团从美国福特汽车公司手里完成了对沃尔沃轿车公司的全部股权收购。不能不说沃尔沃隐瞒汽车召回的动因跟收购案无关。因为汽车召回必然牵涉大量的维修、改善、诉讼甚至赔偿的费用，想要准确估计出这些费用的总额将非常困难。如果在收购过程中增加进入这一因素，收购交易可能出现难以预料的障碍，甚至交易失败。

相对于《国际财务报告准则》《美国财务会计准则》来说，目前我国的会计准则对负商誉的处理过于激进。这种激进的会计处理，不能够恰当反映企业合并业务的财务状况。企业合并是一项复杂、长期、多变的交易。正如前面对负商誉的性质分析中提到的，企业合并可能存在诸多不可预测的或有负债，比如庞大的退休员工福利支付，辞退员工费用准备等。而且，会计师可以获取的资料是有限的，用这些有限的资料计算得出的公允价值是否公允，的确很值得怀疑。因此，对负商誉的会计处理还应该更谨慎一些，或者多给一些选择。

因此，如果按照我国会计准则的处理方法，将其全部处理为当期损益，对于接下来的费用和损失则无法弥补。所以本案例提出的处理方法是：把收购资产公允价值大于收购成本的差额，即本案例中的 110 亿元，先处理为“合并负债”，在资产负债表中列示为负债一方，如果在收购日后一定期间内发生了与收购事项相关的费用或损失，如销售退回等事件，则冲减该项“合并负债”，一定期间之后（比如3～5年），尚未冲销的合并负债可以一次性计入损益。

通过这样的处理，既可以保持应有的谨慎性原则，也符合我国目前对长期不能支付的债务做纳税调整的实践，同时假如负商誉果真属于利得的话，也最终会确认为收益体现在损益表内，只不过比目前会计准则的要求延迟了一些时间。但是，这种延迟恰恰体现了企业合并业务的复杂性与特殊性，是该项业务会计处理的艺术体现，最重要的是，满足了会计处理的谨慎性原则。

五、对案例问题的思考

对于本案例所涉及的负商誉，从理论和实践上的理解如下：

（1）如果以可辨认资产为标准，收购成本大于或小于可辨认资产的情况也是一种客观存在。

（2）不光在理论上存在，在实践中由于企业合并而出现负商誉的情况还很多，据统计，我国A股市场上自2007年至2010年，分别有87、83、73、64家上市公司（共307个样本）在其报表中列报了负商誉，负商誉平均占相应公司利润总额的6.04%、9.27%、5.03%、2.85%。

（3）2010年8月2日吉利集团宣布成功收购沃尔沃轿车，实现了民营企业收购国际知名汽车品牌的突破。2012年吉利集团在其公开信息披露了其在2010年的财务报表中因合并沃尔沃按购买法确认了折价收益110.84亿元。该折价收益由被并购方归属于吉利集团股东的权益公允价值为280亿万元，减购买对价170亿元，初始投资成本低于按股权比例享有的净资产的账面价值为110亿元，根据我国会计准则的规定在2010年确认为当年度营业外收入。这是发生在我们身边的案例。这个案例告诉我们，负商誉不仅真实存在，且其金额还可能非常惊人，如何正确处理好负商誉，值得我们去深入地思考与探讨。

六、讨论问题

1. 吉利在行业中的发展状况如何？
2. 沃尔沃为什么能被吉利收购？
3. 吉利收购沃尔沃汽车的巨额负商誉是否合理？
4. 吉利将巨额的负商誉确认为当期损益是否合理？
5. 如何理解理论界对于负商誉的观点？
6. 从吉利收购沃尔沃的负商誉的处理方法中我们能学到什么？

七、参考资料

[1] Hendrickson E S. Accounting Theory [M]. Homewood: Irwin, 1977.
[2] 李晓玲. 对负商誉理论的思考 [J]. 会计研究，1999（2）.
[3] 罗绍德，曹椿苗. 浅议负商誉的性质 [J]. 商场现代化，2006（3）.

[4] 刘心仕．负商誉研究 [J]．财会月刊，2004 (7)．
[5] 罗绍德．曹椿苗，浅议负商誉的性质 [J]．商场现代化，2006 (3)．
[6] 刘笑霞．负商誉会计新论 [J]．财会月刊，2004 (5)．
[7] 刘方方．负商誉的性质及确认方法 [J]．市场营销，2007 (4)．
[8] 葛家澍，杜兴强．知识经济下财务会计理论与财务告问题研究 [J]．中国财政经济出版社，2004．
[9] 谢思平，彭慧英．负商誉的形成原因、本质及会计处理问题 [J]．财会月刊，2009 (10)．

[案例说明书]

一、本案例需要解决的关键问题

本案例需要解决的关键问题：引导学员从负商誉的形成、原因和性质的角度来思考吉利收购沃尔沃汽车的负商誉的确认、计量和报告以及接下来一系列的会计处理问题等，帮助学员熟悉负商誉的基本理论，结合该案例的结果对并购带来的负商誉的处理进行分析，从而对吉利收购沃尔沃汽车的所带来的负商誉的实质和原因进行评价。

二、案例讨论的准备工作

为实现本案例的教学目标，学员应在案例讨论前通过预发材料了解以下相关知识背景。

（一）理论背景

企业并购基本理论：定义、分类等；负商誉的基本理论；无形资产的基本理论。

（二）行业背景

案例内容发生前后国内外并购的事件；国内外对于并购商誉的处理；国内外对于并购所带来的无形资产的处理。

（三）制度背景

2015 年新实施的企业会计准则——商誉，《资产评估准则——企业价值》（中评 协［2011］227 号），《资产评估准则——无形资产》（中评协［2008］217 号）。

三、教学组织方式

（一）问题清单及提问顺序、资料发放顺序

本案例讨论题目依次为：

1. 吉利在行业中的发展状况如何？
2. 沃尔沃为什么能被吉利收购？
3. 吉利收购沃尔沃汽车的巨额负商誉是否合理？
4. 吉利将巨额的负商誉确认为当期损益是否合理？
5. 如何理解理论界对于负商誉的观点？
6. 从吉利收购沃尔沃的负商誉的处理方法中我们能学到什么？

（二）课时分配

本案例可以按照如下课堂计划进行分析和讨论，仅供参考，可根据授课具体情况调整时间或略去其中某一部分。整个案例课的课堂时间控制在 90—120 分钟。

内容	主讲人	时间	说明
课前准备	教师		提前发放资料，提出启发思考题，请学员在课前完成阅读和初步思考
讨论问题 1，2	分组讨论	15—20 分钟	根据学员获得的资料发表观点和看法
讨论问题 3	分组讨论	10—15 分钟	学员自由发言，教师参与讨论并帮助分析
讨论问题 4	分组讨论	10—15 分钟	学员自由发言，教师参与讨论并帮助分析
讨论问题 5	分组讨论	10—15 分钟	学员自由发言，教师参与讨论并帮助分析
讨论问题 6	分组讨论	15—20 分钟	学员自由发言，教师参与讨论并帮助分析
案例总结	教师、学员	10 分钟	学员分组发言，教师进行总结
课后计划	教师	—	以本案例为基础，关注其他同行业公司，进一步对比分析

（三）讨论方式

本案例拟采用小组式的讨论方式。

（四）课堂讨论总结

课堂讨论总结的关键是：根据小组发言与辩论情况，进行归纳总结，教师就学员的讨论情况进行点评，就如何运用理论知识去解决实际问题提出建议，并引导学员对案例后续发展做出展望，在课后继续跟踪最新进展。

案例 7

以小博大：西王食品的海外并购之路*

* 1. 本案例由广东工业大学管理学院的曾琼军、唐敏、张诗豪等共同撰写，作者拥有著作权中的署名权、修改权、改编权。

  2. 将本案例授权予广东工业大学产教融合 MPAcc 教学智库实验平台使用，广东工业大学产教融合 MPAcc 教学智库实验平台享有复制权、修改权、发表权、发行权、信息网络传播权、改编权、汇编权和翻译权。

  3. 由于企业保密的要求，在本案例中对有关名称、数据等做了必要的掩饰性处理。

  4. 本案例只供课堂讨论之用，并无意暗示或说明某种管理行为是否有效。

[案例封面]

专业领域：财务管理

适用课程：《财务会计理论与实务》《财务管理理论与实务》

选用课程：《财务管理理论与实务》

编写目的：本案例主要针对西王食品“以小搏大”并购加拿大 Kerr，通过跨行业并购进入保健品行业，以进行自己公司的战略扩张。但并购不是某一个时间点的问题，需要经过长期的时间检验，让学员通过对并购理论和融资方式的研究，掌握并购的相关知识，以及对西王食品进行并购的资金来源与安排进行分析，对公司并购后的经营效果进行分析，从而对公司的并购进行评价，从中得到启示。

知 识 点：并购重组；并购融资方式；并购绩效；资源整合

关 键 词：并购；西王食品；以小博大；并购绩效

中文摘要：企业通过并购行业龙头的方式进入一个新行业无疑是最为省事的，能够直接获取相关的资源。随着国家大力鼓励体育运动、提升国民身体素质，保健品行业在中国有巨大的发展空间，为西王食品并购 Kerr 解决了进入新领域的技术壁垒问题。在这场并购中，西王食品的“以小搏大”似乎具有相当的风险，最终的并购结果是否能为其带来预期的效果呢？通过对案例的深入探究，探究企业为并购进行融资的合理性，分析相关指标评价企业的并购绩效。

[案例正文]

俗话说，三十年河东三十年河西，世事变迁，谁也无法料到。估计连当年带着村民们创办西王福利油棉厂的村支书王勇也没想到，当初只为让村民多一点福利而办的油棉厂竟能在短短三十年发展成资产总量过百亿的西王集团！

过去的2016年，对于西王集团来说是非常有纪念价值的一年。“而立”之年的西王不安于国内市场，其控股的上市子公司“西王食品”联合春华资本收购了全世界最大的运动保健品公司——Kerr公司。此次收购价格折合成人民币约48.75亿元，对于总资产仅有22.18亿元的西王食品来说，无疑是一次成功的“蛇吞象”，业界对于这一教科书式的收购以及西王食品之后的发展也一致看好。作为西王食品进行国际化并购的第一次尝试，这一次的带队人换成了王勇的儿子王棣，也是未来的西王集团接班人，金融专业的背景让王棣在运作公司上具有了较为明显的资本特质，而这也从侧面展示出，西王集团运用金融工具进行产业谋变、走出国门的思路。

下面，让我们一起走进这一场传奇的并购事件。

一、案例背景

（一）国内“并购潮”

近年来，各企业通过不断的重组整合以提高在市场上的综合竞争力，出现了“并购热潮”，而在2016年，中国的并购市场再创新高，交易数量上升21%，达到11 409宗；交易金额上升11%，达到7 700亿美元；财务投资者参与的交易数量增长38%，海外投资增幅高达142%，这两个创历史新高的类别成为推动2016年并购交易量增长21%的主要原因。

在“并购潮”的背景下，国家必须加强监管来保证并购质量以及稳定市场，2016年9月8日，经修改的《上市公司重大资产重组管理办法》的出台使得控制权变更更加严谨，各行业借壳上市收紧，以创业板、金融和创投行业为甚。2016年全年证监会重组委共审核275起并购重组交易，其中有条件通过121起，无条件通过130起，否决24起，重组委否决率从2015年6%上升为9%。尤其在2016年第二季度和第三季度，否决率一度超过10%。同时有条件通过案例在全部通过案例中的占比也从2016第一季度的59%下降为第四季度的36%，国家的监管政策中的兜底条款，以“实质重于形式”为出发点，从严判断交易实质，疑似“借壳上市”的项目将直接按照借壳上市审核。

即使是这样，依旧没有挡住投资者们的热情，在稳定的内生性增长的大环境下寻求外延式的增长点，海外市场便炙手可热了。数据显示，中国内地企业海外投资金额增幅达到246%，几乎是2015年的3.5倍，其中有51宗的大额海外投资交易金额超过10亿美元，是2015年的2倍。尽管2015年增长强劲，财务投资者主导的并购交易在2016年再次刷新记录，交易量增加66%，交易金额增加22%，增长主要来自于大资产管理投资者（BAM）的参与，他们主导了很多大型交易，同时，财务投资者也越来越多地瞄准海外市场。中国的海外并购起步很快，现在已经成为不可忽视的一份子，2016年中国内地企业海外并购实现大幅增长，交易量增加142%（接近2.5倍），交易金额增加246%（接近3.5倍）达到2210亿美元，超过前四年中企海外并购交易金额的总和。民营企业主导海外并购市场，交易数量达到2015年的3倍，并第一次在金额上超过国有企业的交易总额，有 51 笔交易超过 10 亿美元，超过 2015 年数据的 2 倍。中国企业在海外寻求领先的技术、专利和品牌引入国内市场，为实现公司的外延式增长而选择海外并购，使之拥有充沛的资金以及通畅的融资渠道，能够利用国内和国外的估值差异进行套利，并对冲了人民币贬值和国内经济衰退的风险。一切的利好因素使国内的民营企业纷纷选择海外并购，“中国买家们”仍旧倾向于在欧美发达国家和地区寻找最先进的科技、平台、品牌以及巨大和成熟的消费者市场作为投资目标。在 2016 年，中国以 545 起跨境并购交易超越美国成为跨境并购最为活跃的买家，2016 年合计披露交易金额总计高达 2 095 亿美元，超过 2015 年全年交易总额。

（二）我国保健品行业市场广阔

我国保健食品增长速度快，行业规模大。2014 年之前，我国保健食品保持着高速增长，近几年由于基数抬高，增速有所趋缓。虽然我国保健食品总体规模不小，但人均消费水平远低于美国、日本等发达国家。北美在运动营养领域的人均消费是 140 美元，而中国只有 23 美元。整个美国运动营养的市场是 40 亿美元，中国未来空间巨大。2014 年促进中国体育产业发展报告中，体育健身上升到了国家战略层面，中国体育产业到 2025 年期望达到 4 000 亿元，整个运动营养品类将以 20%～50% 的速度增长。

2014 年我国保健品行业销售规模约为 1 700 亿元，其中膳食补充剂和传统滋补产品分别占比 59%、36%，而运动营养产品和体重管理产品分别只占比 0. 24%、4. 8%。由此可见，运动营养产品和体重管理产品在中国当前保健食品中基数很小，未来增长潜力大。

运动营养产品在我国正处起步阶段，未来发展前景十分广阔。2014 年针对 20～69 岁人群的调研发现，我国有 51% 的人群进行健身运动，总人数达到 3. 83 亿人。我国健身俱乐部数量也在快速增加，截至 2015 年底，达到 4500 个，同比增长率超过 20%。随着居民对健康意识的增强，“运动 + 营养”结合的综合健康也更为重视，运动营养产品的消费者也将从专业运动员扩展到健身健美爱好者、业余运动员、大中小学生和增强体质者。未来，运动营养产品将有望伴随我国体育事业的发展而快速发展。

我国肥胖人群日益增多，体重管理产品将成为一片“蓝海”。目前世界上胖子的数量已经超过瘦子。从全球居民来看，美国和中东北非地区肥胖人口占比很高。但从绝对数量来看，中国的肥胖人口位居世界首位，拥有 4 320 万肥胖男性和 4 640 万肥胖女性，分别占全球的 16. 30% 和 12. 40%。

此外，在我国成年人中，1992 年超重率只有 13%，肥胖率只有 3%，但目前超重率已经达到 30. 10%，肥胖率达到 11. 90%，总肥胖、超重人数已达 3. 41 亿人，且仍在持续增长。此外，目前我国儿童青少年肥胖率约为 10%，并呈现上升趋势。我国农村地区的青少年儿童食用越来越多高热量食品，肥胖比例也呈现快速增长。随着超重人群对减肥需求的快速上涨，体重管理产品的市场需求也有望得以快速上涨。

二、案例简介

（一）并购方——西王食品股份有限公司

1. 公司概况

西王食品股份有限公司（以下简称西王食品，股票代码 000639）公司原名称为湖南金德发展股份有限公司，是1984年由株洲市劳动服务公司与其他企事业单位的劳动服务公司等单位采取集资入股、联合经营形式筹建的经济实体。随着经营发展的需要，后来扩展到吸收部分个人集资。多次变更发展之后，于2010年12月21日经中国证券监督管理委员会核准，金德发展按2009年12月31日的评估结果将其全部资产、负债及业务转让给西王集团有限公司（以下简称西王集团），同时金德发展向西王集团非公开发行52 683 621股人民币普通股，购买西王集团持有的山东西王食品有限公司（以下简称山东西王公司）100%的股权。2011年1月，公司名称由“湖南金德发展股份有限公司”变更为“西王食品股份有限公司”，西王食品正式注册成立，注册资本人民币454 530 468.00元，股份总数454 530 468股（每股面值1元），其中，有限售条件的流通股份A股77 884 800股；无限售条件的流通股份A股376 645 668股。

西王食品是西王集团的控股上市子公司，所处农产品加工业，主要产品是玉米胚芽油等食用产品，被中国食品工业协会冠名“中国玉米油城”，是国内最大的玉米胚芽油专业生产、经营企业，现有职工2 000余人。

2. 核心竞争力

（1）产业链优势明显。西王食品地处玉米深加工大省山东省腹地，周边玉米深加工企业众多，可以提供充足的玉米胚芽、玉米毛油原料，同时，公司控股股东西王集团下属西王糖业年加工300万吨玉米，胚芽全部销售给西王食品，成为公司原料稳定的基础保障，也确保了玉米胚芽油的食品安全和高营养成分，同时也有效控制了上游成本的波动。而其他主要竞争对手由于不涉及上游的玉米加工环节，所以食品安全和成本控制能力上都与西王有较大差距。

（2）工艺技术和设备优势。西王食品是国内唯一一家从玉米胚芽分离到压榨、精炼整个过程实行全程质量监控管理的玉米油生产经营企业，保证了玉米胚芽油营养健康的优点。公司生产设备先进，目前是国内同行业中唯一一家全套引进国际最先进设备的企业。精炼车间关键设备全部采用瑞典阿伐拉法公司的工艺和设备，小包装车间按照保健食品GMP要求进行设计和建设，灌装设备选用了世界上灌装效率最高、产品质量控制最为稳定的德国克朗斯吹灌一体机，避免了外界环境对成品玉米油的影响。

（3）品牌优势。西王食品依托原料优势、技术优势以及在玉米油领域多年的生产实践经验，“以药品生产标准来生产食品”，优良的产品品质为企业赢得了良好的品牌美誉度及市场占有率；另外，公司多年来主打“非转基因”玉米油，围绕专业玉米油品牌定位，通过聘请明星代言人、央视和地方卫视的广告宣传，配合线上线下多种形式的产品展示宣传活动，传播追求健康高品质的产品理念，品牌知名度逐年提升，玉米油第一品牌形象已深入人心。

（4）稳步扩充的全国营销网络成为产品销量增长的保障。经过多年的市场培育和开拓，西王食品已初步搭建了相对完善的销售网络，截至目前，西王食品在上海、杭州、长沙、南京和深圳等城市设立了仓储中心，在全国与近800家经销商建立了合作关系，拥有营销网点12万家左右，良好的渠道资源是公司销量持续增长的保障。公司在营销网络建设方面的努力不仅给公司带来了直接经济效益，更重要的是为公司培养了一批理解市场、熟悉营销的营销人员，打造了一支执行力强、能吃苦的销售团队。这些人员在营销网点选址、市场需求、渠道建设、销售协调、物流调配等方面积累了丰富的经验，为公司产品的市场占有率和行业地位奠定了坚实的基础。

3. 公司发展战略

食用油行业关系到国计民生和国民营养健康安全保障，随着主食品的消费需求升级和城镇化进程加快，安全优质、营养健康和多元化、个性化、定制化、品牌化的中高端产品消费潜力将逐步释放，将推动相关产业向高附加值产品方向转型。公司发展战略清晰，以“非转基因”为核心卖点，公司实现玉米油产业链一体化生产，目前玉米油领导地位已经初步确立。三步走的长期发展战略，第一步成为中国玉米油第一品牌，第二步打造中国高端食用油第一品牌，第三步塑造中国健康食品第一品牌。坚持“三步走战略”将西王食品打造成一个世界级的健康食品综合平台。

（二）标的公司——加拿大 Kerr 公司

Kerr 公司是控股公司，通过子公司从事运动营养及体重管理相关的营养补给品的研究、开发、营销及分销业务。由 Jean DuGuay 于 1998 年 11 月在加拿大安大略省注册，后经多次更名之后为 Kerr Investment Holding Corp. 。根据所披露报表显示，Kerr 5 月 30 日资产总计为 1 142 662 800. 51 美元，9 月 13 日，Kerr 公司将其全部 100 股已发行股份转换为 41 股 A 类普通股和 59 股 B 类普通股。随后，Kerr 公司股东 The Toronto Oak Trust 将其全部 Kerr 公司 B 类普通股按照 3. 75 亿美元的作价转让给其全资子公司 Ontario Inc. ，交易对价为 2158068 Ontario Inc. 的新增发行股份。

其股权结构如图 7 - 1 所示。

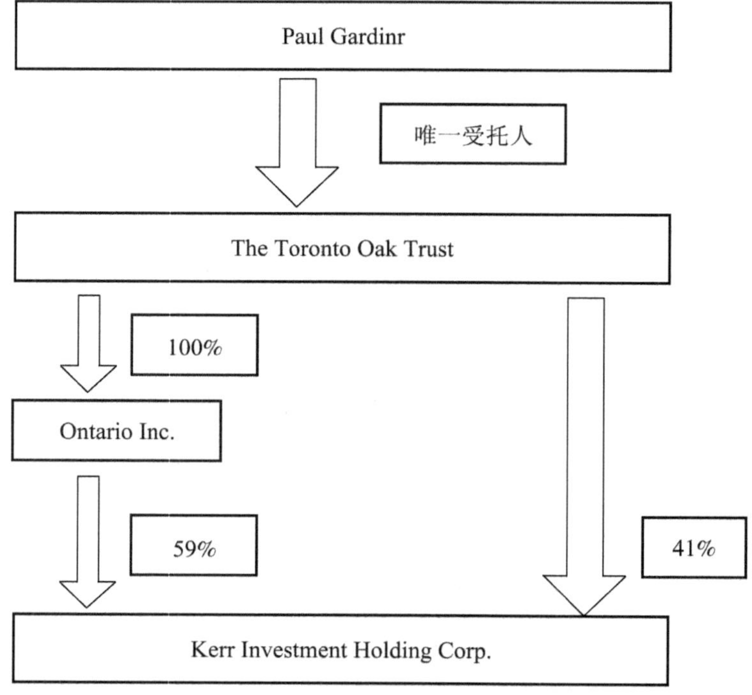

图 7 - 1　Kerr 公司股权结构图

作为全球最大的运动营养品牌，其主营业务为运动营养产品和体重管理产品的研发和销售。其中体重管理产品包含 Hydroxycut、Purely Inspired 等 4 个品牌，运动营养产品有 MuscleTech、Six Star 等 7 个品牌。主打产品中一类是蛋白增肌粉，一类是运动前后的膳食补充剂，第三类是体重管理产品。其中，MuscleTech 和 Six Star 的市场知名度最高。

Kerr 目前拥有差不多 350 名员工，并且拥有超过 60 项专利。其销售团队在加拿大、美国及澳大利亚拥有超过 70 名员工，主要销售区域以美国、加拿大等为主，并覆盖世界其他市场，产品销往全世界 130 多个国家和地区，其产品已入驻亚马逊、GNC、沃尔玛、沃尔格林、山姆会员店等零售商体系。在国内的天猫商城、各种健身专业网站、专业健身手机 APP 客户端，北上广等各大健身俱乐部，也都能见到公司品牌身影，目前线上终端网点数量超过了十万家。

2014 年度、2015 年度和 2016 年的 1—5 月，Kerr 营业收入分别是 24.21 亿元、25.68 亿元和 12.85 亿元，2015 年度比 2014 年度增幅为 6.07%，2016 年 1—5 月亦保持了较好的增长态势。净利润分别为 2.16 亿元、3.19 亿元和 1.66 亿元，2015 年利润增长 48%，增速较快。除去美元兑人民币汇率升值的外在影响，公司业绩较好的原因主要有多元产品线架构合理且明星产品表现突出，期间原料乳清蛋白价格的下降导致毛利率提升且市场推广由电视转到互联网导致效益提高。报告期内，Kerr 毛利全部来源于主营业务，综合毛利分别为 9.6 亿元、10.8 亿元和 5.8 亿元，毛利率分别为 39.8%、42.01% 和 45.10%，整体提升较快，主要是收入占比较高的 MuscleTech 和 Six Star 的毛利率提升较快所致。数据对比如图 7 - 2 所示。

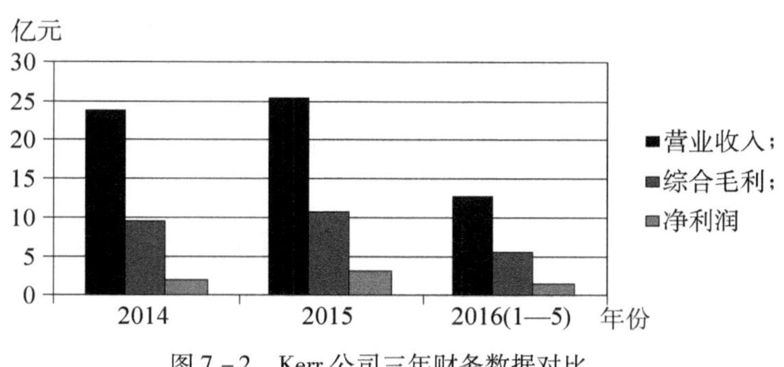

图 7 - 2 Kerr 公司三年财务数据对比

（三）并购过程

1. 并购目的

此次并购是西王食品海外发展的重要步骤，通过外延并购能主动进入营养保健领域这一新的市场，与现有主业食用油无太大产业链上下游上的关联，但通过国内外业务体系融合和协作，能引进国外先进的产品技术与经营管理思路，并更好掌握境外食品行业的市场、经营、法律与政策环境，加大了寻求海外食品油出口的可能性，加快了公司原有油类业务全球化的战略布局，拓宽产品的出口销售渠道，获取全球化原料成本优势及人民币贬值红利，创造收入新的增长点。

其次，国务院于 2016 年 6 月 15 日，印发了《全民健身计划（2016—2020 年）》，规划将全民健身计划提升为国家的重要发展战略，群众体育健身意识普遍增强，参加体育锻炼的人数明显增加，通过完善全民健身工作机制，加大资金投入与保障等措施，支持群众健身消费，运动营养与体重管理行业也将快速发展。

本次收购后公司将增加运动营养与体重管理健康食品业务，借助 Kerr 的资源优势推进公司国际化进程，增强全球竞争力，另外，西王食品也可利用国内销售渠道加快 Kerr 业务在中国市场的推广，实现公司海外和国内业绩均衡发展的战略目标。

随着经济全球化的发展，近年来我国也不断出台各种政策，鼓励企业“走出去”，据商务部公布的数据显示，2016 年上半年，我国共对全球 155 个国家和地区的 4 797 家境外企业进行了非金融类直接投资，累计实现投资 5 802. 8 亿元人民币，同比增长 58. 7%。这对于许多有能力的企业来说无疑是特别好的机会，开拓国际市场能使他们更加强大，发展更迅速，面对国内的并购潮，西王集团也乐于分一杯羹。

2. 收购时间表

2016 年 4 月份，西王集团从公开的市场信息了解到加拿大科尔（Kerr）公司将出售的消息，开始组织外围市场调查。

当 CEO 王棣聘请了境内外律师、审计师、券商、行业顾问等十多家咨询机构前去收购时发现，有着“杠杆收购天王”之称的 KKR 以及鼎晖、中粮、联想弘毅等国内外 20 多家知名企业早已经开始了第一轮询价竞标。为引起 Kerr 公司股东对这个名不见经传的中国公司的重视，西王集团在首次报价时故意报出了一个比较高的价格。此举果然吸引了对方的目光，进而双方有了初步交流。

2016 年 5 月，西王集团的重组团队进入科尔公司开始尽职调查。同时，董事长王勇邀请对方前来北京进行具体的并购谈判，并到企业总部山东邹平参观考察。但由于收购主体由西王集团变更为了下属上市公司西王食品，双方又进行了长达一个月的拉锯战，根据对方要求，西王食品找到信达出具了四五十亿元的贷款承诺函，这才使得对方相信西王食品的实力，谈判得以继续进行。

2016 年 6 月 1 日，西王食品发布关于股东进行股票质押式回购交易的公告。

2016 年 6 月 14 日，西王食品发布关于重大资产重组停牌公告，并于同日披露了关于收购 Kerr Investment Holding Corp. 100% 股份的公告。

2016 年 9 月 19 日，西王食品召开第十一届董事会第三十二次会议，审议通过了本次重大资产重组事项的相关议案。

2016 年 9 月 28 日，西王食品召开第十一届董事会第三十三次会议，审议通过了本次重大资产重组融资方面的相关议案。

2016 年 10 月 11 日，西王食品发布关于筹划重大资产重组股票复牌的公告，公司股票恢复交易。

2016 年 10 月 17 日下午，西王食品召开 2016 年第三次（临时）股东大会，审议通过了《关于收购 Kerr Investment Holding Corp. 100% 股份并签署股份购买协议及其附属协议的议案》。

自此，整个交易落下帷幕。

三、并购资金安排

根据交易方案披露，Kerr 100%的股权估值为7.3亿美元（约合48.75亿元），假设三年后Kerr每年EBITDA业绩达成，交易金额最高可达57亿元。

具体的收购步骤为，西王食品（000639.SZ）先与春华资本联合设立境内公司西王青岛，其中前者持股75%，后者持股25%；然后通过西王青岛在加拿大依次设立两家SPV公司，先行收购Kerr 80%的股权，之后在未来三年逐步收购Kerr剩余20%的股权。本次交易以全现金形式收购，首期交割后西王食品通过合资公司持有Kerr 60%的股权。

在跨境并购案例中，通常只能纯现金收购，融资安排因此成了整个交易中最核心的一环。西王食品通过“联合PE（私募基金）+两层并购贷款+股东借款+定增融资+Earn-out”五大手段安排，完美解决了资金问题。

引入了著名PE投资机构春华资本。春华资本不仅可以为交易提供部分资金，还可为交易提供宝贵的专业支持。

2016年7月22日，西王食品与春华资本签署了《投资协议》。这一《投资协议》为交易设计了整体方案，为交易设计了一个“框架”。《投资协议》约定，西王食品同春华景禧（春华资本为参与这一交易设立的有限合伙企业）联合设立境内合资公司西王青岛，并拟通过西王青岛的子公司加拿大SPV1及孙公司加拿大SPV2收购标的公司KERR首期80%的股份。西王青岛一开始注册资本为3.2亿元，其中西王食品认缴75%、春华景禧认缴25%。《投资协议》约定，后续上市公司与春华景禧向西王青岛增资后，持股比例应保持不变。如此一来上市公司才能通过西王青岛间接持有KERR 60%股权，实现并表。

然而本次交易西王青岛首期拟以5.84亿美元，约合人民币46亿元收购KERR 80%的股权。大体量的现金收购，仅靠上市公司与春华景禧的自有资金是不现实的。从《投资协议》中可以看出，一开始西王青岛已计划取得并购贷款。上市公司与春华景禧拟根据西王青岛取得的贷款额度，确定后续对西王青岛的增资款金额。上市公司与春华景禧向西王青岛的增资款金额，加上并购贷款，应当能覆盖本次交易的收购对价以及换汇、支付费用。

本次交易中另一重要角色便是过桥贷款提供方：宁波梅山保税港区信善投资合伙企业（有限合伙）。信善投资为交易合计提供贷款26.80亿元。贷款分为两笔，其中：向西王食品提供的贷款金额10.05亿元，期限12个月，利率为8.50%；向西王青岛提供的贷款金额16.75亿元，期限12个月，利率为8.50%。

根据公告披露，两笔贷款整体的增信措施是：上市公司质押了持有的西王青岛75%股权、春华景禧质押了持有的西王青岛25%股权、上市公司控股股东西王集团质押了1 700万股股票。西王糖业、西王药业、王勇夫妇、王棣夫妇为本次借款提供连带责任保证，同时上市公司对西王青岛的借款承担共同还款义务。公告披露，西王集团持有的上市公司1 700万股已于2016年10月24日质押给信善投资，质押到期日为2017年10月23日。并购资金安排框架如图7－3所示。

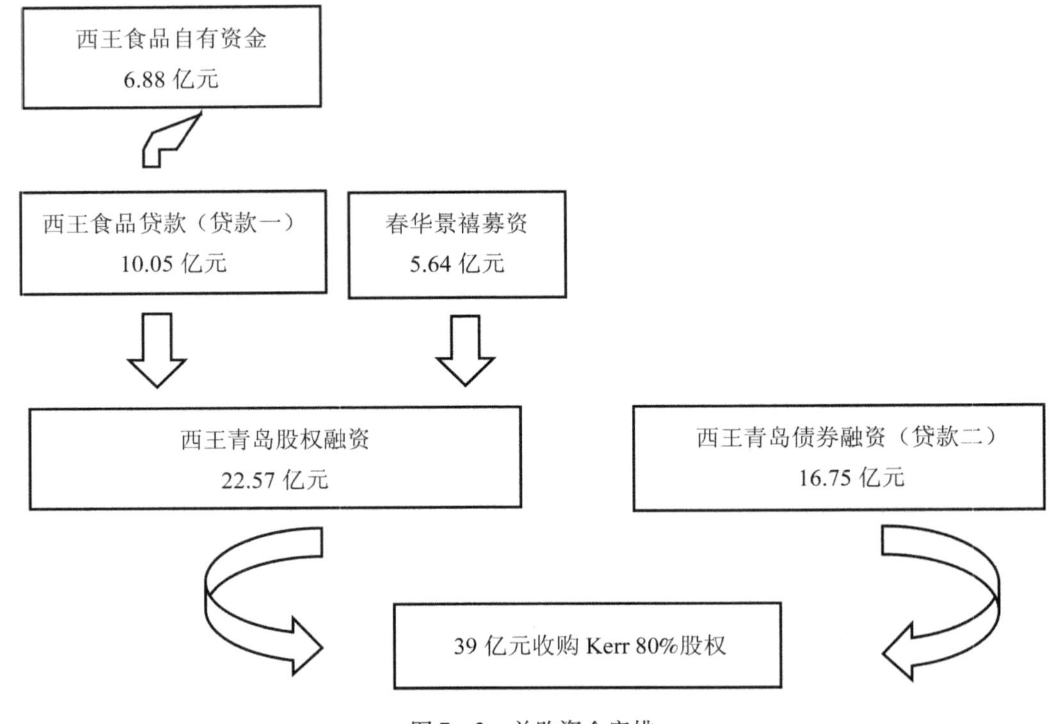

图 7－3　并购资金安排

综上，在交易中，如果西王将授信额度全部用满，上市公司仅需出资约 6.88 亿元，便撬动了如此大规模的跨境交易。

另在本次交易中还有一个极为巧妙的安排，即将剩余 Kerr 20% 的股份进行留存，以类似业绩对赌的 Earn-out 方式分三年支付（依次 5%，5%，10%）。这样也极大地缓解了上市公司的筹款压力。

另外，西王食品在 9 月 20 日《重组报告书》披露的同时，发布了 16.7 亿元的定增预案，该笔资金到位后将置换对外贷款，这为信达的退出多提供了一层保障。

至于春华资本的退出，根据约定，未来可通过现金、有价证券或其他形式由西王食品或其指定第三方收购春华资本在合资公司中的所有股权，实现其退出。可以想象的是 PE 机构春华资本要求的收益将远高于以债权形式介入的信达。

四、对案例的思考

（一）西王与 Kerr 强强联手的原因

回顾整个交易过程，两个公司能联手，其根本原因是双方利益一致，Kerr 在并购前遇到的问题之一便是市场的瓶颈，而中国市场作为最大的国际市场，其诱惑力可想而知。而对于西王来说，Kerr 公司出色的产品及发展前景，更能帮西王迅速发展。

从康宝莱在中国经营的情况来看，运动营养产品和体重管理产品在中国可取得极大成功，2001 年年底，康宝莱产品在中国市场开始销售，第一年销售额为 1700 万人民币。2015 年，在中国市场全年销售总额为 8.46 亿美元，年复合增长率达 51%。而西王的帮助能使 Kerr 更好更快地占领这一庞大市场！

在西王看来，Kerr 公司之后的业绩拥有高增长的可能性。其优势体现在四个方面：①全球市场广阔，尤其是中国市场发展空间大。如果按 Kerr 目前在中国 10% 的市场占有率测算，到 2020 年，Kerr 运动营养产品和体重管理产品可在中国开拓的市场规模达 12.60 亿美元，相当于 Kerr 公司 2015 年总收入 4 亿美元的 3 倍多。从市场操作层面来看，Kerr 在国内实现高速增长也值得期待。一方面，MuscleTech 在中国市场已有一定影响力，在没有任何推广的情况下，MuscleTech 从 2015 年 4 月到 2016 年 4 月在中国的销售额为 1.78 亿元。另一方面，运动营养产品和体重管理产品主要是线上销售，不需要很多业务人员。公司只需大力做好品牌推广，线上销售就能被拉动起来。②品态的延伸，可以满足更多消费人群。Kerr 公司目前开发的产品主要是固态，未来会考虑开发液态饮料（类似功能性饮料），以方便用户的日常生活，达到满足更多的消费人群。根据 Euromonitor 数据，2015 年，我国功能性饮料实现销售额 606 亿元，行业空间很大。③盈利能力仍有很大提升空间。Kerr 是全球保健食品的领先品牌，但与 A 股上市公司汤臣倍健比，公司盈利能力明显偏低。2015 年，Kerr 毛利率为 42%，净利率为 12.42%，远低于汤臣倍健毛利率 66.28%、净利率 27.38% 的水平。西王收购 Kerr 后，在国内有望将产品定位提高，毛利率有望高于汤臣倍健，公司盈利能力和净利润增速都有望大幅提升。④持续的产品创新与研发，增进公司业绩。Kerr 公司一直致力于产品的研发与创新，未来有望继续开发其他功能方面的产品，在国内市场，有望推出符合中国居民消费习惯的产品。

（二）并购后的整合问题

并购交易的完成并不代表企业战略追求的目的已经达到，关键是要看企业并购之后的整合效果。所谓并购整合，就是并购双方在并购战略愿景的驱动下，采取一系列战略措施、手段和方法，对企业要素进行系统性的融合和重构，并以此来创造和增加企业价值的过程。

海外并购容易出现的首先是制度问题，由于海外管理经验的缺乏，在并购之后不能明确海外公司治理结构（海外公司职权范围、决策机制、海外高管派遣机制等）的情况下进行并购整合，导致在整合过程中信息流和业务流的断裂；其次，文化的差异使得并购企业缺乏跨境跨文化的管理经验，缺乏熟悉相关运营环境的高管，不能及时处理并购后发生的文化习惯和管理风格差异等具体问题，阻碍了中国企业海外整合目标的实现。

综上，对于像西王食品这样的上市企业来说，并购其他优质公司固然是企业最快速的发展渠道，海外并购也会为企业带来开拓新市场的机会。但风险总是伴随着机会，收购方不能只看到标的方利好的一面，还要思考并购完成后可能存在的问题，例如：子公司是否会水土不服……诸如此类。所以企业应当理性思考，通过良性发展而不是盲目扩张去逐步扩张。

五、问题讨论

1. 西王食品并购 Kerr 是属于哪一类型的并购?
2. Kerr 的估值是否合理? 为什么?
3. 西王食品在并购中的融资方式有何特点?
4. 对本案例中企业并购绩效进行分析。
5. 从西王食品利用资本运作收购 Kerr 的案例中我们可以得到什么启发?

六、参考资料

[1]《西王食品:Kerr Investment Holding Corp. 2014 年度、2015 年度及自 2016 年 1 月 1 日至 2016 年 5 月 31 日止期间财务报表》.
[2]《西王食品股份有限公司关于收购 Kerr Investment Holdings Corp. 80% 股权完成交割的公告》.
[3]《西王食品股份有限公司 2016 年年度报告》.
[4] 易欣:"海外并购的理性思考",《矿业装备》, 2016 年第 10 期.
[5] 钱鑫、朱信凯:"中国企业海外并购的动因分析",《现代管理科学》, 2015 年第 6 期.
[6] 朱筱珊:中国并购市场去年交易金额与交易数量再创新高,证券时报网.
[7] 余春生:西王食品深度报告——管理层发展思路清晰,Kerr 有望实现高速增长,国海证券.
[8] 戴佳娴、黄巍、陈梦瑶:深度专题:西王食品——海外并购进军运动营养 & 体重管理/内外兼修关注主业稳增 & 站上潮头的现状,中信食品饮料.
[9] 并购汪:定增过会!西王食品:57 亿跨境 LBO 完美落地,并购汪研究中心.
[10] 陈旭光:如何解决并购交易中的估值分歧?——Earn-out 研究、法律与金融探索.

［案例说明书］

一、本案例关键问题

本案例的亮点就是西王食品收购 Kerr 的资金安排方案，引导学员关注的主要问题就是西王食品如何利用多渠道筹资手段支付高额收购金额问题、海外并购面临的风险、对被并购方的判断选择以及并购后业务整合问题等。帮助学员熟悉企业并购的基本理论，并购融资模式和资金安排。结合该案例的结果对其实施该项并购的经济后果进行分析，最后对此次并购进行评价。

二、案例讨论的准备工作

为实现本案例的教学目标，学员应在案例讨论前通过预发材料了解相关知识背景。

（一）理论背景

企业并购基本理论：定义、分类；并购中价值评估方法；并购融资、并购绩效分析。

（二）行业背景

国内保健品行业发展特点；国内保健品行业有待发展，市场空间大；国内其他保健品公司财务状况概况；食用油行业趋于稳定。

（三）制度背景

《资产评估准则——企业价值》（中评协［2011］227 号）；《上市公司重大资产重组管理办法》；《上市公司收购管理办法》。

三、后续发展

国内上市公司在跨境并购中进行杠杆融资（LBO）操作，可有效解决资金问题。但执行此项操作花费的财务费用很高。在西王食品并购 Kerr 的交易里，虽然交易的财务费用不低，Kerr 的业绩较好，但上市公司的业务还是在高速增长。如果西王食品定增完成，财务费用将进一步降低，业绩有望继续提升。

西王食品的想象空间并未到此为止。Kerr 的几大主打品牌 Muscle Tech 和 Six Star 等在国内销售仍处于发力期。现在还不能得知 Kerr 的产品的国内销售规模可以增长到多大。

在 2016 年 12 月，西王食品还与春华资本合资成立了北京奥威特公司。西王食品在合资公司中的持股比例为 80%。北京奥威特公司的主要任务为 Kerr 产品的国内销售。根据西王食品 2017 年半年报，北京奥威特净利润仅为 292 万元。只从这个数字来看，北京奥威特的业务仍处于起步阶段。目前还不能得知北京奥威特的业务进展到了哪一步，但可以肯定，北京奥威特的业务可能还将继续发展。

春华资本在这个交易里能获得的收益，一部分将来自并购基金西王青岛 25% 股份的价值增长，另一部分将来自北京奥威特20%股份的价值增长。北京奥威特日后的业绩，将极大地关系到春华资本的退出回报。

西王食品收购加拿大Kerr这一事件并未真正结束，还要静待它的后续发展。

四、教学组织方式

（一）问题清单及提问顺序、资料发放顺序

本案例讨论题目依次为：

1. 西王食品并购Kerr是属于哪一类型的并购？
2. Kerr的估值是否合理？为什么？
3. 西王食品在并购中的融资方式有何特点？
4. 对本案例中企业并购绩效进行分析。
5. 从西王食品利用资本运作收购Kerr的案例我们可以从中得到什么启发？

正文材料提前发放给学员，提出问题，请学员课前阅读并自行搜集相关资料，对本案例有初步的思考与理解。

（二）课时分配

本案例课的课堂时间建议为140—170分钟，共分为四个阶段，各阶段用时可根据实际情况作出调整，本安排仅供参考。

课堂第一阶段：教师带领学员详细了解本案例，提出讨论的具体要求，之后将学员进行分组，展开分组讨论。此阶段时间为30分钟左右。

课堂第二阶段：各小组自由讨论、解答五个问题，教师可做适当指导。此阶段时间为60分钟左右。

课堂第三阶段：各小组选取一位发言人，阐述该小组最终观点及答案，且小组间进行互评或发表不同意见。此阶段时间为30—50分钟。

最后，由教师进行总结。此阶段时间为20—30分钟。

（三）讨论方式

本案例采用小组式的讨论方式，通过讨论达成组内一致，形成最优答案。

（四）课堂讨论总结

课堂结束前教师与学员共同对课堂用到的知识点、技能、过程和方法、情感态度与价值观进行总结是非常有必要的。好的总结，能使学生更牢固地掌握学习过的内容，且对学习的知识起到画龙点睛的归纳作用。本次课堂讨论总结需注意的是：教师要给出自己对本案例的理解，并根据各小组发言情况，进行归纳总结，就不同小组间的争论点给出点评，就如何运用理论知识去解决实际问题提出建议，并引导学员学会对类似案例进行研究，鼓励学员多对案例进行后续跟踪。

案例 8

赔了夫人又折兵：明牌联姻好屋*

---

* 1. 本案例由广东工业大学管理学院的许金花，王文姣等共同撰写，作者拥有著作权中的署名权、修改权、改编权。

2. 将本案例授权予广东工业大学产教融合 MPAcc 教学智库实验平台使用，广东工业大学产教融合 MPAcc 教学智库实验平台享有复制权、修改权、发表权、发行权、信息网络传播权、改编权、汇编权和翻译权。

3. 由于企业保密的要求，在本案例中对有关名称、数据等做了必要的掩饰性处理。

4. 本案例只供课堂讨论之用，并无意暗示或说明某种管理行为是否有效。

[案例封面]

专业领域： 财务管理

适用课程：《财务会计理论与实务》《财务管理理论与实务》

选用课程：《财务会计理论与实务》

编写目的： 本案例旨在引导学生从中国资本市场实践的视角关注公司的并购以及利润对赌行为。通过本案例，一方面可了解在上市公司并购中对赌协议如何运用；另一方面，当出现对赌协议中没有达到预定的目标，并购公司的长期股权投资的减值准备应该如何进行会计处理。

知 识 点： 并购；对赌协议；长期股权投资减值准备

关 键 词： 对赌协议；利润承诺；长期股权投资减值准备；并购

中文摘要： 众所周知，长期股权投资是资本市场并购中十分常见的一种投资方式，而通过设立对赌来保障自身是长期股权投资的一种常见形式。但是，通过对赌获得现金补偿来保护股权投资的安全具有很大的不确定性，同时，还存在长期股权投资减值的隐藏风险。在会计处理中，资产减值一直处于易燃易爆易炸裂地带，即使企业的会计处理不违反会计准则，最终数据依然可能天差地别，此时会计处理的可调节性较大，值得大家关注。当对赌无法完成时，面对的将是高额的长期股权投资减值。因此，需要高度关注在后续减值时的会计处理。

［案例正文］

看到公司的财务报告的时候，明牌珠宝股份有限公司创始人兼实际控制人虞阿五和虞兔良父子连连叹气，公司业绩下滑惨重，也明白为什么今年公司如此不景气。明牌珠宝作为传统珠宝企业龙头，主要从事黄金珠宝首饰的设计、生产和销售，主要产品为黄金珠宝首饰。近年来，受到黄金珠宝首饰行业大环境的影响以及互联网对传统销售渠道的冲击，公司的利润大幅下降。虞阿五和虞兔良父子站在办公室的窗前，感叹道，要投资！该转型了！不能坐以待毙啊！

一、背景简介

（一）我国珠宝行业现状分析

中国是世界上最重要的珠宝首饰生产国和消费国之一。随着中国经济的发展、人民消费水平的提高，珠宝首饰正在成为继住房、汽车之后中国居民的又一消费热点。根据统计，我国珠宝玉石首饰行业规模从2009年的2 200亿元增长到2015年的5 000亿元以上，成为全球珠宝玉石首饰行业增长最为明显的国家之一。目前我国已成为仅次于美国的世界第二大珠宝首饰市场，一些重要珠宝产品的消费已居世界前列。中国2009—2015年国内珠宝行业规模（亿元）的变动情况如图8－1所示。

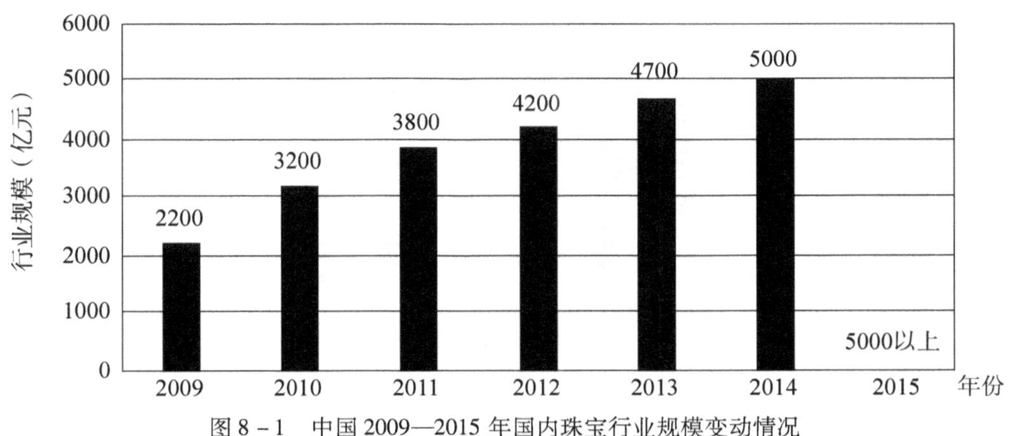

图8－1　中国2009—2015年国内珠宝行业规模变动情况

我国珠宝首饰行业的发展，从时间来看，可以大致分为三个阶段，如表8－1所示。

（二）中国“互联网＋”房产行业分析

2005—2015年，在我国国民经济快速发展和城镇化快速推进的宏观背景下，我国商品房销售面积和商品房销售额呈现增长趋势。2014年，我国商品房销售面积和商品房销售额分别为120 649万平方米和76 292亿元。2015年商品房销售面积和商品房销售额分别为128 495万平方米和87 281亿元，同比增长11.2%，如图8－2所示。

2011年以来，移动互联网、大数据逐步在房地产电子商务业中得以应用。移动互联网以其准确、高效的信息提供能力降低了房地产流通环节的信息成本，打破了时间与空间

表 8－1　珠宝行业发展阶段

第一阶段	从 1982 年到 1993 年	该阶段属于行业发展初期，市场上珠宝产品主要以黄金饰品为主，销售供不应求，而且销售渠道比较分散，国际品牌“卡地亚”也是在这个时期进入中国的
第二阶段	从 1993 年到 2003 年	该阶段行业进入发展期，一些知名品牌如“蒂芙尼”“周生生”和“周大福”等进入国内市场，行业竞争加剧，大多数的企业被淘汰，但许多企业也开始注重设计研发和品牌建设
第三阶段	从 2003 年至今	该阶段属于行业快速发展阶段，自 2002 年上海黄金交易所的开业和 2007 年中国证监会批准上海期货交易所上市黄金期货等相关政策的实施，标志着中国黄金市场走向全面开放，珠宝市场也随之开始全面发展，开始出现细分市场，一些品牌企业如潮宏基、明牌珠宝、周大生和曼卡龙等开始逐渐涌现，销售渠道也逐渐集中，形成了一个多层次的珠宝市场

资料来源：中国产业信息网。

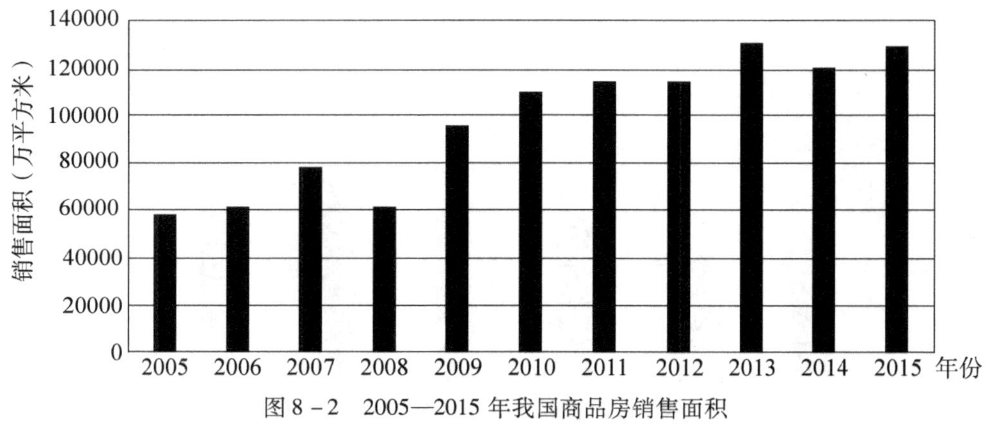

图 8－2　2005—2015 年我国商品房销售面积

对行业信息传播的限制。在市场竞争加剧的时期，房地产电商企业一方面利用互联网数据帮助开发商、房地产中介主动了解客户信息并制定战略，另一方面提供各类交易增值服务，增强房地产交易过程中的客户体验。房地产电商模式提升了房地产流通服务业的效率，成为了行业一大发展趋势。

（三）并购相关理论概述

1. 对赌协议

对赌协议（估值调整协议）是投资方与融资方在达成协议时，双方对于未来不确定情况的一种约定。如果约定的条件出现，投资方可以行使一种估值调整协议权利；如果约定的条件不出现，融资方则可以行使该权利。所以，对赌协议实际上就是期权的一种形式。

PE 机构对目标企业投资时，往往按 P/E（市盈率）法估值，以固定 P/E 值与目标企业当年预测利润的乘积，作为目标企业的最终估值，以此估值作为 PE 投资的定价基础；PE 投资后，当年利润达不到约定的利润标准时，按照实际实现的利润对此前的估值进行调整，退还 PE 机构的投资或增加 PE 机构的持股份额。

投资时，目标企业或原有股东与 PE 机构就未来一段时间内目标企业的经营业绩进行约定，如目标企业未实现约定的业绩，则需按一定标准与方式对 PE 机构进行补偿。

由于私募投资的估值方法通常是以利润为指向的 PE 法，所以最为常见的对赌，就是选择利润指标为杠杆，按照利润指标的达成情况，对投资方或目标公司控制人（或管理层）予以股权调整或货币补偿。

但在投融资实践活动中，尤其境外资本市场，对赌的对象和工具都非常宽泛，对赌对象主要是预期利润，由于基金投资的议价通常以利润的 PE 倍数为标准①，预期的利润就成了最为常见的对赌目标，一般是经具有证券从业资格的会计师事务所审计确认的税前利润。

2. 长期股权投资减值判定计量

根据《企业会计准则第 8 号——资产减值》：“企业应当在资产负债表日，判断资产是否存在可能发生减值的迹象。”

会计准则也不是规定所有的长期股权投资都要减值，原则上，企业应当定期对长期股权投资的账面价值逐项进行检查，至少于每年年末检查一次，并根据谨慎性原则的要求，合理地预计各项长期股权投资可能发生的损失，提取长期股权投资减值准备。如果发生下列具体迹象，就必须减值：

（1）资产的市价当期大幅度下跌，其跌幅明显高于因时间推移或正常使用而预计的下跌；

（2）企业经营所处的经济、技术或者法律等环境以及资产所处的市场已经或将要发生重大变化，而对企业产生不利影响；

（3）市场利率或者其他市场投资的报酬率在当期已经提高，影响计算资产预计未来现金流量现值；

（4）有证据表明资产的经济绩效已经低于或者将低于预期。

二、案例简介

“地王”拍卖屡创新高、上市公司卖房便可保壳、6 平方米“鸽子笼”户型叫价 88 万元……我国当前的房地产市场几乎陷入了疯狂状态。普通百姓都为房子日夜操劳，上市公司自然也难以无动于衷。继万科的“野蛮人”入侵以来，地产股似乎成了香饽饽，而房地产电商平台苏州好屋中国近期也被珠宝公司明牌珠宝瞄上了。

① 来源：股权投资论坛。

（一）交易双方简介

1. 标的公司苏州好屋中国简介

好屋中国是国内领先的房地产电商平台和全民众销平台之一，拥有领先的商业模式和较强的管理团队。好屋中国通过商业模式创新，整合大量优质房源、经纪人团队及客户资源，利用强大的数据资源平台，为客户提供房产销售、金融支持、大数据增值服务一体化的全面服务，已成为国内领先的“房产＋金融＋大数据增值服务”O2O平台之一。

截至2015年9月30日，好屋中国已完成了全国62个大中城市和4个海外城市的布局，电商平台汇聚了包括中海、万科、绿地、保利、华润、招商地产、世茂等100多家品牌开发商输送的优质房源、10 000多家专业机构的共享房产数据、400多万经纪人（包括社会经纪人和专业经纪人）的数据和专业服务。同时好屋中国还提供了金融、好屋大学、全媒体等支持体系，为客户提供了新房、二手房、金融、大数据等服务，构建“房产＋金融＋增值服务O2O生态系统”。好屋中国目前的业务构成包括一手房业务、二手房业务、房地产金融、大数据增值服务等四个方面。

本次交易前，汪妹玲女士、严伟虎先生分别持有好屋中国23.25%、22.50%的股份；汪妹玲、严伟虎夫妇合计持有好屋中国45.75%的股份，为好屋中国的实际控制人。本次交易前，好屋中国的股东结构如图8－3所示。

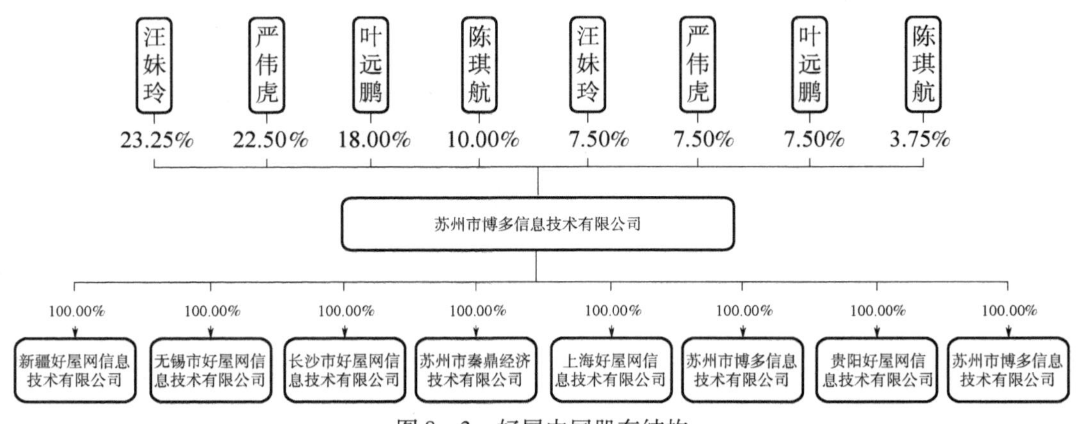

图8－3 好屋中国股东结构

2. 收购方——明牌珠宝

明牌珠宝股份有限公司主要从事中高档贵金属和宝石首饰产品的设计、研发、生产及销售，核心业务是对“明”牌珠宝品牌的连锁经营管理，采用直营、加盟和经销业务模式。2016年，我国宏观经济发展更趋复杂，居民消费意愿持续降低，给黄金珠宝零售市场带来更大压力；经营环境的变化，推动了市场、企业的转型和变革，新兴消费需求和特点有望成为未来珠宝行业的增长机遇。面对众多不利因素，公司围绕发展战略，主动调整经营策略，积极防范经营风险，加大新兴业务投入，并努力寻求投资机会，谋求公司未来发展的更广阔空间。

报告期内，公司实现营业收入（也称营收）3 350 374 171.89元，同比下降36.06%，实现归属于上市公司股东的净利润43 713 826.38元，同比下降28.69%；截至2016年底，公司总资产4 921 481 006.26元，同比减少0.59%，归属于上市公司股东的净资产3 072 884 837.47元，同比增加0.61%。明牌珠宝股权结构如图8－4所示。

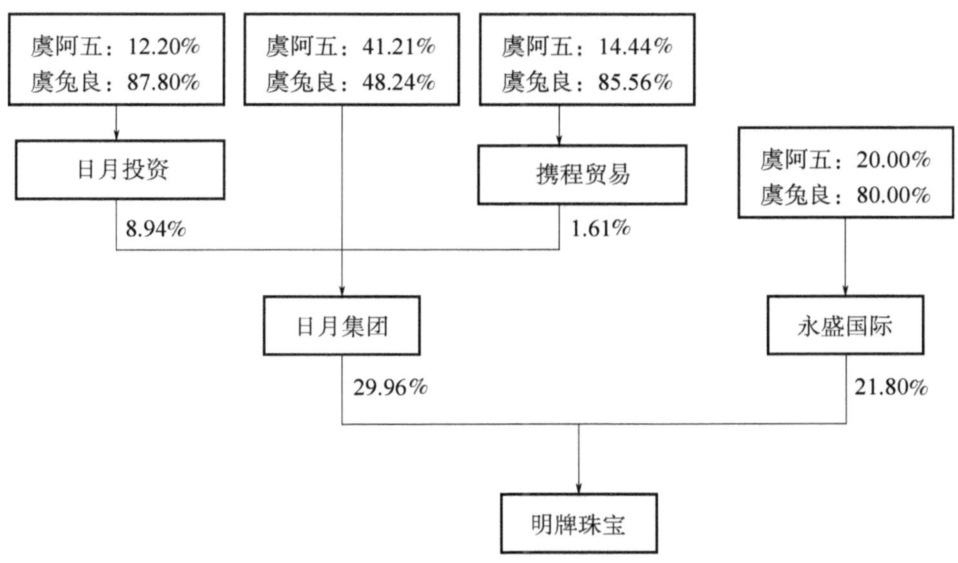

图8－4　明牌珠宝股权结构图

（二）收购过程

1. 收购目的

（1）互联网正在深入影响传统商业模式，对传统珠宝行业提出新的要求。丰富的互联网在线生活使人们的生活习惯、消费行为正发生巨大变化，便捷、快速的互联网接入了每个人的生活，也引导着每个人的消费需求。一方面，传统商业模式下的珠宝企业如果仅仅依靠线下实体店经营，将面临传统门店客流量日渐减少的情况；另一方面，珠宝类贵重商品，线上消费者对产品的认知缺乏真实、直接的认识，传统第三方在线平台对珠宝类贵重商品的线上消费行为的引导相对不足。在互联网浪潮中，公司积极推进珠宝业务“互联网＋”，积极与国内领先的互联网平台和管理团队交流与合作，实现共赢。

（2）参股好屋中国，有助于公司整合优秀的互联网团队资源，积极助推公司实施“互联网＋”战略。公司将与好屋中国在互联网领域中涉及技术、市场、营销、管理等方面进行交流，发挥双方优势，对公司全面建设“珠宝互联网＋”平台、升级公司营销模式、实现公司稳健发展具有重要意义。

（3）参股好屋中国，将实现公司在新经济产业领域的投资突破，拓宽公司的业务范围，有利于公司形成多元化的投资生态和业务生态。

2. 交易过程概述

2015年12月，公司通过增资及受让老股方式取得苏州好屋25.00%的股权，战略投资电商平台。2016年9月，公司经过审慎决策，拟通过发行股份及支付现金购买资产的方式收购苏州好屋75.00%的股份，借助资本市场力量加强整体战略推进。本次收购完成后，苏州好屋将成为公司的全资子公司。本次交易是公司积极稳妥推进互联网电商发展战略的一部分。

（1）定价依据及价格。结合标的公司实际情况，经各方协商确定，截至协议签署日，标的公司全部股权价格为 250 000.00 万元。本次股权转让和增资同时进行：即公司受让交易对方合计持有标的公司 16.00 万元出资额，转让价格合计为 40 000.00 万元；与此同时，公司以自有资金 30 000.00 万元（以下简称“增资款”）溢价认购标的公司新增注册资本 12.00 万元；增资款中的溢价部分 29 988.00 万元记入标的公司的资本公积。

（2）支付方式。本次增资款一次性支付，公司应在协议签署完成后 3 个工作日内将增资款 30 000.00 万元汇入标的公司账户；同时，本次股权转让款一次性支付，公司应在本协议签署完成后 3 个工作日内将股权转让款 40 000.00 万元分别支付到交易对方指定的账户，交易对方的股权转让收益所涉及的个人所得税由其自行及时向主管税务机关申报缴纳。

（3）盈利承诺及补偿。除陈琪航外的其余交易各方（以下简称“盈利承诺方”，即汪姝玲、严伟虎、叶远鹏、陈兴、董向东、黄俊、刘勇）向公司承诺：盈利承诺期间为 2016 年度、2017 年度、2018 年度，2016 年度、2017 年度、2018 年度标的公司实现净利润（标的公司合并报表扣除非经常性损益后的归属于母公司所有者的净利润为计算依据，下同）分别为 18 000 万元、25 000 万元、32 000 万元，盈利承诺期间的承诺盈利数总和为净利润 75 000.00 万元。

公司将聘请具有证券期货业务资格的会计师事务所对标的公司在补偿期限内各年度实现的净利润出具《专项审计报告》，以确定标的公司在盈利承诺期间内各年度实际实现的净利润。

盈利承诺期间的每个会计年度结束时，如标的公司在上一会计年度实际盈利数小于上一会计年度承诺盈利数，则公司应在上一年度的年度报告披露之日起 10 个工作日内，以书面方式通知盈利承诺方，上述通知一经发出，即构成出让方不可撤销的补偿义务，盈利承诺方应向公司进行现金补偿。盈利承诺方上一会计年度应补偿的金额按照以下方式进行计算：

某盈利承诺方的现金补偿额 =（上一会计年度承诺盈利数 - 上一会计年度实际盈利数）÷盈利承诺期间的承诺盈利数总和 × 本次股权转让和增资后标的公司的全部股权价格 × 本次股权转让和增资后公司合计持有标的公司的股权比例 × 某盈利承诺方所出让的出资额 ÷ 盈利承诺方所出让的出资额之和 - 某盈利承诺方已支付现金补偿额

三、案例分析过程

（一）珠宝营收与利润双降，卖首饰挣钱越来越难

浙江明牌珠宝股份有限公司（以下简称明牌珠宝）是一家专业从事珠宝首饰的设计、生产和销售企业。由于经济增速持续趋缓、消费意愿降低等因素，作为非刚需品的珠宝市场承压。如果线上珠宝销售渠道没有取得重大突破的话，单单继续依靠线下珠宝业务维持运转，公司未来的发展将令人担忧。公司数年来的业绩整体表现如表 8 - 2 所示。

表8－2　明牌珠宝2013—2016年财务状况　　单位：千万元

年份	资产总额	负债总额	所有者权益总额	营业收入	扣非净利润	经营性现金流量净额
2013	486.4	199.4	286.9	855.8	6.383	85.3
2014	500.2	195.3	304.9	684.2	16	37.1
2015	495.1	189.7	305.4	524	0.61	34.6
2016	492.1	185	307.2	335	0.00099	25.9

公司营收在2013年达到高峰之后，2014年、2015年连续两年同比快速下滑。2014—2016年，公司营业收入为68.42亿元、52.4亿元、33.5亿元；净利润为2亿元、6 129.86万元、4 371.38万元；经营性现金流量净额为3.71亿元、3.46亿元、2.59亿元。这不断下滑的业绩，就够让人糟心的了，再看它的扣非净利润：1.6亿元、610.64万元、0.99万元。别看一年营业收入几十亿，要不是有“非经常性损益”撑着，可就要在亏损边缘挣扎了。

（二）高位接盘苏州好屋，机会还是陷阱？

财务数据显示，2015年，明牌珠宝的主业已经明显疲软，当年营收50亿元，扣非净利润仅为610.64万元。这个数字，显然是它不希望看到的，堂堂上市公司，这样下去怎么能行。于是，明牌珠宝想到了投资，而且还是跨界投资。

2015年12月25日，明牌珠宝以4亿元收购苏州好屋16万元股权，其次再增资3亿元，共出资7亿元，获取苏州好屋25%的股权。苏州好屋是一家互联网房地产经纪公司，明牌珠宝称，对其进行股权投资是为了推进“互联网+”，战略意义相当重大。

据公告，苏州好屋于2014年、2015年及2016年上半年分别实现营收为4.7亿元、5.7亿元及2.9亿元，实现净利润分别为479.8万元、249.6万元及8 150.7万元。

2016年6月30日，苏州好屋未经审计的归属于母公司所有者权益为4.85亿元，预估值为32.5亿元，预估增值27.65亿元，预估增值率为570.15%。

对明牌珠宝来说，这么高的溢价，可谓是高位接盘，明牌珠宝为了转型，也是下了血本。而评估价的基准，则是上半年的收益表现和未来三年的预期收益表现来进行的。苏州好屋今年上半年的净利润较去年全年即已暴增逾31.7倍，那么下半年和明年的增长速度会如何呢?

（三）标的公司数据“掐架”遭深交所问询

一年时间内，分两次收购一家公司，然而，标的方好屋中国先后披露的数据却存在较大差别。(注：第二次收购75%好屋中国股权方案已经终止)

第一次收购时，披露数据显示，2013年，好屋中国营收2.42亿元，净利润501万元；2014年，好屋中国营收6.49亿元，净利润2 338万元。2015年前三季度，好屋中国营收5.87亿元，净利润4 001万元。

从这组数据上看，三个结算周期中，无论是营收还是净利润，好屋中国都处于快速上升期。

第二次收购时（注：现已终止收购），明牌珠宝披露数据显示，2014 年，好屋中国营收 4.74 亿元，净利润 479 万元；2015 年，好屋中国营收 5.66 亿元，净利润 249 万元；2016 年上半年，好屋中国营收 2.92 亿元，净利润 0.82 亿元。

另外，在两份公告中，上市公司均标明为“未经审计数据”。对比不难发现，和第一次收购相比，好屋中国给出的 2014 年营收数据出现了大面积缩水。另外，根据数据，好屋中国 2015 年前三季度净利润还是 4 001 万元；而到了第二次收购时，2015 年全年净利润却仅有 249 万元。

换句话说，去年四季度，到底发生了什么才导致好屋中国当季亏损 3 750 万元左右，不得而知。

就上述问题，10 月 17 日，10 月 14 日，深交所给停牌中的明牌珠宝发来了问询函。

在整体估值上，深交所指出，去年年底，明牌珠宝收购好屋中国 25% 股权时，整体估值 28 亿元；此次收购，好屋中国整体估值已达到 32 亿元。短短半年之内，好屋中国估值上涨 4 亿元，深交所要求明牌珠宝对具体原因与合理性进行披露。而关于两份收购公告中数据掐架的问题，深交所也指出，“上述及其他主要财务数据均与预案披露的财务数据存在较大差异，请逐项详细说明差异的原因与合理性”。

针对收购中不同业绩承诺的数据，深交所还要求明牌珠宝，“详细说明相关业绩补偿义务人针对好屋中国 25% 与 75% 的股权是否分别执行两项业绩承诺，如是，请说明其合理性，并进行重大风险提示”。

（四）蹊跷的利润承诺

选中高价收购好屋中国，明牌珠宝无疑是希望后者改善上市公司的盈利能力，而在业绩承诺方面，从事房地产中介的好屋中国也毫不含糊。

2015 年年底，明牌珠宝收购好屋中国时，好屋中国承诺，2016 年度、2017 年度、2018 年度标的公司实现净利润分别为 1.8 亿元、2.5 亿元、3.2 亿元，盈利承诺期间的承诺盈利数总和为净利润 7.5 亿元。

另外，好屋中国还预计，2015 年全年，营业额为 9 亿～10 亿元，净利润在 0.8 亿～1 亿元之间。查阅明牌珠宝年报发现，上市公司并未披露好屋中国当年的营收数据。

此次收购，按照好屋中国披露的最新数据显示，2015 年，公司营业收入 5.66 亿元，净利润 249 万元，和之前预计数据相差甚远。本次收购中，好屋中国承诺 2016 年末、2017 年末、2018 年末、2019 年末，经审计的扣除非经常性损益后归属于母公司所有者的净利润分别为不低于 1.9 亿元、4.4 亿元、7.6 亿元、11.6 亿元。

盈利承诺期间的每个会计年度结束时，若苏州好屋在上一会计年度实际盈利数（指经具有证券期货业务资格的会计师事务所审计确认的扣除非经常性损益后的归属于母公司所有者的净利润）小于上一会计年度承诺盈利数，盈利承诺方应向公司进行现金补偿。盈利承诺方上一会计年度应补偿的金额按照以下方式进行计算：

某盈利承诺方的现金补偿额 =（上一会计年度承诺盈利数 - 上一会计年度实际盈利数）÷ 盈利承诺期间的承诺盈利数总和 × 本次股权转让和增资后苏州好屋的全部股权价格 280 000 万元 × 本次股权转让和增资后公司合计持有苏州好屋的股权比例 25% × 某盈利承诺方所出让的出资额 ÷ 盈利承诺方所出让的出资额之和 - 某盈利承诺方已支付现金补

偿额。

比照两次数据发现，好屋中国股东对前三年承诺数据业绩进行了不同程度的上调，其中2017年和2018年几乎翻倍。

（五）高估值长投失败后的血泪

2016年，苏州好屋仅完成1.31亿元净利润。2017年1—9月，它仅实现净利润8 460万元，按今年的2.5亿元对赌要求来看显然是不可能完成的任务。仅仅只看明牌珠宝今年的收益，这次投资似乎不亏。

按权益法核算，它获得投资收益3 559.42万元，其次，还有业绩对赌的现金补偿4 597.45万元。收到4 597.45万元的现金补偿看起来比公司完成业绩还多拿3 500多万元。然而，对赌业绩差了近5 000万元，这笔长期股权投资依然要减值。

2016年年报，这笔长期股权投资计提减值准备1 156.29万元。2017年上半年，再度计提5 438.71万元长期股权投资减值准备。

2016年，苏州好屋承诺业绩1.8亿元，完成1.31亿元；2017年，苏州好屋承诺业绩2.5亿元，上半年仅仅完成4 503.57万元。注意这个数据，上半年只完成了4 500万元利润，前三季度只完成了8 460万元利润，而今年对赌的业绩，却高达2.5亿元。

2017年上半年，苏州好屋净利润为4 503.57万元，别说承诺的2.5亿元没戏，2016年减值时预计的1.82亿元都差远了。

于是，明牌珠宝只能再次计提减值，但是这次计算减值时，明牌珠宝还是乐观了一把，预计全年苏州好屋全年盈利1.7亿元。2017年1—9月，苏州好屋完成净利润8 460万元。也就是说，最后一个季度，它要完成比前三个月还高的利润，基本上也是不可能了。

四、案例结束语

长期股权投资是资本市场并购中十分常见的一种投资方式，通过设立对赌来保障自身是长期股权投资的一种常见形式。但是，通过对赌协议获得现金补偿来保护长期股权投资的安全具有很大不确定性，同时，还存在长期股权投资减值的隐藏风险。在会计处理中，资产减值一直处于容易出错地带，即使企业的会计处理不违反会计准则，最终数据依然可能天差地别，此时会计处理的可调节性较大，值得大家关注。当对赌无法完成时，面对的将是高额的长期股权投资减值。因此，需要高度关注在后续减值时的会计处理。

从本案明牌珠宝的两次减值处理上，说明了以高估值、高对赌进行长期股权投资带来了惨痛的后果。当对赌无法完成时，面对的将是高额的长期股权投资减值。本案例要求学生结合明牌珠宝并购好屋中国的案例对企业并购中设置对赌协议的作用、长期股权投资减值准备、折现率、在投资时对被投资企业合理预估利润等知识点进行深入了解。

五、参考资料

[1] 中国产业信息网：2017年中国珠宝首饰行业市场容量及发展趋势分析，http：//

www. chyxx. com/industry/201705/523599. html.
[2] 明牌珠宝股份有限公司 2014 年年度报告.
[3] 明牌珠宝股份有限公司 2015 年年度报告.
[4] 明牌珠宝股份有限公司 2016 年年度报告.
[5] 明牌珠宝股份有限公司 2017 年半年度报告.
[6]《浙江明牌珠宝股份有限公司关于受让苏州市好屋信息技术有限公司股份并增资的公告》，公告编号：2015 - 101.
[7]《浙江明牌珠宝股份有限公司发行股份及支付现金购买资产并募集配套资金暨关联交易预案》，2016.
[8]《浙江明牌珠宝股份有限公司关于重大资产重组进展及延期复牌的公告》，公告编号：2016 - 055.
[9]《浙江明牌珠宝股份有限公司关于投资苏州市好屋信息技术有限公司股权比例调整的公告》，公告编号：2015 - 102.
[10] 浙江明牌珠宝股份有限公司关于公司拟投资苏州市好屋信息技术有限公司的提示性公告，公告编号：2015 - 099.

[案例说明书]

一、案例要解决的关键问题

本案例的教学目标是：本案例旨在引导学生系统地学习在并购中对赌协议的运用，以及当出现对赌协议中没有达到预定的目标，并购公司的长期股权投资的减值准备应该如何进行会计处理。并且在之后的投资学习中，学会如何确认折现率和预估利润。

二、案例讨论的准备工作

为了有效实现本案例教学目标，学员应该具备下列相关知识背景。

（一）理论背景

长期股权投资的定义与分类；长期股权投资权益法和成本法的会计账务处理以及对财务的影响；对赌协议的定义和内涵；长期股权投资减值准备的基本要求等相关理论知识。

（二）制度背景

2006 年，为了规范资产减值的确认、计量和相关信息的披露，根据《企业会计准则——基本准则》，财政部制定了《企业会计准则第 8 号——资产减值》。

2014 年 7 月 1 日，为了适应社会主义市场经济发展需要，提高企业财务报表质量和会计信息透明度，根据《企业会计准则——基本准则》，财政部对《企业会计准则第 2 号——长期股权投资》进行了修订，自 2014 年 7 月 1 日起在所有执行企业会计准则的企业范围内施行，鼓励在境外上市的企业提前执行。

2014 年 10 月 23 日，为了规范上市公司的收购及相关股份权益变动活动，保护上市公司和投资者的合法权益，维护证券市场秩序和社会公共利益，促进证券市场资源的优化配置，根据《证券法》《公司法》及其他相关法律、行政法规，证监会修订了《上市公司收购管理办法》（证监会令第 108 号）。

2016 年 9 月 8 日，证监会修订了《上市公司重大资产重组管理办法》（证监会令第 127 号）。

三、教学组织方式

（一）问题清单及提问顺序、资料发放顺序

本案例讨论题目依次为：

1. 明牌珠宝在并购好屋中国时，应当关注好屋中国哪些数据指标？核定评估价时，是否应当按照上半年的收益表现和未来三年的预期收益来作为评估价？
2. 什么是对赌协议？对赌协议中的预计完成利润应该如何合理进行估计？
3. 明牌珠宝在并购中与好屋签订的盈利承诺及盈利补偿是什么？
4. 明牌珠宝并购好屋中国设置的对赌协议中的现金补偿是否完全可以消除后顾之忧？

对赌协议无法完成时，长期股权投资如何判断是否需要减值？判断的依据是什么？

5. 当明牌珠宝确认对赌失败后，应该如何计算长期股权投资减值准备的金额？涉及的折现率要如何确定？

（二）课时分配

本案例可供独立的案例讨论课使用。以下是按照时间进度提供的课堂计划建议，仅供参考。整个案例课的课堂时间控制在90分钟。

1. 课前计划

发放案例正文，提供研究问题给学生，请学生在课前完成阅读和初步思考，并了解绩效考核的方法和类型。

2. 课堂计划

（1）课堂前言：教师简要介绍案例主题（5分钟）。

（2）案例故事回顾：采用随机提问形式对案例故事全貌做一回顾，使学生回顾案例事件要点，为下一步讨论打好基础（15—20分钟）。

（3）案例分析与讨论：按照研究问题的顺序逐个提出问题并进行理论的讲解和引导分析；教师不断提出问题或追问问题，学生回答，参与回答的学生有助教记录，作为案例讨论成绩的计算依据；1～2题每题掌握在5—6分钟，3～6题掌握在10分钟左右（50—55分钟）。

（4）案例总结：教师对讨论进行归纳总结，并进一步启发大家从战略的角度对产品成本核算进行课后探讨（10分钟）。

3. 课后计划

请学生自选企业，按照小组撰写自选企业案例，主题可围绕公司管理与相关会计处理展开讨论（6 000字左右）。

（三）讨论方式

本案例采用哈佛案例授课模式，全程采用问题导向进行讨论。

（四）课堂讨论总结

课堂讨论总结的重点是：根据小组发言情况进行归纳总结，教师对学员的讨论情况进行点评，就如何运用理论知识去解决实际问题而提出建议，并引导学员关注案例的后续发展。

案例 9

腾讯游戏王者路之役：腾讯收购 Supercell Oy*

* 1. 本案例由广东工业大学管理学院的许金花、王昕然等共同撰写，作者拥有著作权中的署名权、修改权、改编权。

2. 将本案例授权予广东工业大学产教融合 MPAcc 教学智库实验平台使用，广东工业大学产教融合 MPAcc 教学智库实验平台享有复制权、修改权、发表权、发行权、信息网络传播权、改编权、汇编权和翻译权。

3. 由于企业保密的要求，在本案例中对有关名称、数据等做了必要的掩饰性处理。

4. 本案例只供课堂讨论之用，并无意暗示或说明某种管理行为是否有效。

[案例封面]

专业领域： 财务管理

适用课程： 财务管理理论与实务、兼并、收购和公司重组

选用课程： 财务管理理论与实务、兼并、收购和公司重组

编写目的： 本案例要实现的教学目标在于使学生对企业海外并购融资模式、支付方式及并购动因等专业在全面了解的基础上，深入地探究公司并购动机及效应，在此基础上对海外并购结果给出评价，引导学生思考如何使企业海外并购提升效用及竞争力才是关键，并将这种能力在未来的经营管理实践中得到应用。

本案例适用于 MPAcc 等研究生和高年级本科生层次的教学实践，期望能为财务管理课程教学案例库增添素材，夯实和完善财务管理课程案例教学体系。

知 识 点： 融资模式；支付方式；并购动因；协同效应；溢价并购

关 键 词： 腾讯；Halti 财团；Supercell Oy；融资方式；融资决策；协同效应

案例摘要： 海外并购是企业拓展海外市场、增强竞争力的重要手段。成功摘下全球游戏收入第一“王者”皇冠的腾讯控股有限公司，2016 年斥 86 亿美元巨资收购芬兰精品手游公司 Supercell Oy，是迄今为止最大规模的游戏行业收购案，也是腾讯游戏战略版图的重要战役。并购活动是重要的资本运作方式之一，本文以腾讯收购手游开发商 Supercell 为例，从收购历程入手，剖析收购事件的背景及并购过程、并购动机、并购评价等通过对本案例的分析可以对海外并购动因、并购支付、筹资方式、溢价并购等有所了解，加强对海外并购的关注，从而为我国企业海外并购带来一定启示意义。

[案例正文]

2016 年 6 月 21 日，腾讯控股有限公司（港交所股份代号：700，以下简称腾讯）发布公告称，经过和芬兰手游公司 Supercell Oy 公司（以下简称 Supercell）协商，腾讯将出资约 86 亿美元收购 Supercell 公司 84.3% 的股权，折合人民币约 566 亿元。腾讯集团通过其全资附属公司作为买方，向包括软银联属公司、Supercell 员工股东等在内的卖方购买 Supercell 证券，总收购价分为三部分进行现金支付。Supercell 的现有管理层将维持独立营运，Supercell 将继续以芬兰为总部。

这是迄今为止游戏圈里最大的一笔收购交易，引发了从国内到国外，从玩家再到各界人士的高度关注。

Newzoo 首席执行官 Peter Warman 就表示："对于腾讯来说这是一笔很不错的买卖，不仅帮助腾讯解决了策略层面的大问题，还增强了公司潜在营收能力。这明显高于 2015 年腾讯依靠《英雄联盟》在亚洲以外地区 13 亿美元的收入。现在腾讯终于可以在国门靠手游赚钱了。"

Superdata 首席执行官 Joost van Dreunen 也发表了类似的看法："这与动视暴雪收购 King 相当，并且来得正是时候。移动和网游市场已经开始饱和并且正在经历整合，数字化引发了游戏产业的变革，形成了由大公司支配的商业形态。Supercell 的屡次成功让它对于腾讯帝国来说意义非凡。"

如此高规模、高资本的游戏并购案究竟是如何发生？其背后并购的动因又是什么呢？万众瞩目的并购又给腾讯和 Supercell 带来什么？下面将为你揭晓。

一、背景简介

（一）互联网企业并购浪潮

不管是从并购数量还是并购规模来看，互联网行业的并购活跃度都远大于中国整体并购市场，这说明互联网行业的整合继续加速。事实上，这也是近年来该行业的整体趋势。如图 9－1 所示，2016 年上半年中国互联网行业并购案例为 260 起；披露并购金额达 1 108 亿元。

2015 年中国游戏并购规模超过 450 亿元，是 2014 年并购规模的近 2 倍有余，其中移动游戏相关比例高达 94.2%。以盛大游戏、中国手游为代表的美股退市游戏公司深受国内资本市场的喜爱，收购价格频频打破国内游戏公司收购价格纪录。中国游戏市场并购情况一览如表 9－1 所示。

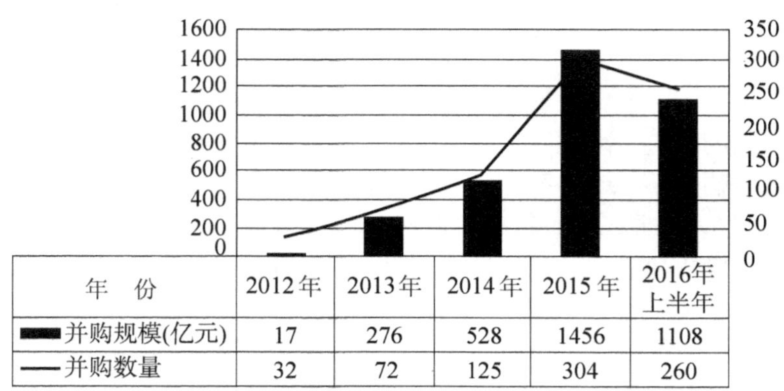

图 9－1　2012—2016 年上半年中国互联网行业并购规模和数量①

表 9－1　中国游戏市场并购情况一览②

年份	买方数量	标的数量	并购金额（亿元）	涉及移动游戏比例（%）
2013	19	26	201.01	44.1%
2014	26	33	218.05	87.0%
2015	30	52	456.36	94.2%

（二）移动游戏步入高速增长期

2015 年中国移动游戏市场规模约 562 亿元，增长率再创新高，超过 100%。移动游戏行业的飞速发展来源于智能手机的普及。从 2011 年开始，智能手机市场增长迅猛，2012 年出货量为 2011 年的两倍以上，而 2013 年的增长率超过 50%。对应于移动市场，可以看出移动市场规模从 2011 年到 2015 年几乎每年都是成倍增长。2012—2018 年中国移动游戏市场规模如图 9－2 所示。

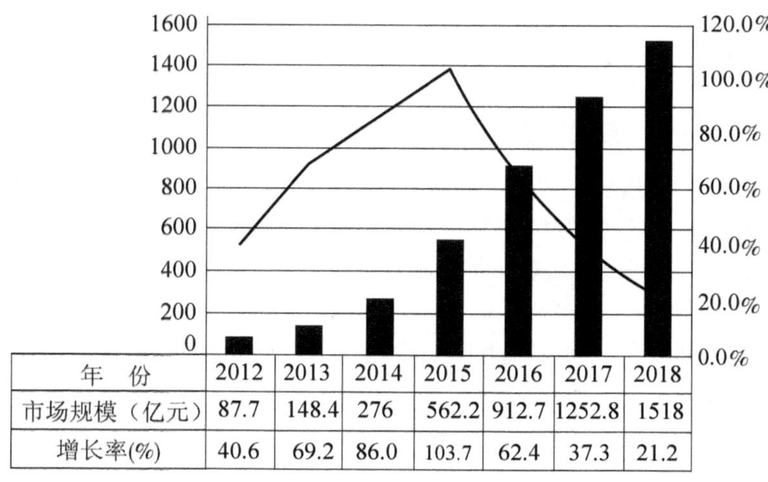

图 9－2　2012—2018 年中国移动游戏市场规模③

① 图 9－1 的资料的来源：清科集团数据。

② 表 9－1 的资源的来源：2016 年中国移动游戏行业研究报告。

③ 资源的来源：2016 年中国移动游戏行业研究报告。

二、并购主体及关联方

（一）并购双方简介

1. 标的公司——Supercell Oy

Supercell是2010年6月在芬兰赫尔辛基成立的一家移动游戏开发公司。公司主要办公地点位于赫尔辛基Ruoholahti区的诺基亚研究中心，在东京、北京、旧京山和首尔设有办事处，在全球拥有1亿活跃用户。2011年，Accel Partners向Supercell投资了120万美元；2013年10月，日本Gungho在线娱乐公司及其母公司Softbank以21亿美元收购了该公司51%的股份；2015年6月21日，Softbank再度出资收购了Supercell的22.7%股权，并以73.7%成为唯一的外部股东。

公司总共有大约有190名员工，自从创立以来推出了12款游戏，其中的《部落冲突》《海岛奇兵》《卡通农场》和《部落冲突：皇室战争》是其代表作。Supercell凭借着这几款游戏实现了每日活跃用户超过一亿，也成为目前最赚钱的手游开发团队。

2. 收购方——腾讯

腾讯控股有限公司是当前中国的互联网综合服务提供商，也是服务用户最多的互联网企业之一，与百度、阿里巴巴并称为“三巨头”。腾讯成立于1998年11月，由马化腾、张志东、许晨晔、陈一丹、曾李青五位创始人共同创立于广东深圳。腾讯公司是通过即时通讯业务起家的。1999年腾讯推出腾讯QQ，其后QQ成为中国最流行的即时通讯软件。在短短4年终中，QQ从一个默默无闻的软件成为一个注册用户超过一亿的超级软件。2004年，腾讯在香港联合交易所上市，是第一家在香港主板上市的中国大陆互联网公司。随着智能手机的普及，腾讯敏锐地发现移动互联网的发展浪潮正在来临，先后推出了手机QQ和微信，巩固了腾讯在移动端的社交地位。

电子游戏一直是腾讯旗下的重要业务。2003年，腾讯推出了自有休闲游戏平台QQ游戏，在腾讯巨大的用户量的导入下，QQ游戏成为了中国最大的休闲游戏门户。其后，腾讯推出了多款游戏，包括QQ幻想、QQ飞车等多款游戏，并代理了韩国游戏《穿越火线》。此外，腾讯投资了多家优秀游戏公司，如2012年注资美国动视暴雪，2014年收购韩国游戏公司CJ Games的28%股权，2015年完全收购美国网游公司Riot Games等。2006年到2016年，腾讯在游戏领域有过34起投资并购案，花费金额总计178亿元。此次收购Supercell，可以看做是腾讯对游戏产业的进一步布局。腾讯近年来收购或投资游戏公司一览表如表9-2所示。

表9-2　腾讯近年来收购或投资游戏公司一览表

年度	被腾讯收购或投资的游戏公司
2006	GoPets（韩国）
2007	永航科技（北京），Vina Games（韩国）
2008	Outspark（美国）
2010	网域（深圳），GH Hope Island（韩国），Eyedentity Games（韩国），Redduck（韩国），Nextplay（韩国），Topping（韩国），Reloaded Studios（韩国），Studio Hon（韩国）

续上表

年度	被腾讯收购或投资的游戏公司
2011	Riot（美国），漫游谷（北京），Epic Games（美国），金山网络（北京），银汉科技（广州）
2012	Level Up International（新加坡）
2013	动视暴雪（美国），乐逗游戏（深圳），Plain Vanilla（冰岛）
2014	Create Lab（韩国），Playdots（美国），Aiming（日本），Artillery（美国），CJ Games（韩国），擎天柱（广州），TapZen（美国），PATI Games（韩国），艺动娱乐（北京）
2015	Glu Mobile（美国），Miniclip（瑞士），Hammer&Chisel（美国），Pocket Gems（美国）
2016	Paradox Interactive（瑞典），Supercell（芬兰）

而游戏行业也给腾讯带来了丰厚的回报。腾讯在游戏部门投入巨大，并获得了许多IP（知识产权）来进行手游开发。目前，腾讯旗下的智能手机游戏众多，并且几款新开发的游戏，如《穿越火线：枪战王者》《王者荣耀》《火影忍者》《热血传奇 2》等推动了腾讯游戏收入的大幅度增长。根据腾讯公司 2015 年年报显示，腾讯的智能手机游戏业务在 2015 年发展不俗，收入同比增长 53%，达到了 213 亿元。而其在个人电脑端的游戏业务同样也有不错发展，收入增长也达到了两位数水平。游戏业务的价值不仅仅体现在其盈利。腾讯在不断扩张智能手机游戏的同时，大力发展玩家社区，培养了一群忠诚的游戏粉丝。这将成为未来腾讯在游戏行业竞争中的核心竞争力。

（二）重要关联方企业

软银股份有限公司是一家总部位于日本的跨国电信及互联网公司，旗下业务包括宽带业务、固网电信、电子业务、互联网、技术服务、金融、媒体和营销、机器人技术和可再生能源等业务。1981 年孙正义在日本创立了软银集团，1994 年其在日本上市。除了主要经营业务，软银还是一家综合性的风险投资公司，致力于 IT 产业的投资。软银在全球投资过的公司已超过 600 家，在全球主要的 300 多家 IT 公司拥有多数股份。此次和腾讯签署并购协议的软银联属公司，是软银集团旗下的附属公司，主要从事投资活动。软银集团的投资有许多成功案例，包括雅虎、阿里巴巴等，此次 Supercell 也是软银投资成功的典范。

三、收购之役

（一）缘起软银

根据 Bloomberg 报导，软银集团作为 Supercell 第一大股东打算出售 Supercell，有人士透露 Supercell 正在与某家中国公司接洽，打算以 50 亿美元的价格出售其 73.2% 的股份，目前仍处于初步阶段，可能卖也可能不卖。

日本软银集团是 Supercell 的最大股东，也是其早期的投资者，但软银自身业务和 Supercell 并没有太多重叠。软银的主业是通信领域，其手游业务也集中在日本而不是海外。

软银 CEO 孙正义独具慧眼，早在 2013 年就留意到 Supercell 公司的巨大潜力。2013 年，软银集团携手旗下子公司投入了约 15 亿美元收购了 Supercell 公司 51% 的股权，并在不久后又将持股比例提高到了 73%。并且还推动旗下子公司 HungGo 和 Supercell 合作进行交叉推广。短短三年之后，Supercell 估值大涨达到 102 亿美元，软银对 Supercell 股份的出售获利颇丰，光其 51% 的股份就卖出了约 51 亿美元的高价，翻了 3 倍不止。

面对如此丰厚回报的投资公司软银却要在其已处于高速成长的时候抛售股权，这背后的原因是软银深陷债务的沼泽，需要大量现金资本来偿还债务。

软银自从收购了美国移动运营商 Sprint Corp 之后，本想将其与 T - Mobile 合并，但后来被美国反垄断法否决，而软银之后花费大量资金也难以挽回 Sprint 的颓势，最终 Sprint 的失败导致软银总债务高达 1 082 亿美元。巨额的债务给软银集团带来了极大的压力，因此软银通过出售海外的优良资产来收回资金，弥补债务大坑。2016 年 6 月，软银就对其持有的阿里巴巴股票进行套现，套现金额达到 89 亿美元。而这是软银在过去 16 年中首次出售阿里巴巴股票。而在套现阿里巴巴股票之后，软银又进一步出售日本 GungHo 在线娱乐的股份，交易金额达到 6.85 亿美元。此次软银所售 Supercell 股份价值达 51 亿美元，同样是为了回笼资金，缓解债务压力，从而实施软银公司的战略转型。

软银为了实施其战略转型，决定卖掉 Supercell 股份来补充资本，这给了国内众多互联网公司一个在海外游戏产业出头的机会。

（二）绯闻连连

其实早在 2015 年，游戏圈有传闻说昆仑万维打算收购 Supercell。昆仑万维本身是 Supercell 游戏《部落冲突》在国内安卓版的代理商，据称其董事长周亚辉曾逗留芬兰与 Supercell 高层协商，但最终这则传闻没有后续，可能只是昆仑万维公司炒作自身股价的手段。

另一则收购传闻的主角是史玉柱的巨人网络和阿里巴巴，巨人网络曾经和阿里巴巴联合意图收购 Supercell，但双方最后因为收购价格产生了分歧。其实在此次这个大好机会面前，巨人网络当然不会放弃，它也有参与到其竞购中。巨人网络母公司停牌并发布公告称将策划收购国外手游公司，其目标包括 Supercell 公司和 Playtika 公司等。

（三）主角出场

腾讯一直就在极度渴望扩充其手游产业链，平衡自己的业务，希望在手游市场有更多的增长点，同时腾讯也对广阔的海外市场虎视眈眈。对腾讯来说，如此一家高盈利且旗下四款游戏全球日活跃用户数量已经突破 1 亿的公司实在是让其心动，更别说这家 190 人左右的公司过去 1 年内的净利润是腾讯 2015 年游戏净利润的 11%，一年内共实现营业收入 23.3 亿美元，净利润达到了 9.64 亿美元，约等于 62.8 亿人民币，而其中 Supercell 2015 年营收 23.3 亿美元竟然是由 3 款游戏带来的，分别是《部落冲突》《海岛奇兵》《卡通农场》，每款游戏堪称不同时期的现象级产品。第四款产品《皇室战争》2016 年上线后，单月收入就超过 1.33 亿美元。此次的软银放售股权无疑对腾讯来说是一大利好消息。Supercell 经审核综合财务资料如表 9 - 3 所示。

表 9－3　Supercell 经审核综合财务资料[1]

年　份	2014	2015
税前盈利（千欧元）	879 807	544 871
税后盈利（千欧元）	693 336	426 408
总资产（千欧元）	—	1 790 179
净资产（千欧元）	—	816 145

2016 年 5 月底，根据国外媒体的报道，腾讯目前已经在和日本软银以及 Supercell 洽谈收购事宜，就当时的业内人分析，这仅仅是并购的初级洽谈阶段。但腾讯向银行提出了 40 亿美金的贷款计划。根据报道，腾讯已经与软银展开了接洽，这个贷款计划被业界视为打消软银集团疑虑，提高收购成功率的行为。

可是对于 Supercell 来说，虽然日本软银是其第一大股东，但是它仍然保持着完全自主的管理权。这种完全自主管理的公司具有高度活跃创新的文化，这也使得它成为一家非常成功的开发商及发行商，并且成长为在移动游戏行业受到广泛认可的公司。但也正是因为这种完全独立的管理，对于腾讯来说真正需要说服的是 Supercell 的六位合伙人及员工，为表达其诚意与决心，腾讯总裁刘炽平和首席战略官（CSO）James Mitchell 专程飞往 Supercell 总部所在地——芬兰的赫尔辛基，与 Supercell 的合伙人进行洽谈。在腾讯阔绰的手笔与高度决心下，Supercell 最终又会做出怎样的决定呢？

（四）诚意满满[2]

在经过多天的并购会议洽谈，腾讯频频抛出吸引 Supercell 上钩达成并购诚意的诱饵。

在金钱上，以财团（腾讯公司的间接全资附属公司）与共同投资者订立认购协议，共同投资者承诺认购新财团股份，以高于净资产的价格收购，用现金支付来获取股份。腾讯提供机会给 Supercell 员工股东出售他们拥有的若干 Supercell 证券，根据股份收购协议的条款，Supercell 员工股东可选择与软银联属公司一起出售其一半的 Supercell 已归属证券，或在递延认沽期权项下，在中期至长期递延出售若干该证券作为递延认沽证券。该递延认沽证券的收购价将是收购价及主要与 Supercell 当时最近期完结的财政年度的非通用会计准则 EBITDA 相联系的价格的较高者。Supercell 员工股东亦有权在交割后的较长期间内，按主要与 Supercell 当时最近期完结的财政年度的非通用会计准则 EBITDA 相联系的价格，将他们所有其他 Supercell 已归属证券出售给腾讯。

在管理上，腾讯完全放权，在收购完成后，Supercell 仍将独立运营，就和在软银旗下的时候一样。腾讯充分理解 Supercell 独特的小而独立的团队文化，总部仍然继续留在赫尔辛基，并且仍在芬兰纳税，这次交易可以保证 Supercell 继续维持私营身份。Supercell 不同类型的游戏在全球广受欢迎，印证了 Supercell 在开发移动游戏方面的创意和专业技

[1] 资源的来源：有关腾讯参与财团收购 Supercell Oy 大部分股权的须予披露交易。

[2] 资料来源：有关腾讯参与财团收购 Supercell Oy 大部分股权的须予披露交易。

术，对其小团队和独特的文化来说，独立状态比上市更好。腾讯不会破坏这种独特的文化，保留“大中台架构”，团队分散化的管理方式，保证 Supercell 的员工通过独特的开发程序，由小组负责开发新游戏，让其致力保持最高的水准。

在平台上，中国目前拥有超过5亿手机游戏玩家，对于 Supercell 来说，这个庞大的市场仍有极大的开拓空间。腾讯表示会大力在微信、QQ 等社交软件上推广，面对中国广大游戏市场，腾讯有信心帮助其再上一个台阶，获得更多的收益。此外，腾讯在中国的游戏市场有着十多年的经验，这些经验能帮助 Supercell 的游戏在中国玩家中更好地推广。

（五）花落腾讯

2016年6月21日，据《华尔街日报》网络版报道，腾讯公司将以80多亿美元的对价收购软银持有的 Supercell 股份，基本确认了这一消息。当天腾讯公司就正式发布公告，在公告中提及“腾讯公司确认收购日本软银集团所持芬兰游戏公司 Supercell 的股份，占约84.3%股份。总对价分三期支付，目前预计约为86亿美元。”此外，腾讯公司还出资收购 Supercell 的待售证券，并将保持 Supercell 管理层的独立运作。腾讯及财团、Supercell 及 Supercell 员工股东也已订立了一份规管 Supercell 营运的股东协议。股东协议将于交割时生效，并将为 Supercell 员工股东提供少数股东的若干保障权利。

腾讯还在该公告明确指出“本公司为其合作伙伴提供财务及策略性支援，包括资金、在中国发行游戏的专长、流量及以数据驱动的分析。凭借本公司在中国的市场领导地位、运营专长及平台优势，董事会相信通过与 Supercell 为全球玩家开发富有创意的游戏的能力结合，该交易能产生很大的协同效应。”

到此腾讯收购 Supercell 基本告一段落。此次收购比较顺利，前后历时一个多月。收购完成之后，Supercell 公司 CEO 埃卡・潘纳宁发布公开信称，团队将拥有完全自主权，且和 Supercell 及腾讯的合作不会影响玩家体验。

腾讯控股完成对芬兰手游巨头 Supercell 的收购之后，腾讯有望手握着 Supercell 84.3%的股票，攀上世界手游业的巅峰地位，成为史无前例的巨无霸。该交易金额为86亿美元，成就全球游戏史上最大规模的一笔收购，也是中国互联网史上金额最大的一笔海外并购。腾讯收购 Supercell 历程如表9－4所示。

表9－4　腾讯收购 Supercell 历程

2015年5月中旬	软银集团作为 Supercell 第一大股东打算出售 Supercell。巨人集团、昆仑万维、腾讯公司有意接手
2016年5月底	腾讯向银行提出了40亿美金的贷款计划，打消软银及 Supercell 高管顾虑，提高了收购成功率的行为
2016年6月21日	腾讯公司确认收购日本软银集团所持芬兰游戏公司 Supercell 的股份，占股约84.3%。总对价分三期支付，目前预计约为86亿美元。此外，腾讯公司还出资收购 Supercell 的待售证券，并将保持 Supercell 管理层的独立运作

四、结果评价与绩效分析

（一）结果评价

1. 市场反应良好

自从腾讯传出收购 Supercell 公司消息之后，腾讯股价多次上涨。在 2016 年 6 月 21 日正式公告收购 Supercell 公司后，6 月 22 日腾讯股价大幅上扬，截至早盘中止时，腾讯股票上涨 3.9 港元到 176.8 港元，成交量为 972.048 万股，成交额 17.047 亿港元。

2. 并购双方合作愉快

据报道称，腾讯收购 Supercell 的过程一直是非常愉快的。Supercell 公司 CEO 埃卡·潘纳宁对于腾讯总裁刘炽平充满好感，据其回忆刘炽平在会面期间讨论游戏非常热情，并且刘炽平也在玩 Supercell 的最新作品《皇室战争》。在收购发生之后，埃卡·潘纳宁发布公开信称，“与腾讯的合作可以带给 Supercell 成功所需要的一切”。

（二）绩效分析

本文参照陈信元等（2003）使用的市场模型，通过“事件研究法”来分析腾讯在收购 Supercell 前后的股票收益率。事件研究法是并购研究中常用的实证方法，它剔除了市场大盘涨跌对并购公司的影响，更有效地衡量并购事件对公司股价造成的变动。由于腾讯在港交所上市，我们选取恒生指数作为基底计算正常收益率。腾讯股票收益率超过正常收益率的部分就是本文所求超额收益率，通过计算窗口期内超额收益率之和，可以进一步得到累计超额收益率（胡杰武，2016）。腾讯收购 Supercell 前后 3 日的市场反应（2016 年 6 月 21 日）如图 9－3 所示。腾讯收购 Supercell 前后 30 日的市场反应（2016 年 6 月 21 日）如图 9－4 所示。

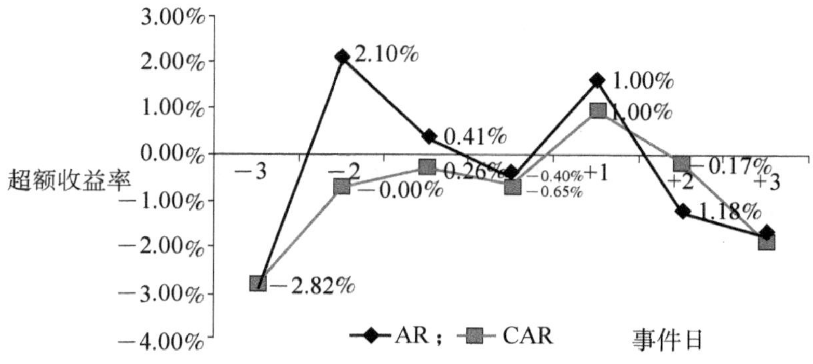

图 9－3　腾讯收购 Supercell 前后 3 日的市场反应（2016 年 6 月 21 日）

本文选取公告发布当日也就是 6 月 21 日作为基准日。在基准日当天，腾讯股票的收益率为 1.8%，当日超额收益率为 －0.398%；在公告前后三天的窗口期内，腾讯股票的累计超额收益率为 －1.83%，可见其获利信息已经释放，投资者不再有上涨预期；当时间跨度延伸到公告前后一月，可以得出两月间累计超额收益为 9.90%。这说明市场对腾讯收购 Supercell 持积极态度，认为此次收购对腾讯有巨大价值，对腾讯后续发展有非常良

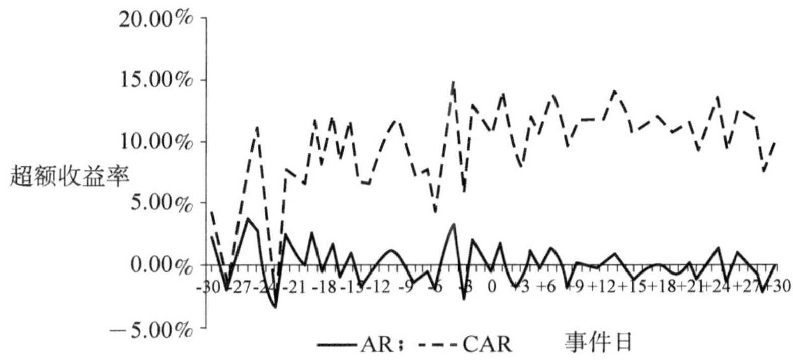

图9-4　腾讯收购Supercell前后30日的市场反应（2016年6月21日）

好的预期。

五、其他资料附录

1. Spercell资本成长史（估值历史）[①]

（1）2010年，50万欧元的创业资金

Supercell创始人Ilkka Paananen在芬兰艾斯堡一间办公室成立了这家公司。最初的启动资金来自于创始人的积蓄以及芬兰国家技术创新局向Supercell提供了帮助即50万欧元的创业资金。

（2）2011年，首轮融资4 000万美元

Supercell首轮融资获得了4 000万美元，这些投资者包括风险投资公司Accel、Index Ventures、Atomico、Institutional Venture Partners和Initial Capital。Accel注资1 100万美元，成为当时Supercell最大的股东。

（3）2013年2月份，Supercell估值7.7亿美元

Supercell融资1.3亿美元。投资方为Index Ventures、Atomico Partners和Institutional Venture Partners。其中Index Ventures投资5 250万美元。在这轮融资中早期投资者Accel Partners及其他持股者共出让16.7%的股份。Supercell估值在7.7亿美元。在拿到这笔投资之前，Supercell的两款手游产品《卡通农场》和《部落冲突》分别在2012年6月、2012年8月正式上线。

（4）2013年10月份，Supercell估值29.82亿美元

2013年，尽管Supercell仅仅上线了两款游戏《卡通农场》和《部落冲突》，但半年内它们都占据App Store游戏收入排行榜前三名，为Supercell带来的日收入超过250万美元。这一年，Supercell被福布斯评为成长最快的游戏公司。

这个成绩让Supercell受到资本市场更多的关注。2013年10月，Supercell将51%的股权以约15.21亿美元（1 500亿日元）价格卖给了软银集团和《智龙迷城》开发商Gung-Ho。Supercell估值为29.82亿美元。这笔交易不仅创造了一宗最大的手游并购，也令Su-

① 资料的来源：Supercell的资本成长之路——从创业公司到估值55亿美元，陈艳曲，http：//www.donews.com.

percell 底气十足地公布了全球化的野心。在软银与 Gungho 的支持下，Supercell 针对其一直几乎一片空白的安卓市场进军，而这之中亚洲的安卓市场首当其中。

（5）2015 年 6 月，Supercell 估值 55 亿美元

Accel 及风险投资机构售出了所持有的 Supercell 22% 股份给软银，软银对 Supercell 的持股比例扩大至 73%。软银和 Accel 均未透露这次股份交易的具体价格，据英文媒体 GamesBeat 援引消息称，“此次交易 Supercell 估值为 55 亿美元，交易额约为 12 亿美元。其余股份由 Supercell 的管理层和员工持有。”

2. *移动游戏产业生态系统及主要盈利模式*①

移动游戏衍化出自身的产业生态体系，核心分为移动游戏研发商、移动游戏发行商以及移动游戏渠道商三大环节。一是手游研发商（简称 CP），即核心内容的提供者，随着市场竞争日趋激烈，拥有优质产品的研发商溢价能力在不断提升，产品和内容为王；二是手游发行商，主要是购买获取游戏的发行版权，对接渠道，对游戏进行推广和运营，实现产品效益的最大化；三是渠道商，起到连接移动游戏产品和用户的作用，目前格局较为明朗，享有固定的分成比例。总体来看，当前手游产业链的各个环节都呈现集中态势。由于手游渠道主要集中在苹果、安卓、腾讯等大厂手中，对于游戏公司来讲，抓住研发和发行两端，走研运一体的路线将能分到更多流水份额。移动游戏主要盈利模式分析如表 9 – 5 所示。

表 9 – 5　移动游戏主要盈利模式分析

盈利模式	地　位	具　体　分　析
游戏权限收费	下载收费：国内移动游戏不常见；游戏时间收费：国外手机网游中较普遍	（1）下载收费：是单机游戏主要的收费模式，按下载游戏的数量收费。或是厂商向用户提供免费版游戏试玩，然后根据客户需求收取版权费用； （2）游戏时间收费：通常让用户以包月的形式，购买游戏时间。还可向用户出售虚拟点卡为游戏进行充值
增值服务收费	国内手机游戏使用较多，盈利较稳定	（1）销售完整版游戏程序； （2）销售虚拟游戏道具：药剂、武器、服装、金币等； （3）销售游戏后续的 DLC 内容； （4）收取激活关卡费用
广告收费	收入占比不断提升，发展空间较大	（1）按 CPA（Cost Per Action，每行动成本）结算，即按照下载注册，激活计费； （2）按 CPC（Cost Per Click，每点击成本）结算，即按照点击计费； （3）按 CPM（Cost Per Mille，每千人成本）结算，即按照展示计费的模式，只要展示一次广告就需要计费

① 资源来源：2017—2022 年中国移动网络游戏市场研究与前景趋势报告。

六、问题讨论

1. 你对中国移动游戏产业发展趋势有何见解？如何看待腾讯并购 Supercell 的动机？
2. Supercell 在企业发展快速上升时期接受腾讯收购的原因何在？
3. 你对腾讯并购 Supercell 支付和筹资方式有何看法？
4. 腾讯为何会花 86 亿美元溢价并购 Supercell？
5. 其他企业能从腾讯公司收购 Supercell 的案例中获得哪些启示或借鉴？

七、参考资料

[1] 关崇威："互联网并购游戏"，《新经济》，2013 年第 21 期。
[2] 马振民："方兴未艾的互联网并购浪潮"，《上海信息化》，2012 年第 10 期。
[3]《有关腾讯参与财团收购 SUPERCELL OY 大部分股权的须予披露交易》，香港联合交易所。
[4] 詹新惠：" 奢华的并购宴，寡头的互联网"，《青年记者》，2013 年第 22 期。
[5] 赵庞晶："以电子信息时代为背景互联网公司的并购战略动机分析"，《电子测试》，2013 年第 14 期。
[6] 冯阔、王潇潇、郑舒予："企业跨国纵向并购的动因及福利分析——基于双汇并购 Smithfield 的案例"，《学术研究》，2014 年第 27 期。
[7] 扈邑："马化腾手游新动作：微信游戏归建腾讯移动游戏平台"，《IT 时代周刊》，2013 年 15 期。
[8] Lajoux A R、Fred J W 著，张秋生等译：《并购的艺术：融资与再融资》，中国经济出版社 2011 年版。
[9] Berkovitch E、Narayanan M P："Motives for Takeovers：An Empirical Investigation"，《Journal of Financial and Quantitative Analysis》，Vol. 28，pp. 347 ～362.
[10] Hollenbeck B："Horizontal Mergers and Innovation in Concentrated Industries "，《UCLA Anderson School of Management》，2016.
[11] Dunning J H："The multinational enterprise"，《London：George Allen and Unwin》，1971.

［案例说明书］

一、本案例要解决的关键问题

本案例通过对案例主体公司及关联方主体、腾讯公司所属行业的背景以及并购过程进行详尽的描述，引导学生从中找寻案例公司实施并购的动因以及并购融资、支付方式等；然后，对腾讯并购 Supercell 进行结果评价与绩效分析，引导学生思考并购中应如何进行并购评估以及对并购动因、溢价进行分析，进而指出其对我国企业海外并购的启发。

二、案例讨论的准备工作

为了有效实现本案例目标，学生应该具备下列相关知识背景。

（一）行业背景

腾讯所处的移动游戏行业仍然前景良好。移动游戏行业的飞速发展来源于智能手机的普及，从 2011 年开始，智能手机市场增长迅猛，对应于手游市场，其规模从 2011 年到 2015 年几乎每年都成倍增长。但是由于游戏公司竞争的激烈化，游戏的质量成为竞争的核心因素。对于大公司来说，要在手游市场这块大蛋糕上争夺份额，需要有更多的精品游戏来抓住消费者的心，让玩家愿意在手游上进行消费。目前，随着游戏市场增长的放缓，国内游戏市场出现了新的特征。首先，市场中的竞争格局趋于稳定，大公司对游戏市场的掌握程度加深。国内的互联网巨头，如腾讯、网易旗下的游戏作品长期占据各个游戏热门榜单前列。小公司做的游戏很难和大公司的高投入游戏作品竞争，可能要依附于大公司生存。同时，大公司如腾讯、网易等的精品游戏，也推动了游戏作品整体质量的提高，这使得游戏公司开始挖掘游戏更深层次的价值，如通过精品 IP（知识产权）来吸引特定的玩家，并诱导玩家进行消费。

（二）制度背景

《公司法》《证券法》《香港联合交易所证券香港上市规则》。

三、教学组织方式

（一）问题清单及提问顺序、资料发放顺序

本案例讨论题目依次为：

1. 你对中国移动游戏产业发展趋势有何见解？如何看待腾讯并购 Supercell 的动机？
2. Supercell 在企业发展快速上升时期接受腾讯收购的原因何在？
3. 你对腾讯并购 Supercell 支付和筹资方式有何看法？
4. 腾讯为何会花 86 亿美元溢价并购 Supercell？
5. 其他企业能从腾讯公司收购 Supercell 的案例中获得哪些启示或借鉴？

本案例的参考资料，在讲授有关知识点后一次性发放给学生。

（二）课时分配

总课时以110分钟为宜。各环节时间安排如表9－6所示，仅供参考。

表9－6 环节时间安排

内　容	时　间
教师简要讲授相关知识，介绍案例概况	20分钟
教师引发思考提问	5分钟
分组讨论	35分钟
小组发言	20分钟
小组辩论交流	20分钟
老师解答点评分析	10分钟

（三）讨论方式

本案例的第1、2、3、4个问题可以采用小组式讨论，第5个问题可以采用辩论式讨论。

（四）课堂讨论总结

课堂讨论总结的关键是：归纳各小组发言者的主要观点；重申其重点及亮点；引领同学一起分析辩论的重点；对于不足的地方提醒并引导进一步思考；最后，建议大家对案例素材进行扩展研究和深入分析。

案例 10

从长园集团并购中锂新材看控股合并及其会计处理方法*

* 1. 本案例由广东工业大学管理学院的彭茜茜，黄灿等共同撰写，作者拥有著作权中的署名权、修改权、改编权。

2. 将本案例授权予广东工业大学产教融合 MPAcc 教学智库实验平台使用，广东工业大学产教融合 MPAcc 教学智库实验平台享有复制权、修改权、发表权、发行权、信息网络传播权、改编权、汇编权和翻译权。

3. 由于企业保密的要求，在本案例中对有关名称、数据等做了必要的掩饰性处理。

4. 本案例只供课堂讨论之用，并无意暗示或说明某种管理行为是否有效。

［案例封面］

适用课程：《财务会计》

选用课程：《财务管理》

编写目的： 本案例旨在引导学员进一步关注并购的流程，使学员理解企业是如何进行并购的以及该行为对企业和股票市场的影响。另外，在学员理解和掌握并购流程基础上，能深入了解企业并购的原因及会计处理。

知 识 点： 政府补助会计处理

关 键 词： 企业并购；会计处理

中文摘要： 坚持“电动汽车相关材料及其他功能材料、智能工厂装备及智能电网设备”三大业务板块是长园集团的战略定位，电动汽车相关材料是长园集团的战略重点。近几年公司虽有不少相关的投资，但真正控股的只有长园华盛。星源材质、沃特玛、江西金锂均是财务投资，没有真正成为公司的主业。通过此次交易，控股中锂新材，可以做实电动汽车相关材料产业，落实公司电动汽车相关材料的发展战略。

［案例正文］

随着市场经济的深入发展，我国的企业合并数量和规模不断增加，近年来，与锂电池行业相关的并购案数量以相当快的速度增长，仅2017年前10个月就发生了31件。长园集团并购中锂新材以19.2亿元的高价位居今年锂电池行业并购案的第7名。

长园集团于2016年起接触中锂新材，从接触起，长园集团的目标就是并购中锂新材，从而达到进入锂电池行业、布局湿法隔膜业务、扩展其在电动汽车相关材料行业份额的目标。经过一年多的尝试，2017年7月13日晚间，深圳市长园新材料股份有限公司（证券简称：长园集团，股票代码：600525）发布公告，公司与湖南中锂新材料有限公司股东签订投资框架协议，中锂新材的初步投前估值为24亿元，公司拟以此为基础，以19.2亿元现金收购中锂新材80%股权。交易完成后，公司将持有中锂新材90%股权。最后于8月12日完成非国有股东的收购，共持有76.347066%的股权，中锂新材成为其控股子公司。

对于企业合并业务，会计人员必须根据财政部公布的《企业会计准则第20号——企业合并》的相关规定进行会计处理，掌握企业合并的会计处理方式及所带来的新会计问题的处理方法。本案例对非同一控制下的企业控股合并涉及的会计处理方法、会计计量基础以及商誉的计量处理等进行分析探讨。

一、背景简介

锂电芯主要由正极材料、负极材料、电解液和隔膜制成，决定着锂电池的放电电压、脉冲电流、持续时间等重要指标，与保护电路板、外壳组成锂电池。其中正极材料为钴酸锂、锰酸锂、磷酸铁锂、镍锰钴及铝箔，负极材料为石墨及铜箔。锂电芯可直接供应给成品电池制造商，也可与集成电路、PCB板、嵌入式软件等材料组装成锂电池。

锂电池产品下游领域比较广泛，主要分布在消费类电子产品、电动交通工具、工业储能等领域。消费类电子产品目前主要以手机、笔记本电脑、平板电脑为主；电动交通工具主要以电动自行车、电动汽车为主；工业储能方面主要应用于电动工具、通讯基站等行业。

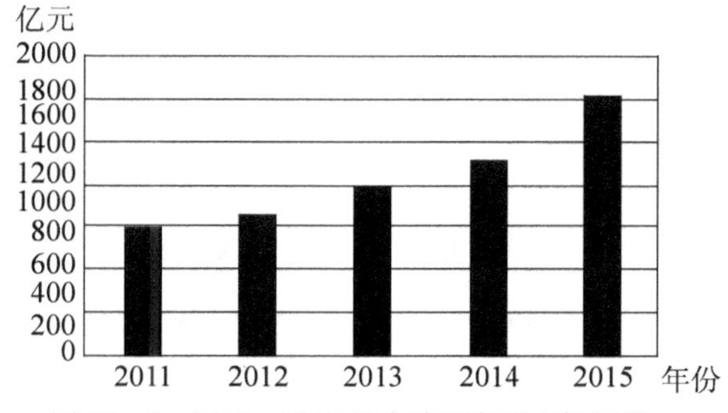

图10－1　2011—2015年全球锂离子市场规模

随着应用领域的不断扩展，锂电池市场迅速增长，如图10－1所示，全球锂离子电池市场规模从2011年的840亿元增至2015年的1 755亿元，年均复合增长率达到20.2%，全球锂离子电池市场保持稳步增长态势。年均增速达到17.89%，在全球新能源研究及开发中占有重要的地位。

（一）锂电池行业发展迅速

锂电池是一类由锂金属或锂合金为负极材料、使用非水电解质溶液的电池。1912年锂金属电池最早由Gilbert N. Lewis提出并研究。20世纪70年代时，M. S. Whittingham提出并开始研究锂离子电池。由于锂金属的化学特性非常活泼，使得锂金属的加工、保存、使用对环境要求非常高。所以，锂电池长期没有得到应用。随着科学技术的发展，现在锂电池已经成为了主流。

锂电池大致可分为两类：锂金属电池和锂离子电池。锂离子电池不含有金属态的锂，并且是可以充电的。可充电电池的第五代产品锂金属电池在 1996 年诞生，其安全性、比容量、自放电率和性能价格比均优于锂离子电池。由于其自身的高技术要求限制，现在只有少数几个国家的公司在生产这种锂金属电池。

随着数码产品如手机、笔记本电脑等产品的广泛使用，锂离子电池以优异的性能在这类产品中得到广泛应用，并在逐步向其他产品应用领域发展。1998 年，天津电源研究所开始商业化生产锂离子电池。习惯上，人们把锂离子电池也称为锂电池，但这两种电池是不一样的。锂离子电池已经成为了主流。

政府“十二五”规划中将新能源汽车纳入了七大战略新兴产业，对插电式混合动力汽车、纯电动汽车的产业化应用做出了引导，对配套建设充电设施给出了指示。在延续“十二五”方向的同时，“十三五”规划深化了新能源汽车在整体战略中的地位，目前政策体系框架以购车为基础，延伸到基础设施建设、不限号、不限行、过路费减免、税收优惠、购车信贷支持等范畴。“十三五”规划指出到 2020 年纯电动汽车和插电式混合动力汽车累计产销量达到 500 万辆。

根据国家统计局公布的数据，2016 年上半年，全国服务业业务量累计完成 132.5 亿件，预计 2020 年全国业务量可达 500 亿件，年收入达到 8 000 亿元，整个市场基数非常庞大。2016 年以来，全国 10 多个省市纷纷出台扶持电动物流车政策，包括丰厚的补贴、路权优先等，间接推动电动物流车的发展。预计到 2020 年国内电动物流车产量将超过 40 万辆，预计是 2016 年产量的 4 倍，未来 5 年内增量规模超百万辆，按照每辆均价 20 万元估算，对应直接市场规模超 2 000 亿元。

动力电池是新能源汽车三大件的核心，占新能源汽车成本 40%～60%，也是目前新能源汽车成本居高不下的主要因素。2014 年全球新能源汽车的蓬勃发展，动力锂电成为锂离子电池中增长最快的部分，目前动力电池占比呈现加速增长的态势。2015 年锂离子动力电池绝对增量大于消费锂离子电池，成为锂离子电池市场的首要驱动力。经测算，2020 年我国动力电池需求量将达到 2015 年的 5 倍，“十三五”期间增量合计 233.4GW·h，按照 1.4 元/Wh 的市场价格可以估算出增量市场的规模为 3267.6 亿元。

（二）锂电池产业进入壁垒高

锂电池行业技术含量较高，进入壁垒也较高，主要包括以下 4 个方面的壁垒。对于长园集团来说，想要进入锂电池行业，并购是个最好的选择。

1. 技术壁垒

锂电池属于非标准产品，容量、尺寸、形状须根据客户要求进行研究、设计和生产，尤其圆形锂电池组的串联难度较大，需要生产方具备较强的研发能力。锂电池的注液工序需要在无尘的环境中进行，其他环节对生产环境的要求也比较高，需要生产方具备良好的生产技术与厂房车间。此外，锂电池存在因过充或短路而爆炸的危险，需要具备较高的生产技术。新进入本行业的企业往往难以在短时间内达到较高的制造水准。公司有 5 年的锂电池系列产品制造经验，自主研发 9 项有效专利，具备制造锂电池系列产品所需的生产技术。

2. 认证壁垒

国内知名电子设备生产商、电动车生产商的采购基本都采用合格供应商认证制度，即以认证与评估体系对供应企业的生产设备、工艺流程、生产能力、服务质量、产品品质等方面进行分析考察，确定能够达到其认证要求后，才会与之建立长期、稳定的供应关系。这种机制对管理能力不强、生产控制不严格的市场竞争者形成了较高的进入壁垒。

3. 品牌壁垒

由于锂电池的使用寿命较长，客户须要较长的时间才能对产品的性能有比较准确的判断。也正是由于考察品牌质量的周期较长，当客户认可了生产商的产品，一般会保持较长期的合作关系。因此，新进入本行业的企业缺乏品牌认可度，难以在短时间内取得客户的信任，需要逐步积累口碑与信誉。

4. 规模壁垒

锂电池是电子设备的关键部件，客户一般会因为采购量较大而选择具备一定生产规模的生产商。此外，较大的生产规模也有利于生产商降低单位生产成本。因此，行业新入者一般难以在短期内迅速扩大产能及订单数量，较难突破规模壁垒。

二、案例分析

2017 年 7 月 13 日长园集团股份有限公司（以下简称“公司”）发布公告称公司为了抢抓新能源汽车产业高速发展的历史机遇，全力推进电动汽车相关产业的布局，丰富业务种类，强化板块实力。决定收购中锂新材各股东所持有的 80% 股权。8 月 12 日，长园集团发布公告宣布收购基本完成，中锂新材成为其控股子公司，并更名为长园中锂。

（一）参与合并双方概况

1. 长园集团简介

深圳市长园新材料股份有限公司（证券简称：长园集团，股票码：600525），1986 年由中科院创建，1991 年被认定为广东省和深圳市高新技术企业，1999 年被认定为国家级高新技术企业。2002 年 12 月在上海证券交易所 A 股上市。

长园集团是一家大型企业集团，拥有 16 家控股实业子公司、3 家风险投资公司、7 家参股公司、3 个市级工程技术中心、1 个国家级企业技术中心和 1 个企业博士后科研工作站。目前拥有员工 4 000 多名，电子加速器 11 台，生产基地 7 个，厂房面积 12 万平方米，年纳税过亿元。

长园集团专业从事辐射功能材料和电网设备的研发、生产及销售，已成为国内最大的热缩材料和高分子 PTC 制造商以及优秀的电网设备供应商，是线路安全的最佳伙伴。

经中国证券监督管理委员会 2002 年 10 月 22 日签发的证监发行字［2002］119 号文批准，长园集团于 2002 年 11 月 18 日采用全部向二级市场投资者定价配售的发行方式向社会发行人民币普通股（A 股）25 000 000 股，每股面值为人民币 1 元，每股发行价为人民币 7.60 元。发行后，公司注册资本增至人民币 9 954 万元。2005 年，本公司根据国务院《关于推进资本市场改革开放和稳定发展的若干意见》《关于上市公司股权分置改革的指导意见》及《上市公司股权分置改革管理办法》等规定完成了股权分置改革事项。根据长园集团2005年12月14日通过的股权分置改革方案，本公司非流通股股东以其持有的部分股份向方案实施股权登记日（即2005年12月1日）在册的全体流通股股东作出对价支付，流通股股东每1股流通股可获0.33股的对价股份。根据2006年4月10日召开的2005年度股东大会决议，长园集团以2005年12月31日总股本99 540 000股为基数按每10股送红股1股的比例，由未分配利润转增股本，共计转增9 954 000股，转增日期为2006年5月11日。转增后，本公司注册资本增至人民币109 494 000元。

长园集团稳居中国热缩材料、高分子PTC、电力电缆附件、合成绝缘子和变电站母线保护五个行业第一，位居中国变电站微机五防行业第二。

长园集团是中国首屈一指的高分子材料辐射加工研发与生产基地，拥有国家级企业技术中心，具自主知识产权，也是同行业中唯一通过国家科技部和中国科学院认定的高新技术企业；公司在辐照功能材料行业继续保持中国第一，其中热缩材料产品按用途可分为电子、电力、通信、管理防腐等四大类，在世界范围内的热缩材料行业位居第二，仅次于美国Tyco。

长园集团荣获中国上市公司财务指标综合评分第一名；连续入选中国上市公司科技50强和绩优100强；入选《上证风云榜》“盈利能力20强”和“成长能力50强”；连续五年六次入选《福布斯》“中国潜力100强”“亚太潜力200强”和“中国上市公司最佳老板”等榜单。

长园集团坚持“电动汽车相关材料及其他功能材料、智能工厂装备及智能电网设备”三大业务板块的战略定位。2016年整体业务收入结构上，电动汽车相关材料及其他功能材料占比25.60%；智能工厂装备占比29.05%；智能电网设备占比44.22%。公司想要扩展电动汽车相关材料的比例，锂电池是一个很重要的进入口。

2. 中锂新材简介

湖南中锂新材料有限公司（以下简称“中锂新材”）成立于2012年1月，注册资金26 335万元，坐落于国家级常德经济技术开发区，是一家专业从事锂离子电池湿法隔膜的研发、生产、销售的高新技术企业，专注于锂离子电池湿法隔膜业务，已掌握湿法隔膜的核心技术与工艺，拥有湿法隔膜核心技术领域的10多项知识产权。所用的专用装备自动化水平高、产出效高。公司目前运行产线已经达到8条，在建2条，预计公司在2018年达到20条生产线，对应基膜年产能8亿平方米左右，届时，公司湿法隔膜规模将跃居全球前列。

动力电池隔膜的主要原材料有PE、LP、MC、蒸汽。公司生产初期全部采用日本PE原料，经过中锂技术团队研究分析，并吸收进口PE原料的技术特点，他们研发出了国产PE原料配比测试，经过多次的技术改良和研发突破后，成功掌握了PE高分子（即湿法生产）隔膜材料技术，可以运用到动力锂电池隔膜生产。在生产初期LP也全部从日本进口，后经中锂技术团队和国内LP生产厂家共同研发测试，也实现了国产替代。MC是一种常规产品，国内大厂产品均可采用。经过长期的研发努力，中锂公司已拥有自己的原料配方，并实现原料全部国产化，与原料各大供应商签订确立了长期供需关系，不但大大降低了采购成本，并且彻底解决了原材料的后顾之忧。

中锂新材产品主要供应沃特玛、宁德时代和比亚迪，三者均为锂电巨头，公司因此得以分享新能源车行业的成长红利，未来放量潜力巨大。其中沃特玛是公司老客户，2017年1～5月对沃特玛销售合计占公司营收比例为89%，合作关系稳定。比亚迪和宁德时代是5月份开始批量供应的新客户，6月份二者合计出货量已占当月出货量的40%以上，且二者供应尚在逐步增量中。

中锂新材客户结构优质．下游客户主要包括CATL、比亚迪、沃特玛等，LG亦为其潜在客户。长园集团的收购，为中锂新材的产能扩张提供强大的资金支持，研发投入加码保障隔膜品质及技术进步。湿法隔膜业务具备较好的成长性，未来中锂新材有望凭借技术优势、资金优势及研发保障，成为国内中高端湿法隔膜一线供应商。

电解液添加剂业务产能即将释放，全年出货量增长率有望超过40%。长盛6000吨产能电解液添加剂的泰兴工厂进入试产阶段，四季度有望释放产能。VC与FEC产品产能都将得以释放，缓解产能不足的压力。公司电解液添加剂主要客户为三菱化学，间接为特斯拉供货。随着国内市场新能源汽车产销逐步放量以及特斯拉Model3逐步放量，电解液添加剂出货量大增，预计公司电解液添加剂全年销量将增长40%以上。

长园中锂拥有全套引进日本东芝的湿法隔膜制造设备，综合年产能达4亿平方米，是国内技术最先进、综合规模最大的新能源汽车用锂离子电池湿法隔膜的研发和制造商，已成为中国锂离子电池湿法隔膜领导品牌。

长园中锂秉承“诚信守约、顾客至上、创新致远、合作共赢”的经营理念，建立了完备的企业管理体系，通过了OHSAS18001、ISO9001、ISO14001、TS16949等管理体系认证，并建立了中科院先导计划项目产业化基地、中科院膜科学研究院及博士后工作站、与多所大学建立了产学研合作基地、市级高性能隔膜材料工程技术研究中心、市级隔膜材料企业技术中心等研发与检测平台。长园中锂始终牢记“致力绿色能源，建设美丽中国”的企业使命，依托先进的技术装备，强大的技术创新能力，大力推进“科技创新、精细管理、开拓经营、人才强企”的发展战略，推动中国新能源产业的发展，保卫蓝天，共筑绿色未来。

（二）并购过程描述

1. 并购原因

就长园集团来说，随着工信部进一步提升动力电池准入门槛，目前国内高端隔膜领域供需不平衡，高质量湿法隔膜产品供不应求，各大龙头均有强烈扩产欲望，意图抢占先机。本次收购将为长园集团提供明显业绩帮助，使得长园集团在锂电材料领域布局更为完善，强强联合优势凸显。

中锂新材隔膜产品具备高强度、高安全性、高渗透性和高耐化学性能，其参数性能满足电动汽车、储能及3C电池对隔膜的需求，并通过了相关机构的检测，包括中国电子科技集团第十八研究所、浙江大东南锂电池隔膜研究院检测中心，深圳沃特玛电池有限公司、惠州比亚迪电池股份有限公司、宁德时代新能源等。目前中锂新材共有10条生产线，其中在产生产线8条，可实现每月2 800万平方米的产量。其产品主要供应深圳沃特玛电池有限公司、宁德时代新能源有限公司、惠州比亚迪电池股份有限公司等锂离子动力电池的优势企业。如图10－2所示，中锂新材并购前3个月的销售收入呈大幅增长。

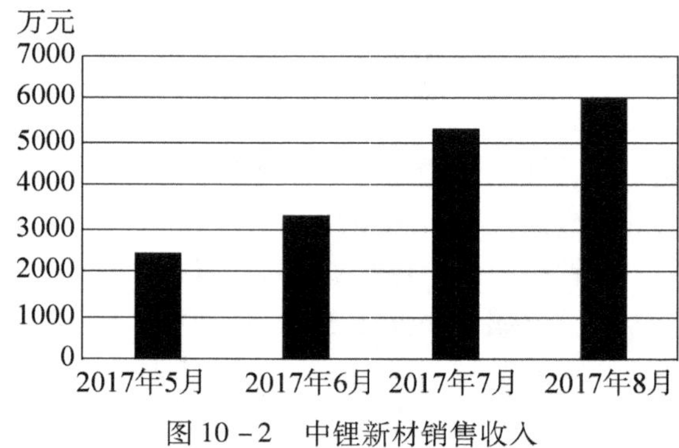

图 10－2　中锂新材销售收入

隔膜是锂电四大关键组件里国产化率最低也是技术壁垒最高的锂电材料，占锂电池成本的 10%～20%。中锂新材在隔膜方面处于中国领先地位。长园集团通过收购湖南中锂可以完成进入锂电池产业的产业延伸，落实公司电动汽车相关材料的发展战略，且其生产线设备的提前规划和投入，将使其在未来两三年的扩张过程中保持领先地位，并具有强有力的竞争先发优势。

就中锂新材来说，中锂新材对自身未来的发展持积极态度，长园集团在 2016 年 9 月并购失败主要是因为对其估价达不到预期，而后在 2017 年 6 月金冠电气放弃收购中锂也是因为双方反复谈判未能达成一致，而此时长园集团给出的 19.2 亿元的高价对中锂集团来说是一个非常好的选择。同时中锂新材目前运行生产线 8 条，在建 2 条，预计公司在 2018 年达到 20 条生产线，如此快速的扩张需要大量的资金支持，长园集团给出的较高的收购价及长园集团在锂电池隔膜行业投资的欲望使得中锂新材有充足资金积极扩产。

2. 时间历程

（1）增资持股

2016 年 8 月 9 日晚，长园集团发布公告称，公司审议通过了《关于增资湖南中锂新材料有限公司的议案》，同意公司以人民币 1 亿元增资湖南中锂新材料有限公司。增资完成后，长园集团共持有中锂新材 10% 的股权，成为湖南中锂新材有限公司的第二大股东。这是长园为并购中锂新材走出的第一步，为之后长园集团行使优先收购权成功并购中锂新材打下了良好基础。

（2）试图收购

2016 年 9 月，长园集团公告称拟以发行股份等方式收购中锂新材剩余的 90% 股权，试图将中锂变为其全资子公司。

（3）第一次收购失败

2016 年 12 月，长园集团公告表示，其与各个交易对象就中锂新材对价支付方式、后续发展规划等事项进行了多次沟通和协商，但最终各方对一些关键条款未能达成全面共识，因此决定终止筹划发行股份及支付现金购买资产并募集配套资金事宜。长园集团想要以第一次收购中锂新材 10% 股份时的公允价格收购剩余的 90% 股份。但锂电池行业发展迅速加之中锂新材于当年新增了多条生产线，认为其自身价值远不止 10 亿元，双方无法就一些关键条款达成全面共识，从而导致了第一次收购失败。

（4）再次收购

2017 年 7 月 13 日长园集团股份有限公司再次发布公告，宣布公司拟考虑以 19.2 亿元的价格收购中锂新材各股东所持有的 80% 股权。2017 年 8 月 8 日，长园集团发布公告称董事会同意按照 1 592 329 584 元的价格现金收购湘融德创等 19 名非国有股东持有的湖南中锂新材料有限公司约 66.35% 股权；同意以参与进场交易的方式竞买 4 名国有股东合计持有的中锂新材约 13.65% 的股权。截止 2017 年 8 月 8 日，长园集团已完成标的资产中锂新材非国有股权的过户及工商变更手续，中锂新材成为公司控股子公司，公司持有其约76.35%的股权，湘融德创持有其10%的股权，湖南经投等4名国有股东持有其约13.65%的股权。在本次并购过程中，中锂新材的股权变动如图10－3所示。

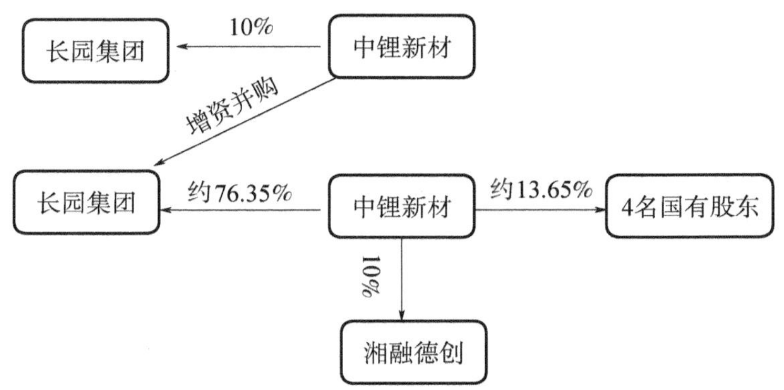

图10－3　并购过程中的股权变动图

3. 收购价格

（1）估值存疑

2016年8月到2017年7月，不到12个月的时间，长园集团对中锂新材的估值从10亿元猛涨到24亿元，估值差异巨大，且未设置利润对赌安排保障公司利益，外界对此存在很多质疑声。

对此长园集团回应，中锂新材的估值与公司2016年8月增资时点估值存在差异的主要原因是：中锂新材当前湿法隔膜产线数量及生产能力发生较大变化，其中生产能力增长了6倍；中锂新材客户结构得到了明显改善，主力客户中除沃特玛以外，新增了比亚迪、宁德时代（CATL）等大客户，并已批量供货，有力地保障了中锂新材的隔膜市场销售；按照中锂新材提供的财务数据，其2017年上半年业绩预计高于2016年全年业绩，中锂新材基本面有显著改善；锂电池产业未来长期的高成长性使得相关产业链条上的企业受到投资者广泛的关注和认可。

中锂新材正处于高速成长期，此次交易对于中锂新材的估值以未来三年的业绩预测即未来三年实现利润为2017年1.8亿元、2018年2.5亿元、2019年3亿元为基础来进行，2017年、2018年及2019年三年平均净利润水平2.43亿元，按照当前中锂新材的整体估值24亿元计算，平均市盈率为9.88倍。在当前行业背景下，和国内同行相比，中锂新材的估值是合理的。例如创新股份拟并购的上海恩捷，整体估值55亿元，业绩预测自2017年开始三年平均为5.65亿元，平均市盈率为9.73倍；上市公司星源材质目前市值为78亿元左右，市盈率55倍左右。

对于为何未设置对赌来保障公司利益，长园集团解释已要求主要管理人员或核心技术人员承诺3年内的公司任职。且已经明确了主要管理人员和核心技术人员的名单，承诺主体与中锂新材均已经签署相关的协议，并设置了违约条款，同时公司充分考虑到并购后员工稳定及企业高速发展的需要，保留了湘融德创持有的中锂新材10%股权。湘融德创的投资人均为中锂新材的核心员工，这些员工以间接方式持有中锂新材股权，一定程度上保障了中锂新材的平稳过渡。总而言之，虽然长园集团未设置利润对赌，但通过各种方式也同样可以很好保障长园集团的利益。

（2）支付存疑

一般来说，企业并购主要有现金支付、股票支付和混合支付3种支付方法。混合支付方式是在并购实践中最经常使用的方式。而在此次高达19.2亿元的收购中，长园集团选择了现金支付，长园集团称所需的资金全部为自有资金及银行借款。媒体对长园集团能否现金支付19.2亿元存在较大质疑。

数据显示，2014年至2016年，长园集团投资活动产生的现金流量净额累计为-32.07亿元，而经营活动产生的现金流量净额累计为11.82亿元。此外，截至今年一季度，长园集团货币现金只剩下8.71亿元，虽然长园集团发行的10亿元公司债已于7月27日在上交所上市，但该资金全部用于偿还银行贷款。

2016年7月11日，鹏元征信给长园集团的评级报告指出，近年公司保持大规模的对外收购和股权投资，给公司带来较大的资金压力。截至2016年末，长园集团主要在建项目尚需投资11.49亿元，另需支付收购长园和鹰股权尾款9.40亿元。这也意味着，加上此次收购中锂新材支付的现金，近期长园集团需对外支出的现金高达近40亿元。因此长园集团于7月29日收到上海证券交易所的问询函，被询问相关问题。

长园集团方面于8月1日回应称，2014—2016年经营性现金流量净额分别为：2.81亿元、4.56亿元、4.45亿元，3年累计约为11.82亿元。2014—2016年归属于母公司的净利润分别为：3.66亿元、4.83亿元、6.40亿元，3年累计约为14.89亿元，具备较强的盈利能力。

此外，长园集团表示，公司信用良好，银行授信额度充足。根据2016年年度股东大会决议，2017年银行综合授信额度为61.9亿元。截至2017年6月底，公司拥有可供出售的金融资产约18亿元，主要是持有二级市场股票，后期可根据经营情况适度出售股票。公司具备较强的盈利能力，银行授信额度充足，并拥有数额较大的可供出售金融资产，本次收购所需资金能够落实，且不会对公司的经营产生负面影响。

4. 收购完成后

在收购完成后，长园集团构成如图10-4所示。长园集团业务主要涉及三大板块：电动汽车相关材料、智能工厂装备以及智能电网设备。通过外延并购，公司平台布局日趋完善，形成层次化的业绩支撑。继布局电解液添加剂业务后，公司又通过收购湖南中锂新材布局湿法隔膜环节，充分布局新能源汽车锂电材料领域，享受新能源汽车行业高速增长的红利。

（三）案例小结

长园集团并购中锂新材的事件已基本落下帷幕了，此次并购是双方各取所需达成的合作结果。该结果从双方的经济利益来说，对于中锂新材通过本次并购得到了充足资金用于扩产，企业有了更广阔的发展空间。而长园集团也通过本次并购完成了进入湿法隔膜行业的目的。但付出16亿元是否值得呢，并购后的长园中锂能否完成长园集团打造湿法隔膜的宏伟目标，这些问题都将等待时间来为我们解答。

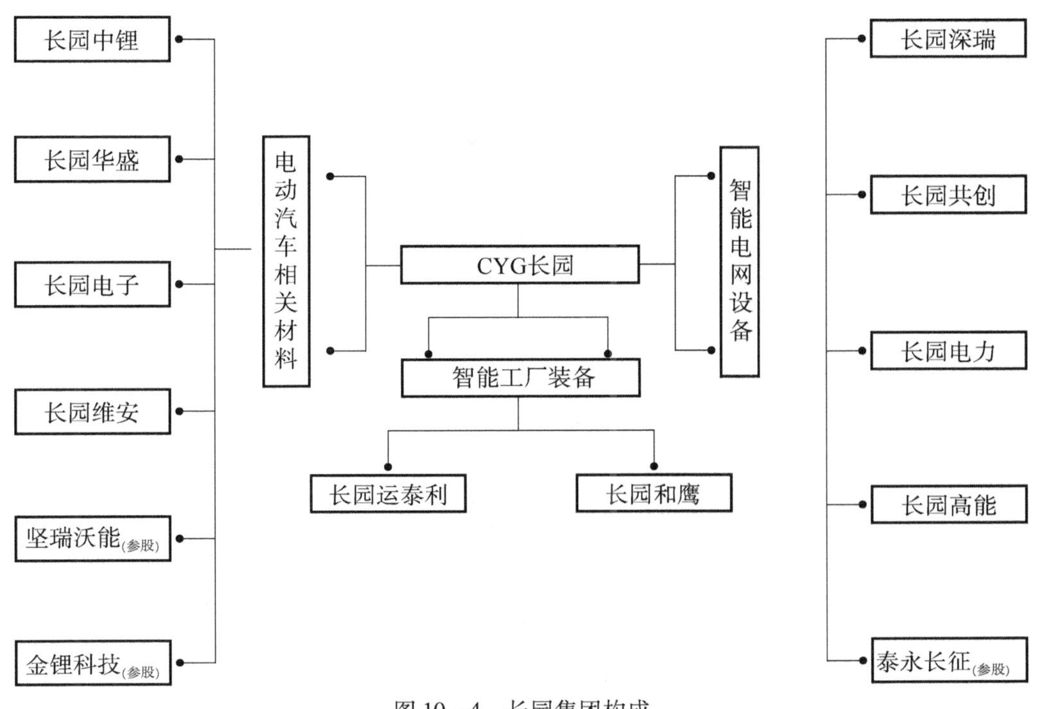

图 10－4　长园集团构成

三、参考资料

本案例主要参考资料见表 10－1。

表 10－1　主要参考资料

资料序号	资　料　名　称
1	长园集团：关于与湖南中锂新材料有限公司签订投资框架协议的公告
2	锂电池行业生命周期、市场规模及进入壁垒分析 http：//auto. gasgoo. com/News/2017/11/01062117211770026201C501. shtml
3	长园集团：关于上交所《关于对长园集团相关媒体报道的问询函》的回复暨相关媒体报道的澄清公告
4	长园集团：关于上交所《关于对长园集团股份有限公司资产收购事项的问询函》的回复公告
5	中国储能网新闻中心．并购高烧不退：迄今为止，锂电池行业并购案 31 起涉及资金已超过 320 亿元。http：//www. escncskalfk. com. cn/news/show－469862. html
6	国中创投．长园集团并购中锂新材，国中创投完成首个项目退出 http：//www. 360doc. com/content/17/0919/07/33229722_ 688282135. shtml

续上表

资料序号	资 料 名 称
7	徐晶晶.1 年估值暴增 1.4 倍，长园集团增资控股中锂新材［N］.上海证券报，2017-07-17005
8	龚梦泽.频繁巨额现金收购遭问询，长园集团否认高溢价背后存关联交易［N］.证券日报，2017-08-01C02

四、案例讨论

长园集团并购中锂新材这一案例中有许多值得思考的问题，本案例的重点在于非同一控制下企业控股合并及其会计处理方法。请学员们重点思考一下问题：

1. 从企业合并角度分析长园集团并购中锂新材的原因是什么？
2. 长园集团在并购中锂新材后如何进行会计处理？
3. 本案例中企业合并的购买日如何确定？
4. 企业合并过程中商誉是如何形成的？如何进行会计处理？

[案例说明书]

一、本案例要解决的关键问题

本案例旨在加强学员对企业合并的认识，使学员理解非同一控制下的企业合并。另外，在学员理解和掌握企业合并的基础上，能深入理解企业合并的过程和会计处理，并合理运用所学知识对企业合并进行分析和会计处理。

二、教学组织方式

（一）本案例讨论题目

1. 什么是企业合并?
2. 企业合并的具体分类，长园集团合并中锂新材属于哪种类型?
3. 企业合并的会计处理?
4. 长园集团并购中锂新材的具体流程?
5. 合并商誉的会计处理?

（二）课时分配

1. 课后自行阅读资料：约 2 小时；
2. 小组讨论：约 2 小时；
3. 分小组发言：约 2 小时；
4. 课堂总结：约 1 小时。

（三）讨论方式

本案例可以采用小组讨论和课后阅读的方式进行。

（四）讨论总结

本案例的讨论需要注意的是：明确了解案例所讲的合并事件；对问题有清晰的认识和了解。

案例 11

86 亿美元的野心：腾讯收购“最赚钱手游公司”Supercell*

* 1. 本案例由广东工业大学管理学院的谭三艳、谭淳琦等共同撰写，作者拥有著作权中的署名权、修改权、改编权。

2. 将本案例授权予广东工业大学产教融合 MPAcc 教学智库实验平台使用，广东工业大学产教融合 MPAcc 教学智库实验平台享有复制权、修改权、发表权、发行权、信息网络传播权、改编权、汇编权和翻译权。

3. 由于企业保密的要求，在本案例中对有关名称、数据等做了必要的掩饰性处理。

4. 本案例只供课堂讨论之用，并无意暗示或说明某种管理行为是否有效。

[案例封面]

专业领域：财务会计

适用课程：《财务会计理论与实务》

选用课程：适用于会计专业硕士、工商管理硕士《财务管理》《财务管理理论与实务》《企业并购》等相关课程的教学研讨。

编写目的：本案例旨在帮助学员通过研究、分析、理解和掌握企业并购的相关知识；另外，学员可以在此基础上，结合公司并购的情况，对公司并购方式以及财务进行评价，以便未来将其运用到经营活动的实践当中去。

知 识 点：并购；风险防范

关 键 词：企业并购；海外并购；风险防范；腾讯并购 Supercell

中文摘要：中国互联网企业海外并购活动层出不穷，成为了并购市场上的重要力量。作为一项重要的财务活动，企业并购在获得规模经济优势、降低交易费用、实现多元化经营，以扩大企业的规模，进而促进企业快速发展等方面具有重要价值。本文主要以腾讯并购 Supercell 作为案例，期望通过本文的研究为企业的并购提供相关参考依据，防范和规避可能出现的潜在风险。

[案例正文]

一、背景简介

企业实现发展战略有两种途径：一是通过内部扩张来实现，即优化企业内部结构，在内部提高效率和管理水平，加快产品更新速度，以此推动企业发展。二是通过外部扩张来实现，即借助并购等方式实现企业规模的扩大，进而促进企业快速发展。在这两种发展战略途径中，外部扩张更为重要，而并购是实现外部增长的重要手段，它能让企业快速地完成发展战略的需要，更迅速地对外部资源实施控制。企业在市场经济的发展过程中主要是通过并购的外部方式来拓展业务，以此来进行生产和资金的聚集。近年来，并购的发展有着质的飞跃，以网络经济为平台的互联网企业的并购潮不断涌现，并购活动也从传统行业之间的整合逐步发展到互联网行业整合，由于互联网行业变化的特殊性，其所面临的并购整合风险也在不断变化，需要企业采取相应的策略，更好地防范和规避可能出现的潜在风险。

（一）互联网企业并购潮的产生

信息时代的到来，使得大数据成为经济发展的重要资源。每天都有大量的数据在互联网上传播，数据资源的争夺加速了互联网行业的快速发展，人们的工作和生活方式也在发生着变化。近年来，互联网并购差不多涵盖了人们耳熟能详的领域。例如2012年开始出现的团购网站大融合，以及视频行业的兼并，一直到2013年热火朝天的腾讯集团和阿里巴巴集团各自的并购大案。这些都刺激着互联网企业的神经，一场信息时代的互联网并购潮开始掀起。

（二）互联网并购存在的必要性

互联网行业在成长以及市场技术快速发展的情况下，企业直接进行市场的开拓则时间较长、风险较大且成本过高。而采取并购重组方式则可以使互联网企业在短期内达到扩张发展目的。近些年，越来越多客户资源从传统行业转移到互联网，而对社交网络移动互联网和电子商务等方面资源的融合，可进一步加强对用户的吸引力。并购已经成为企业资本运作的重要形式，也是抢占市场、用户等资源的一条捷径。特别是对于资金量巨大的互联网企业，如能发现一些潜力公司，并购则会带来更大的市场和巨大的成功。

（三）互联网行业并购后整合形式依然严峻

互联网在经历了前期的泡沫经济后，经过十年多的快速发展，逐步进入了经济发展的高峰期即并购期。整个互联网行业中相互联系的企业越来越多，市场中的竞争也变得更加激烈，与此同时就出现了一些不足的现象：缺乏自身的核心技术研发能力、产品照搬国外、缺乏创新、盈利模式不成熟等。近些年，互联网行业慢慢进入了行业调整和整合阶段，倒闭、合并、转型在行业中频繁出现，很多小规模的互联网企业互相并购或是被大规模的企业并购，并购后整合依然存在很大的不足和风险。其他的行业也通过并购互联网企业来实现业务整合，这是互联网行业并购的新趋势。

二、案例背景

（一）交易双方简介

1. 腾讯公司

深圳市腾讯计算机系统有限公司成立于1998年11月，由马化腾、张志东、许晨晔、陈一丹、曾李青五位创始人共同创立，是中国最大的互联网综合服务提供商之一，也是中国服务用户最多的互联网企业之一。2004年6月16日，腾讯公司在香港联交所主板公开上市（股票代号00700），是香港恒生指数成分股之一，董事会主席兼首席执行官是马化腾。腾讯公司内设七大事业群，分工如图11－1所示。

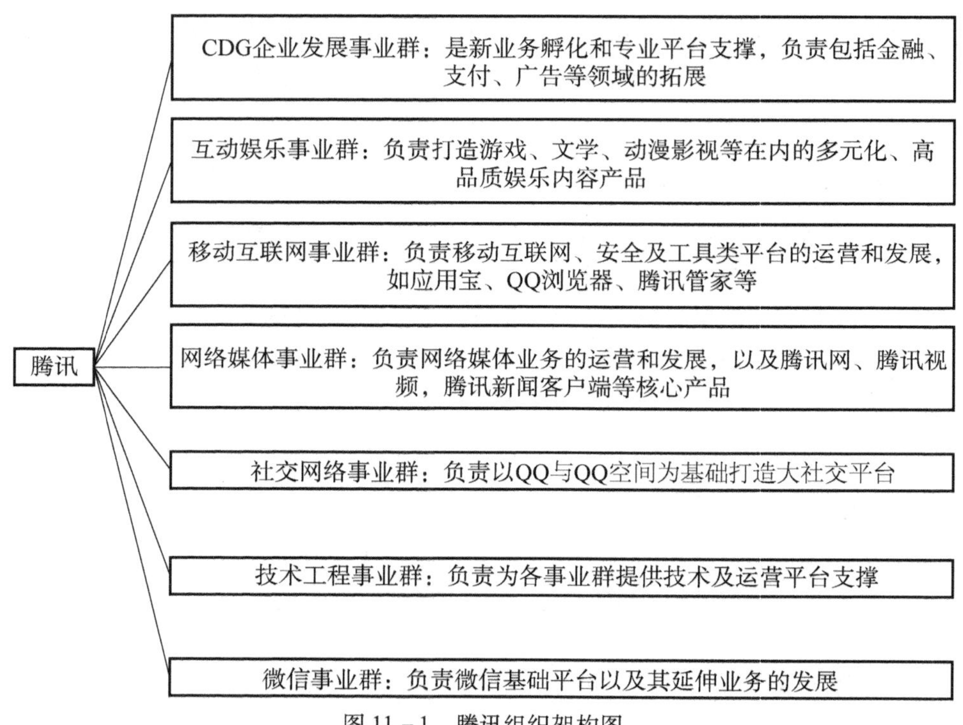

图11－1　腾讯组织架构图

2015年，腾讯公司实现总收入1028.63亿元，同比增长30%；腾讯权益持有人应占盈利288.06亿元，同比增长21%。2016年6月22日在北京世界品牌实验室（World Brand Lab）主办的“世界品牌大会”发布了2016年（第十三届）《中国500最具价值品牌》分析报告，腾讯名列三甲。2016年，腾讯实现收入1 519.38亿元，是2015年同期收入的148%。盈利为414.47亿元，比上一年提高了42%。截至2016年，在中国企业500强中，腾讯控股有限公司位居140名。从腾讯股票来看，在2016年9月开盘之后，一直呈现的是上升的趋势。目前，腾讯市值约为2万亿港元，超过了阿里巴巴的市值，一跃成为亚洲市值最高的企业。

2. Supercell 游戏工作室

Supercell Oy 公司是 2010 年由 Ilkka Paananen（埃卡·潘纳宁）和其他五位创始人共同建立的游戏工作室，总部位于芬兰。2012 年 Supercell 的两款手游产品在加拿大地区开测——《部落冲突》和《卡通农场》。两款产品一举冲上 APPstore 免费榜前二。2014 年第三款产品《海岛奇兵》公测。自 2015 年 1 月 2 日开始的数月间，《海岛奇兵》绝大多数时间都稳定在美国 IOS 收入榜前 5 名，其间仅有 9 天是第 6 名，美国区 IOS 日收入达到了 32 万美元，《海岛奇兵》不到一年的时间取得的成绩：全球手游综合收入榜前十。2016 年 3 月，第四款产品《皇室战争》全球上线。放眼全球移动游戏市场，根据 CR 在全球范围内的优秀表现，CR 已经替代了《部落冲突》“全球最赚钱手游”的位置。CR 在美国 IOS 平台的月流水约 4 500 万美元，根据 CR 全球玩家排名榜推测，CR 在中国的 IOS 营收能力很可能超过美国，CR 在美国与中国两个市场的 IOS 月收入基本上不会低于 1 亿美金。

（二）收购过程

1. 收购目的

（1）腾讯游戏战略发展的需要

首先，打造游戏品牌的需要。腾讯游戏在早期的发展中自行研发的游戏只有休闲类游戏发展迅速，这种现象说明腾讯游戏的新增用户多数是由 QQ 等社交软件导入的，这些新增用户之前往往并没有深入接触网络游戏。在腾讯的游戏体系中，较为容易接受游戏内容简单、社交意味浓厚的休闲游戏。可以得出，腾讯游戏是靠着运营代理游戏来实现快速增长的，缺乏自主研发精品游戏产品的能力。腾讯凭借着 QQ 这个不可复制的武器成功运营了 QQ 游戏平台以及一些典型的代理游戏，证明了自身的营销能力，但是却难以真正研发出一个自创的游戏产品。从外部角度，腾讯游戏面临的市场越来越大的同时，又面临越来越多精品国产国外网络游戏的冲击。为了保证在游戏领域的领先地位，腾讯在继续专注于运营韩国代理游戏的同时，挖掘一款拥有话语权的精品游戏成为了首要战略目标。

其次，开拓细分游戏市场。在 Riot Games 推出《英雄联盟》之前，MOBA 类网游细分市场上只有《DOTA》一款网游。而且《DOTA》只是即时战略类游戏《魔兽争霸》的一个游戏模式。但是因为这种扮演英雄与其他玩家对战的游戏模式太受玩家欢迎，已经脱离了《魔兽争霸》成为一个独立的个体。虽然《DOTA》为 MOBA 类网游积攒下 5 000 万的累计用户数，但是由于其自身创立于 2006 年，缺乏第三方软件支持，做不到断线重连，不能自动匹配，没有好友系统，玩家需要的很多功能在《DOTA》中根本就无法实现。庞大的用户数对比上仅有的产品，无疑证明 MOBA 类细分网游市场是一片潜力无限的蓝海。

此外，根据艾瑞咨询发布的 MOBA 游戏用户行为报告表明，MOBA 类游戏的用户年龄组成以 19～24 岁为主，占 52.5%；MOBA 类网游用户好友类型有 67.7% 是现实中认识；MOBA 类游戏用户的主要目的是享受并肩作战赢取胜利的感觉。这是因为 MOBA 类网游相对其他类型游戏而言对抗性更强，游戏节奏较快比较适合年轻人，也因为 MOBA 此类游戏的传播方式主要是通过朋友推荐，这决定了 MOBA 类游戏玩家之间的好友关系存在较强的真实社交联系。而腾讯在 2011 年就拥有 7.21 亿活跃 QQ 用户，通过 QQ 账号登录游戏成为此前腾讯游戏成功的关键。又因为此类游戏的获胜离不开团队合作，所以用户更青睐于与朋友一起进行游戏，以减少游戏中可能出现的矛盾和阻碍。所以此类细分市场也契合腾讯的社交基因。

《皇室战争》发布于2016年1月，也就是说2015年营收23.26亿美元，净利润9.64亿美元，其实是由《部落冲突》《海岛奇兵》和《卡通农场》三款游戏创造的，称之为“疯狂的赚钱机器”丝毫不过分。

和端游巨头动视暴雪和腾讯手游业务相比，Supercell也是完胜的状态。2015年动视暴雪营收为46.6亿美元，净利润为8.92亿美元。Supercell在2015年的营收为动视暴雪的一半，但利润却超过了动视暴雪。从时间和产品来看，Supercell仅成立6年，而动视暴雪已经有25年历史。Supercell只有四款游戏，而动视暴雪却有魔兽、星际争霸、暗黑破坏神系列和守望先锋、炉石传说等多款游戏。

和买方的腾讯相比，2015年腾讯手游的收入为213亿元，Supercell凭借三款游戏就占到了腾讯近72%的收入。按照腾讯的收购价，Supercell目前的估值为102亿美元。对比中国游戏公司的通常估值水平，102亿美元绝对不是一笔贵的交易。

（2）全球化战略布局

对于腾讯而言，收购Supercell势在必得，不仅仅是Supercell能给腾讯带来账面上的即时收益，游戏的发展，还关乎全球化战略和社交战略。按照Supercell的营收和利润，收购并表之后，立刻就能看到效果的就是收入、利润和现金流飙升。

从游戏的布局来看，腾讯手游的海外布局主要是在韩国和东南亚，欧美市场布局相对薄弱。Supercell对腾讯的国际化扩张和国际品牌战略而言，极为互补。另外，在手游市场越来越走向精品化和重度化的趋势下，Supercell优秀的游戏团队和产品，对腾讯未来产品创新的意义也非常重大。

Supercell 180人的团队，一年实现20多亿美元的营收，收购Supercell之后，将有助于腾讯继续提升游戏业务收入，同时弥补创新游戏的不足。腾讯在中国PC端游戏领域占据着统治地位，然而手游业务却只占腾讯游戏整体收入的三分之一，未来手游市场将超过PC是完全可以预见的，从这个角度看，腾讯的游戏霸主地位并不牢固。收购Supercell后，手游将会占到腾讯游戏收入50%以上的比重。加上Supercell的畅销市场是美国和欧洲，这对腾讯的国际化扩张是极为有利的，可以弥补单独依赖于中国市场的潜在风险。从数据上看，2015年腾讯的手游收入约213亿元。国内手游市场500亿元，腾讯占据了其中超四成的收入。而被收购对象Supercell 2014年营收为155.45亿元，双方在游戏领域的业绩均表现亮眼。与Supercell强强联手后，腾讯可以将触角进一步伸向全球市场，作为全球游戏霸主。

除了游戏之外，Supercell旗下拥有游戏的1亿日活跃用户、2.5亿个游戏内社区和全球市场，对于腾讯的社交业务可能也是难得的突破点。腾讯的QQ、微信平台用户在国内的增长速度不断放缓，另一方面，微信在走出去上，虽然投入巨大，但效果却不尽如人意，即便是在亚洲地区都难以和Line、WhatsApp抗衡。Supercell已经明确表示未来将和腾讯一起探讨游戏的社交玩法，那么微信或者QQ的账号接入也是可以预计的。对于社交工具的推广而言，关系圈是非常重要的，通过游戏导入原始用户，比较之前的导入方式更为便利。

2. 交易过程概述

2016 年 6 月 21 日，腾讯宣布将以大约 86 亿美元（折合人民币 566 亿元）的价格收购 Supercell，约占 84.3% 股份，如图 11－2 所示。腾讯将全部接手软银集团在 Supercell 的全部股权，软银集团彻底放弃了 Supercell 这棵摇钱树，这意味着腾讯不断扩张自己的游戏版图，软银为偿还债务不断割让地盘。2013 年以来，软银集团一直债台高筑。有数据显示，2016 年软银总债务高达 1082 亿美元，因过于庞大，美国评级机构穆迪已把软银的长期信用评级降至垃圾级。软银在 2015 年第三季度和 2016 年第一季度分别试图用 10.9 亿美元、44 亿美元拉动股票价格回升，但是并没有取得良好的的效果。所以无论是减轻债台高筑的压力，还是调整软银的发展战略，出让 Supercell 的股权都是在缓解债务压力、降低债务规模、调节资本结构，通过套现增加资金的流动性。因此软银不得不抛售利润可观的公司，筹集资金为母体回血。

香港交易及結算所有限公司及香港聯合交易所有限公司對本公告的內容概不負責，對其準確性或完整性亦不發表任何聲明，並明確表示，概不對因本公告全部或任何部份內容而產生或因倚賴該等內容而引致的任何損失承擔任何責任。

Tencent腾讯
TENCENT HOLDINGS LIMITED
騰訊控股有限公司
（於開曼群島註冊成立的有限公司）
（股份代號：700）

有關騰訊參與財團收購SUPERCELL OY大部分股權的須予披露交易

董事會欣然宣佈於2016年6月21日，經與Supercell協商後組成及現時由本公司全資擁有的財團已同意透過買方（財團的全資附屬公司）收購Supercell的大部分股權。該交易的條款載於由軟銀聯屬公司、若干Supercell員工股東及Supercell的若干前員工（統稱賣方）、Supercell、本公司（作為擔保人）及買方於2016年6月21日訂立的有條件股份收購協議。根據有條件股份收購協議的條款，買方將向賣方收購賣方之Supercell已歸屬證券，合共佔最多約84.3%的Supercell證券。總對價分三期支付，目前預計約為86億美元。

图 11－2 腾讯披露收购交易事项公告

这也促成了全球游戏史上最大规模的一笔收购，也是中国互联网史上金额最大的一笔海外并购。此次收购采用现金支付的方式，分三期支付，第一期约 41 亿美元在交割时支付，第二期约 2 亿美元在交割三年后支付，第三期 43 亿美元在“延迟收购价发布日”时支付。腾讯收购 Supercell 前后结构如图 11－3、图 11－4 所示。

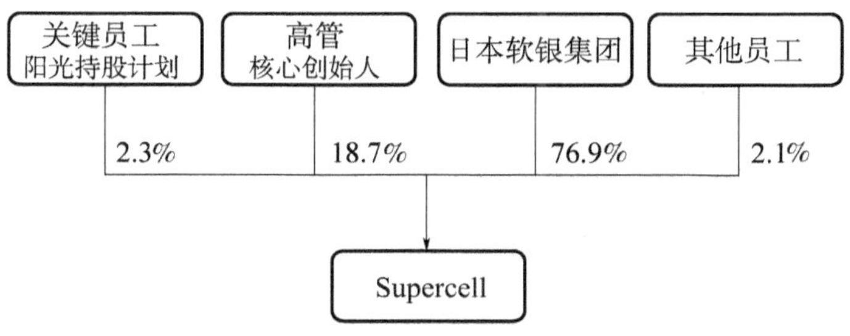

图 11－3 腾讯收购 Supercell 前结构

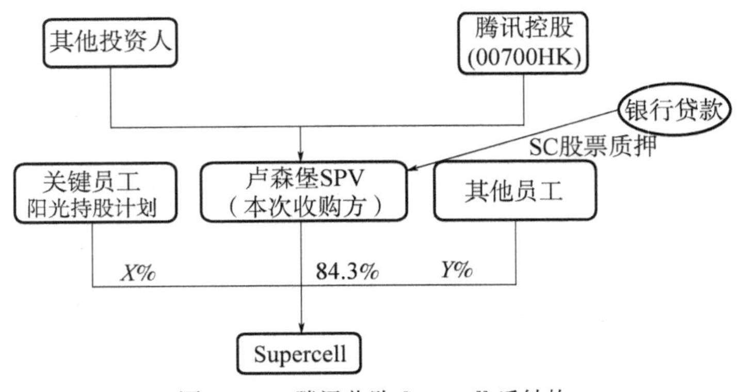

图 11－4　腾讯收购 Supercell 后结构

3. 收购方式

本次收购领头投资人为腾讯控股。腾讯控股是中国最大的社交平台，也是世界最大的在线及手机游戏平台运营商。在此次收购中，25 亿元将通过腾讯自由现金支付，21 亿元由其他投资者进行权益投资，40 亿元来自全球最大的商业银行债务融资。此次并购采用财团的方式进行。

本次交易流程为：

（1）投资者签订协议后，以有限合伙形式与普通合伙成立 Supercell 专项基金，投资者投资金额均由银行托管。

（2）专项基金再将钱汇出至一家开曼设立的 SPV 基金，之后此开曼基金将投资款投向香港 SPV。

（3）腾讯与香港 SPV、其他投资者以投资额为限共同成立一家位于卢森堡的 SPV，并以 SPV 为主体向银行贷款 40 亿美元。以此 SPV 作为收购方收购软银全部股份及员工所持部分股份。

收购完成后，将所收购股权质押至贷款银行，并每年付息。

根据市场研究公司 Newzoo 的数据，如图 11－5 所示，在腾讯收购 Supercell 的大部分股份之后，2016 年腾讯在全球游戏市场份额约为 13%，2016 年这一市场的总规模为 990 亿美元。

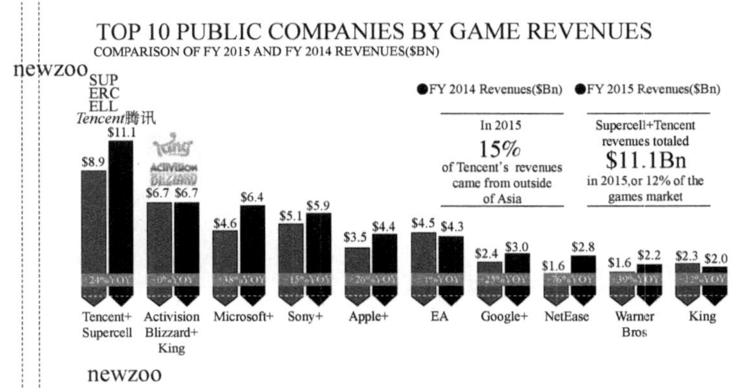

图 11－5　全球上市公司游戏收入 TOP10

数据来源：Newzoo。

腾讯与Supercell的结合意味着全球最大手游开发商和最大端游开发商完成合体，由此将带来覆盖全球的游戏平台效果和超大的用户规模。对Supercell来说，这将助其实现成为全球最大游戏公司的梦想，此外，腾讯不会干涉后者的运营也是Supercell最终接受收购的原因之一。

本次并购总估值为102亿美元，但最终用86亿美元进行收购，从支付方式来说，采用现金支付的形式，不会使腾讯公司原有的股权结构发生变动，不会引起控股权的转移和收益的稀释。对收购企业来说，以现金支付方式进行收购，短期内有大量现金支出，如果无法从其他途径获得必要的资金支持，公司财务压力会很大。但总的来说，此次并购是成功的，双方支付现金的方式采用递延支付，缓解了并购企业的现金支付负担。凭借腾讯在中国的市场领导地位、运营专长以及平台优势，通过与Supercell为全球玩家开发富有创意的游戏的能力结合，该交易能产生很大的协同效应。

三、对该案例的思考

（一）构建海外并购风险防范机制

腾讯在并购Supercell获得成功后，值得我们关注的是其参与海外并购构建的风险防范机制。

第一，选择业务线简单的研发型企业作为海外并购对象，有利于降低海外并购风险。这是因为相对于业务繁多、人员复杂的大型企业，业务线简单的研发型企业更加容易被并购方控制与整合。这也要求我国互联网企业抵制廉价资产和短期效益的诱惑，树立清晰的海外并购动机，注重长期的战略匹配。

第二，尊重文化差异，充分整合人力资源。我国的海外并购案例往往都会纠结于文化整合的问题，但是当文化差异达到一定程度时，不同的企业文化会诞生出显著不同于并购公司的组织惯例和行为规范，而且这些内容是无法被轻易更改且被其他公司简单复制的。特别是一些欧美企业存在自大骄傲的文化传统，不会轻易接受中国企业的领导，一旦在整合过程中稍有不慎，我国企业往往将面临因跨文化管理存在的矛盾冲突，最后以整合失败而告终。而腾讯海外并购Supercell的案例则提供了一个解决问题的新思路：通过建立与核心管理人员的沟通，保持自身战略投资者的身份，使Supercell仍能在其独特的企业文化下进行自主经营。当然，并购要在双方充分协商的基础之上，把双方的核心人才资源进行适当的调整，不能让人才在并购时发生不必要的流失。中国企业在进行海外并购要注意的是，不仅要掌握控股权，还应保留、吸引与培养一批技术与管理专业人才。最好是能够将人才保留下来。因为收购的人才资产往往是无形的，竞争优势很有可能随着关键员工的离开而荡然无存。从长期可持续的经营上，一方面，要充分利用被收购企业的人力资源，保留关键人才；另一方面，要加快培养一批本地的管理精英和技术骨干，形成核心竞争力。在海外并购产生以后，可以根据实际情况，给予被并购公司的人事权和保留相关核心业务团队的完整性，以保持原公司的业务能力。此外，对被并购公司的管理层、核心技术人员进行一些利益上的激励（如股权激励等），以保证他们原有的积极性。

这些措施都可以使得并购风险降低，保障并购活动顺畅进行，此外交易的合理、公平也是促进交易成功的关键，除了法律协议上的约定和各种条款安排之外，前期的充分调查，并购后的磨合接纳与沟通也同样重要。

（二）明确企业并购动机，完善价值评估方法系统

并购后从公司的整体战略出发，优化资源配置，发挥并购双方的优势，使公司快速纳入正常的经营轨道。希望通过并购不断发展企业，首先应从战略的角度出发，分析企业的外部条件和内部环境，明确并购的动机。不断搜集和了解信息，改善信息不对称情况，同时采用适当的估值模型确定目标企业价值。评估目标企业的价值是一个复杂的过程，企业可以采用多种方法对目标企业进行评估。并购企业应当根据并购的特点，选择合适的评估方法进行深入的研究分析。无论是买方还是卖方，在决定企业的最佳价格时，必须进行范围广泛的、全面的分析，才能避免得出错误的结论。

（三）优化并购企业的融资结构，选择合适的支付方式

各种融资方式均有自己的优缺点，企业可以采用一种或同时采用几种融资方式来筹集资本，以达到最佳的融资效果。在考虑用何种融资方式筹资时，首先应选择几种资本结构方案，将几个方案进行数据计算和分析，从中选择最优方案，改进资本结构，逐步使其达到最优。支付方式的选择是由并购双方共同决定的，这取决于双方的谈判能力、收购的性质等。对于并购企业来说，无论是现金、股票，还是债券支付方式都涉及收购规定的制约，并购方必须充分认识到不同支付方式的差别，依据具体情况做出正确的决策。

四、讨论的题目

本案例讨论题目依次为：

1. 此次并购的动因是什么？
2. 为什么此次并购主要采用财团的方式？
3. 为什么此次并购采用现金支付的形式？
4. 此次收购存在哪些潜在协同效应？
5. 影响协同效应实现的因素有哪些？
6. 从腾讯并购 Supercell 的融资结构与支付方式中我们学到了什么？

五、参考资料

[1] 宋健．企业并购财务风险分析与防范［J］．经贸实践，2017（01）：212－214.
[2] 赵玥．企业并购中的财务风险问题研究［J］．财经界（学术版），2017（06）：110－113.
[3] 杨敏．企业并购财务风险控制及规避［J］．市场周刊（理论研究），2017（05）：67－68.
[4] 潘艳．企业并购财务风险问题探究［J］．人才资源开发，2017（12）：220－221.
[5] 张发洪．企业并购中的财务风险及其控制［J］．经营与管理，2017（07）：124－126.

[案例说明书]

一、本案例需要解决的关键问题

本案例需要解决的关键问题：本案例旨在帮助学员通过研究、分析、理解和掌握企业并购及财务风险的相关知识；另外，学员可以在此基础上，结合公司并购的情况，对公司并购方式及风险进行评价，从而为未来将其运用到经营活动的实践当中去。

二、案例讨论的准备工作

为实现本案例的教学目标，学员应在案例讨论前通过预发材料了解以下相关知识背景。

（一）理论背景

企业并购的基本理论：概念、类型、风险、动因；互联网企业并购特点、风险点。

（二）行业背景

案例内容发生前后国内外互联网行业发展特点；国内互联网行业并购现状；国内互联网企业财务状况概况。

（三）制度背景

互联网行业的这种特殊性，使得互联网企业的海外并购遇到的政治风险是不容忽视的。我国互联网企业在境外并购会遭到被并购方国家在政治和法律上的阻挠，政治风险问题初步引起我国互联网企业跨国并购的关注。这些风险可能使原并购项目变得没有可行性，导致未来能够获得利润的能力下降，使整个并购整合活动失败。很多互联网海外并购时都会存在被并购方国家政治利益和种族宗教斗争，这种地方本土保护主义和政局的不稳定性都非常容易带来政治风险。所以需要了解芬兰《贸易法》相关规定。

三、案例后续发展

随着腾讯在“滚雪球”效应之下的日益强大，它正在通过“土豪”的手段摆脱“山寨”的帽子，从联合控股暴雪、全面收购拳头，再到投资《魔兽》电影，以及现在收购的Supercell——腾讯选择用最直接有效的方式提高自己的产品质量和全球游戏市场的占有份额。对于Supercell来说，加入腾讯家族意味着需要比以前更加努力。收购Supercell能帮助腾讯稳固其在移动游戏上的地位，并且吸纳优质产品提升竞争力。早年的腾讯依靠着强大的用户量从而快速在移动游戏市场脱引而出，然而随着各大游戏公司精品化战略的跟进以及玩家愈发的看中游戏品质而非来者不拒，单纯靠用户体量来推游戏已经是有些过时的玩法了。另一大意义在于，腾讯在海外市场的表现实际上并不符合自身巨头的地位，通过收购这样一家在世界范围内都赫赫有名的移动游戏公司，或许有助于其在海外市场的开拓。

四、教学组织方式

（一）问题清单及提问顺序、资料发放顺序

本案例讨论题目依次为：

1. 此次并购的动因是什么？
2. 为什么此次并购主要采用财团的方式？
3. 为什么此次并购采用现金支付的形式？
4. 此次收购存在哪些潜在协同效应？
5. 影响协同效应实现的因素有哪些？
6. 从腾讯并购 Supercell 的融资结构与支付方式中我们学到了什么？

（二）课时分配

本案例可以按照如下的课堂计划进行分析和讨论，仅供参考，可根据授课具体情况调整时间或略去其中某一部分。整个案例课的课堂时间控制在 90—120 分钟。

内　容	主讲人	时　间	说　　明
课前准备	教师		提前发放资料，提出启发思考题，请学员在课前完成阅读和初步思考
讨论问题 1	分组讨论	15—20 分钟	根据学员获得的资料发表观点和看法
讨论问题 2	分组讨论	10—15 分钟	学员自由发言，教师参与讨论并参与分析
讨论问题 3	分组讨论	10—15 分钟	学员自由发言，教师参与讨论并参与分析
讨论问题 4	分组讨论	10—15 分钟	学员自由发言，教师参与讨论并参与分析
讨论问题 5	分组讨论	10—15 分钟	学员自由发言，教师参与讨论并参与分析
讨论问题 6	分组讨论	15—20 分钟	学员自由发言，教师参与讨论并参与分析
案例总结	教师、学员	10 分钟	学员自主发言，教师进行总结
课后计划	学员	—	以本案例为基础，关注其他同行业公司，进一步对比分析

（三）讨论方式

本案例拟采用小组式的讨论方式。

（四）课堂讨论总结

课堂讨论总结的关键是：根据小组发言与辩论情况，进行归纳总结，教师就学员的讨论情况进行点评，就如何运用理论知识去解决实际问题提出建议并引导学员对案例后续发展做出展望，并在课后继续跟踪最新进展。

案例 12

渤海金控收购 AVOLON 案例分析*

* 1. 本案例由广东工业大学管理学院的许慧、关鹤、胡婧琳、吴家宜、苏翊栋、李迪等共同撰写，作者拥有著作权中的署名权、修改权、改编权。

2. 将本案例授权予广东工业大学产教融合 MPAcc 教学智库实验平台使用，广东工业大学产教融合 MPAcc 教学智库实验平台享有复制权、修改权、发表权、发行权、信息网络传播权、改编权、汇编权和翻译权。

3. 由于企业保密的要求，在本案例中对有关名称、数据等做了必要的掩饰性处理。

4. 本案例只供课堂讨论之用，并无意暗示或说明某种管理行为是否有效。

[案例封面]

专业领域：财务管理

适用课程：《资本运营理论与实务》《财务管理理论与实务》

选用课程：《资本运营理论与实务》《财务管理理论与实务》

编写目的：本文旨在引导学员进一步关注并总结渤海金控资本运营的模式，结合其资本运营模式所产生的效应，研究其完善资本运营的配套对策，并延伸到其他行业。该案例以海航集团渤海金控的资本运营为案例，利用文献研究与案例分析相结合的方法，一方面，学员可以了解我国航空业租赁的基本情况以及渤海金控多元化的融资渠道和发展战略；另一方面，学员在了解已有融资渠道和融资过程的基础上，进一步关注企业后续并购后的整合运作，启发学员如何达成快速、高效、资产劲增的并购，拓宽学员对一系列并购融资的研究思路。

知 识 点：资本运营、外部融资、海外并购

关 键 词：资本运营、融资渠道、经营多元化

中文摘要：海航集团公司从最初的1000万元起家，凭借高超的资本运营能力和富有远见的战略，开航以来，资产劲增数千倍，一跃成为中国第四大航空企业集团，其旗下的子公司渤海金控也是同样，进入国际飞机租赁市场不过短短四五年，但发展速度惊人。2015年渤海金控完成了对爱尔兰飞机租赁公司Avolon的收购，迅速跻身全球前四大飞机租赁公司。这样的业绩和成长速度在国内外航空租赁企业发展史上，无论如何都是一个奇迹。本案例以渤海金控的资本运营为引导，对渤海金控开展资本运营的背景、动因和方式进行分析，总结归纳渤海金控资本运营的模式。本案例在素材选择、题目设计上都侧重于引导学员进一步学习和理解上市公司运营方式和融资方式。

[案例正文]

渤海金控是海航集团的全资子公司，它的前身是以飞机租赁、集装箱租赁、基础设施租赁、高端设备租赁为主营业务的渤海租赁。渤海租赁是中国 A 股市场唯一的上市租赁公司和全球最大的集装箱租赁服务供应商，注册资本 35.47 亿元。2015 年以来，渤海租赁先后入资渤海人寿、联讯证券，成为第一大股东，初步构建起以租赁业为基础，多元金融业态共存的大型金融控股集团。通过对公司不断进行资本运营，先后并购全球最大的飞机租赁公司 AVOLON 以及 CIT，渤海金控进入飞机租赁市场不过短短四五年，以惊人的发展速度成为全球第三大飞机租赁商。2016 年从渤海租赁正式更名为渤海金控投资股份有限公司。面对市场挤压、资金短缺以及产业形态单一，是怎样的资本运营能支撑渤海金控发展成全球第三大飞机租赁商并上市成功呢？

一、背景介绍

（一）宏观背景

从国内外对比上看，我国融资租赁行业是蓝海一片，尤其是中国的飞机租赁，由图 12－1 可以看出，我国租赁市场渗透率仅 4.14%，远低于发达国家 15%～30% 的水平；欧美国家目前增长率在 10% 左右，而中国的增长率则保持在 40% 以上。随着国产大飞机项目的推进，我国将有望在未来 20 年成为世界最大的客机市场，带动飞机租赁市场的高速增长，这个市场空间预计超过万亿元。

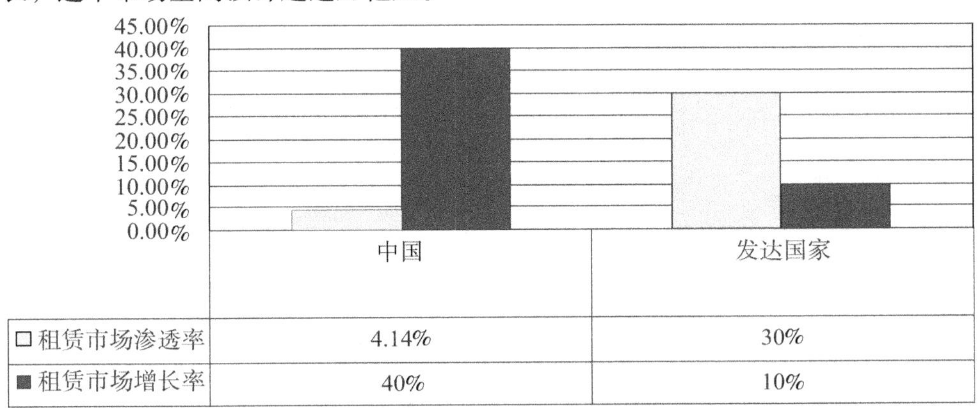

图 12－1　租赁行业指标

从战略布局上看，随着国内航空产业的不断发展，未来将有更多的飞机租赁需求。吸引中资公司纷纷进入。在渤海租赁收购 Avolon 之前，国内一批银行系金融租赁公司都开展了飞机租赁业务，国银租赁、中银租赁、工银租赁的机队规模在全球也排在前列。飞机租赁是海航集团下一个发展重点，渤海租赁预计会通过持续的海外并购，发展为世界第一的飞机租赁公司。

（二）行业背景

航空业是典型的资金密集型行业，也是典型的高杠杆行业，飞机租赁之所以成为国际飞机融资的主要方式，是因为传统融资方式（自有资金、政府投资和银行贷款等）已经无法满足航空公司更新、更快的机队扩张需求。飞机租赁不但是解决机队快速扩张与资金短缺矛盾最为有效的途径之一，同时还能降低季节性和周期性对航空营运的影响。

相对于传统航空运输业，飞机租赁公司拥有更高的净利润率，可以达到15%～20%。且飞机租赁行业目前处在上升势头，航空租赁领域的前景备受看好，据统计，全球航空运输业所使用的飞机2/3以上通过租赁方式获得。

经过行业内一系列的并购，国际飞机租赁市场已经逐步走向了集中化、规模化的产业格局。根据行业机构Flight global的报告，截至2015年，全球前五十大飞机租赁公司中，前十大飞机租赁公司的资产价值占到了一半以上，排名为通用电气旗下的GECAS，欧洲AERCAP、CIT、AVOLON。根据IATA（国际航空运输协会）的预测显示，到2020年，飞机租赁公司所拥有的飞机数量将占据整个市场份额的50%。

三大国航与海航及其他航空公司民航及货运市场份额如图12－2、图12－3所示。

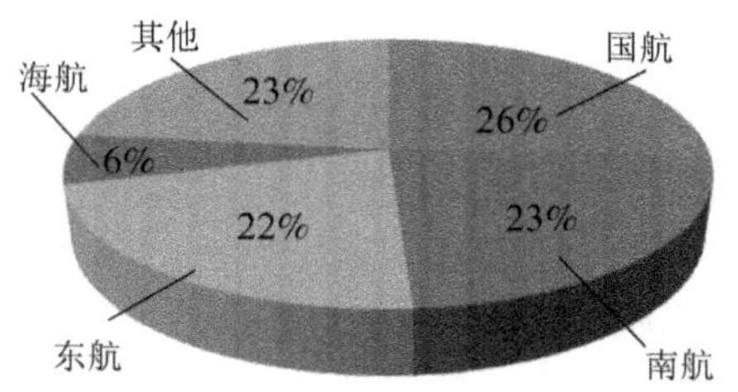

图12－2　航空业民航市场份额

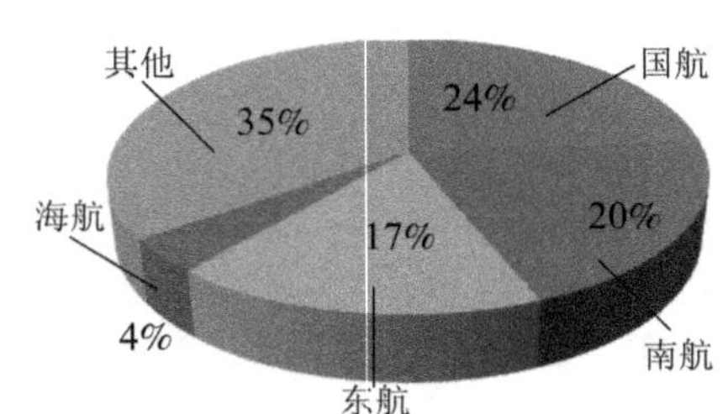

图12－3　航空业货运市场份额

由图可看，无论民航还是货运，三大航空集团市场份额均占全行业的60%以上，远大于海航以及其他航空公司的总和。同时，三大航空集团资产规模、飞机架数也遥遥领先，为海航强劲的竞争对手。

（三）公司背景

1. 海航公司背景

海航集团成立至今，位列中国地产50强，成为中国第六、全球20强酒店集团。业务板块如图12－4所示，业务涉及航空、酒店、旅游、地产、商品零售、金融、物流、船舶制造、生态科技等领域，2016年实现收入逾6 000亿元，为社会提供就业岗位逾41万个。2016年7月，海航集团以营业收入295.6亿美元进入《财富》世界500强，位列第353位，排名较上年上升111名。

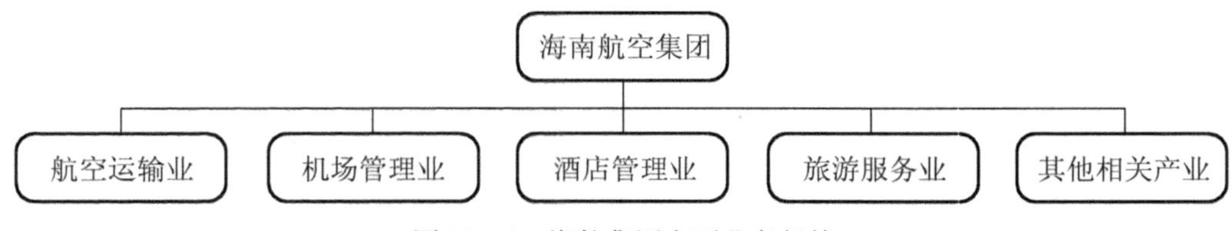

图12－4　海航集团主要业务板块

2. 渤海租赁背景

渤海租赁是中国A股市场唯一的上市租赁公司和全球最大的集装箱租赁服务供应商，注册资本35.47亿元。业务板块如图12-5所示，公司以飞机租赁、集装箱租赁、基础设施租赁、高端设备租赁为主要业态。2015年以来，渤海租赁先后入资渤海人寿、联讯证券，成为第一大股东，初步构建起以租赁业为基础，多元金融业态共存的大型金融控股集团。

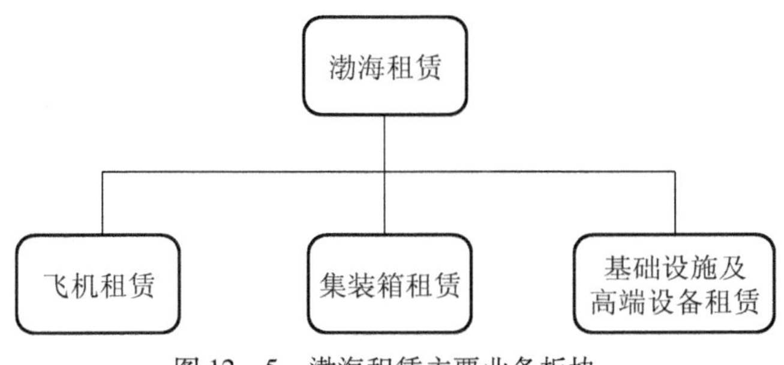

图12-5 渤海租赁主要业务板块

其控股子公司香港航空租赁为全球前20大飞机租赁公司之一，全资子公司天津渤海租赁则是国内规模最大的内资融资租赁公司。

3. Avolon公司背景

Avolon总部位于爱尔兰，主要从事国际飞机租赁业务，业务主要集中在北美、欧洲、亚太等地区，为全球33个国家的56家航空公司提供飞机租赁业务，有稳定的收入基础。截至2015年上半年，Avolon自有、管理和承诺购买的飞机达到260架，平均机龄仅为2.60年，机龄短，基本没有不良资产。

2014年度和2015年1—6月，Avolon实现净利润分别为9 110万美元和1 0497万美元，盈利能力较好。

二、海航渤海收购AVOLON的原因

（一）飞机租赁是蓝海行业

飞机租赁行业暂时是一种没有恶性竞争、充满利润和诱惑的新兴行业，受到李嘉诚、巴菲特等资本大鳄的追捧。一方面，飞机租赁作为航空公司增加运力的一种重要的途径，可以为航空公司节省巨额的资本支出，降低季节性和周期性对航空营运的影响。在经济向好的背景下，新增运量和飞机替换的需求将给航空运输公司带来较大的资金压力，航空运输公司会越来越倾向于租赁飞机。另一方面，飞机租赁行业如今的兴盛源于国际航空业广阔的市场空间。根据航空咨询机构Ascend的预测，2013年至2032年，全球服役商用飞机总数将持续以复合增长率3.7%的比例增长，2013年至2032年，全球将会交付超过34 900架商用飞机，到2032年底，全球将会有超过41 000架服役商用飞机。由此可见，飞机租赁行业有巨大的市场，渤海租赁收购Avolon的原因明显可见。

（二）“一带一路”政策推动

其实民航业的国际化战略，早在2008年就已提出了。在“一带一路”倡议下，政府鼓励国内企业走出去，并购国际优质资产，为此专门设立并购贷款，为并购企业提供资金支持。在对外开放的政策支持下，航空企业的航线拓展将跟随“一带一路”倡议，继续加密“一带一路”相关航线，因此将会刺激航企开通洲际航线并促进飞机的需求，部分航企将走向国际化之路，这在一定程度上也会推进国际飞机租赁业务的发展。

（三）拓展飞机租赁业务范围

渤海租赁的租赁业务主要有集装箱租赁、飞机租赁、基础设施租赁，近年来涉及新能源汽车、医疗器械租赁。Avolon总部位于爱尔兰，主要从事国际飞机租赁业务，为全球33个国家的56家航空公司提供飞机租赁业务。截至2015年6月30日，Avolon机队规模达到260架。根据Airline Business航空商务杂志的数据，Avolon排名行业第11位。渤海租赁在飞机租赁业务上，公司目前在行业里排名在20位左右，规模并不很大。如果能成功收购Avolon，实现规模效应，降低租赁价格，形成竞争优势，定能帮助渤海租赁拓展飞机租赁业务范围，优化整合渤海租赁飞机租赁业务，提高市场占有率，实现行业排名居前的愿望，提升渤海租赁行业地位。

（四）海航渤海多元金融业态战略

在收购Avolon之前，渤海租赁于2015年5月14日发布公告，公司以每股2元受让美兰机场持有的1.12亿股联讯证券股权，转让总价为22 330万元，占联讯证券总股本3.57%。这打破了市场之前对于渤海租赁仅作为海航集团租赁运作平台的预期。为了构建以租赁为基础、多元金融业态并存的发展战略，渤海租赁继续发力，拟将Avolon纳入旗下，向多元金融继续迈进。之后渤海租赁改名为渤海金控更是其实施多元金融业态战略的体现。

（五）海航集团多元发展需要资金

海航集团作为在海外收购最积极的中国公司之一，试图建立一个包括航空、物流、酒店和旅游等领域的商业帝国。海航集团之前进行大规模的并购，业务涉及多个领域，多元化发展需要大量的资金。在9月份海航子公司渤海租赁再次斥资人民币约162亿元收购Avolon，可见海航对此次收购的信心，认为此次收购能助力海航航空业的发展，实现由旗下子公司渤海租赁带来的相对较低的飞机租赁成本，减少资金的支付，减缓多元化发展的资金压力。同时，收购后带来的可观利润，也能满足海航集团多元化发展的资金需求。

三、渤海租赁收购 AVOLON 过程

（一）收购时间线

1. 2014 年

2014 年 8 月 14 日，中航资本发布公告，承认公司就 Avolon 公司股权收购事项与收购相关方进行了会谈，并聘请中介机构对 Avolon 公司进行了初步尽职调查，同时指出公司不能保证将就 Avolon 公司股权收购事项签订最终协议，该收购事项能否最终完成存在不确定性。随后，中航资本向 Avolon 公司的股东提交了确定性报价文件，Avolon 方面表示不能接受该报价。2014 年年底，中航资本宣布终止收购交易进程。

2014 年 12 月，在拒绝了中航资本的收购之后不久，Avolon 实现纽约证券交易所上市，发行价 20 美元/股。

2. 2015 年

Avolon 上市一年半后，2015 年 7 月 7 日，渤海租赁拟筹划收购海外飞机租赁资产事项，为维护投资者利益，经申请，公司股票自 2015 年 7 月 7 日开市起停牌。

2015 年 7 月 14 日，海航旗下渤海租赁表示为进一步提升公司国际化水平，加强公司在全球飞机租赁行业的影响力和市场占有率，提高公司盈利能力，公司旗下子公司 GAL 拟以要约方式收购 Avolon 20% 的股份，收购价格为每股 26 美元，交易价格预计 4.2 亿美元，折合人民币约 26.51 亿元。

2015 年 7 月 30 日，公司召开 2015 年第五次临时股东大会，审议通过了《关于公司子公司拟要约收购 Avolon 20% 股权的议案》等议案。

2015 年 8 月 1 日，公司召开了临时董事会，授权公司经营管理团队根据市场情况，对 Avolon 经营情况、市场竞争情况等进行全面分析后向 Avolon 提交全面要约收购其 100% 股权的非约束性报价。

2015 年 8 月 10 日，公司召开了 2015 年临时董事会，审议通过了《关于公司与 Avolon 签订〈排他性协议〉的议案》，并于同日与 Avolon 签署了《排他性协议》。（注：排他性协议是指与一方订立协议进行授权后，不得再就同一事项与其他人订立协议，除权利人自己可以实施外，不得再授权他人行使某项权利。）

2015 年 9 月 4 日，Avolon 发布公告宣布，已与渤海租赁签署收购协议，公司董事会已经无条件通过以每股 31 美元进行私有化，该报价较 7 月 13 日未宣布竞购消息前的股价有 31% 的溢价。

2015 年 9 月 7 日，海航集团旗下渤海租赁股份有限公司发布公告称，公司已经与 Avolon 签署协议，收购该公司 100% 股权。

公告显示，渤海租赁之全资子公司 Mariner 与 Avolon 签署了附条件生效的《合并协议》，各方同意 Mariner 与 Avolon 合并，合并完成后，Mariner 并入 Avolon。Avolon 为存续公司并成为渤海租赁全资子公司 GAL 之全资子公司，Avolon 原发行在外全部 82 428 607 股普通股全部注销，Avolon 原普通股股东将获得每股 31 美元现金对价。本次交易的交易金额约为 25.55 亿美元（约合人民币 162.39 亿元）。以上流程如表 12 - 1 所示。

表 12－1　海航渤海收购动作

时　　间	
2014 年 8 月	中航资本提出收购 Avolon
2014 年 12 月	Avolon 拒绝中航资本
2015 年 7 月 7 日	渤海租赁拟筹划收购海外飞机租赁资产
2015 年 7 月 14 日	渤海租赁拟以要约方式收购 Avolon 20% 的股份
2015 年 7 月 30 日	通过了《关于公司子公司拟要约收购 Avolon 20% 股权的议案》
2015 年 8 月 1 日	渤海租赁向 Avolon 提交全面收购其 100% 股权的非约束性报价
2015 年 8 月 10 日	通过了《关于公司与 Avolon 签订〈排他性协议〉的议案》
2015 年 9 月 4 日	Avolon 宣布，已与渤海租赁签署收购协议
2015 年 9 月 7 日	渤海租赁宣布与 Avolon 签署协议，收购该公司 100% 股权

（二）收购风险

1. 审批风险

Avolon 董事会已审议通过本次交易相关安排，本次交易需取得的批准或核准包括但不限于渤海租赁董事会、股东大会对本次交易批准，Avolon 股东大会对本次交易的批准，国家发改委、天津市发改委、天津市商务委关于本次交易的备案，通过相关政府当局对本次交易的反垄断审查。此前证监会要求渤海租赁就国内外会计处理差异进行公告，说明并购海外资产时有审批风险。

2. 保证金损失风险

根据合并协议的约定，如因可归咎于公司的原因导致本次交易终止，渤海租赁需在合并协议终止之日起 2 个工作日内向 Avolon 支付 35 000 万美元的“分手费”，所以此次并购存在保证金损失的风险。

3. 其他竞争者风险

尽管《合并协议》已经约定，如因 Avolon 与第三方达成竞争性的收购方案并导致本次交易终止，Avolon 需向公司支付 10 000 万美元的分手费，但是不能排除在本公告发出后其他竞争者向 Avolon 及其股东提出较本公司更有吸引力的收购价格的可能性。这一方面可能会抬高公司的收购价格，另一方面可能会导致本次收购失败。

（三）收购结果

2016 年 1 月 8 日 Avolon 宣布其股票已经在纽约证券交易所停止交易，正式成为渤海租赁全资子公司。渤海租赁方面宣布将把 Avolon 打造成为海航集团旗下飞机租赁核心品牌，并将负责管理渤海租赁旗下另一家子公司香港航空租赁有限公司（HKAC）的业务。Avolon 总部将继续保留在都柏林，同时以香港作为战略上的亚洲区总部，并在迪拜、上海、新加坡和美国设有代表处。

1 月 11 日完成收购 Avolon 后，通过对 Avolon 和海航香港的整合，渤海租赁飞机租赁业务市场价值达到 84.75 亿美元，机队规模 331 架，行业排名第四，市场占有率得到显著提升。

2016年1月15日，渤海租赁发布公告称根据此前召开的董事会临时会议，拟将公司名称由“渤海租赁股份有限公司”变更为“渤海金控投资股份有限公司”（表12－2）。

表12－2　海航渤海收购动作

时　间	
2016年1月8日	Avolon成为渤海租赁全资子公司
2016年1月11日	渤海租赁行业排名升为第四
2016年1月15日	渤海租赁更名为渤海金控投资股份有限公司

（四）后续动作

在Avolon完全并入海航的一个月后，也就是2016年2月16日，海航集团旗下的渤海金控Avolon计划以现金收购纽交所上市公司CIT下属的商业飞机租赁资产，交易价格预计超过100亿美元。CIT是美国纽交所的上市公司，金融和租赁资产超过650亿美元。根据Flightglobal截至2015年底的排名显示，CIT集团下属商业飞机租赁业务从机队规模上看在行业内排行第三，从持有的飞机总价值上看在行业内排名第七。

1. 资金来源

渤海金控通过银行贷款，以保证充足的现金量。在收购CIT下属商业飞机租赁业务的报告书中，渤海金控表示其所需资金来源为公司自有资金、境内外银行贷款。而境外银行Morgan Stanley和UBS给予的不超过85亿美元的贷款，显然成为此次并购中最重要的资金来源。

2. 自有资金

在自有资金方面，根据渤海金控公布的数据，截至2016年11月30日，该公司非受限资金合计91.95亿元人民币（约合13.35亿美元）。在CIT下属商业飞机租赁业务的并购中，渤海金控约定拟通过自有资金来支付6亿美元的交易保证金。但其中，渤海金控可动用的境外非受限资金约4.83亿美元，存在1.17亿美元的缺口。在国内收紧外汇管制的背景下，国内公司开展跨境大额并购业务时需申请办理外汇登记手续。为了减少外汇管制的风险，渤海金控选择适时处置公司境外机龄较大和老旧机型的飞机资产，为本次收购款项支付提供支持。

3. 银行贷款

在银行贷款方面，渤海金控除了获得不超过85亿美元的境外并购贷款外，其还取得中国银行海南省分行等值约14.7亿美元的贷款承诺函，两项合计最高可贷99.7亿美元。本次交易合计作价初步确定为约99.95亿美元，折合人民币约667.38亿元（按1：6.6778计算），较经调整的净资产溢价约6.70%。

渤海金控将以公司自有资金、国内银行贷款及境外银行贷款进行支付，CIT将通过新设立的公司统一整合飞机租赁资产，后者再注入Avolon。按照渤海金控16日发布的《重大资产购买报告书》，渤海金控一方由Avolon旗下的全资子公司Park出面，后者是专门为此次交易成立的公司。而在CIT一方，也专门成立了一家名为C2的公司，用于整合

CIT 旗下的商业飞机租赁业务，C2 的资产整合完成后将会全部注入 Park 公司。

4. 收购结果

渤海金控进入国际飞机租赁市场不过短短四五年，但发展速度惊人。渤海金控完成了对爱尔兰飞机租赁公司 Avolon 的收购，迅速跻身全球前四大飞机租赁公司。而此次与 CIT 的交易最终完成后，渤海金控的机队规模将会在现有基础上翻倍，达到 900 多架，成为全球第三大飞机租赁商。

四、参考资料

[1] 李慧敏. 渤海租赁并购绩效案例分析 [J]. 时代金融，2016 (8).

[2] 汪萍. 渤海租赁存在的财务问题分析 [J]. 物流工程与管理，2014 (2)：140 - 141.

[3] 孙婷. 渤海租赁 (000415)：外延式扩张支持高速发展 [J]. 证券导刊，2014 (5)：73 - 74.

[4] 海外并购政策条款，新浪财经

[5] 冯向东. 中国企业海外并购绩效研究 [D]. 大连：东北财经大学，2012.

[6] 张华. 我国民营企业跨国并购的多元比较与实证分析 [D]. 青岛：中国海洋大学，2006.

[7] 渤海金控公司年报，巨潮资讯网。

[8] 渤海租赁公司年报，巨潮资讯网。

五、讨论问题

1. 海航渤海金控的融资渠道是高度多元化还是过度依赖某几个渠道？说出理由。
2. 除了渤海金控已有的融资渠道外，租赁产业还可以开拓哪些融资渠道？
3. 渤海金控面临竞争对手和市场挤压如何能达到快速整合资源并购成功？
4. 面临巨大融资金额的情况下，该如何从不同渠道加强渤海金控的融资监管？

[案例说明书]

一、本案例要解决的关键问题

本案例要实现的教学目标在于：引导学员进一步关注资本运营及其运营的模式，即研究公司以资本最大限度增值为目的，对资本及其经营活动，根据本案例的资料，一方面，学员可以了解我国航空租赁行业的基本情况、渤海金控多元化的融资渠道以及各个渠道的应用，另一方面，学员在了解已有融资渠道和融资过程的基础上，进一步关注企业并购后的整合运作，拓宽学员对并购融资整合一系列动作的研究思路，拓展学员关于并购的研究领域。

二、案例讨论的准备工作

为了有效实现本案例目标，学员应该具备下列相关知识背景。

（一）理论背景

资本运营，就是对集团公司所拥有的一切有形与无形的存量资产，通过流动、裂变、组合、优化配置等各种方式进行有效运营，以最大限度实现增值。可以把企业的资本运营分为资本扩张与资本收缩两种运营模式。资本运营可以优化企业的资本配置及增强资本流动，从而最大限度实现资本增值，达到生产规模的扩大。

并购的内涵非常广泛，一般是指兼并（Merger）和收购（Acquisition）。兼并又称吸收合并，即两种不同事物，因故合并成一体。指两家或者更多的独立企业，公司合并组成一家企业，通常由一家占优势的公司吸收一家或者多家公司。收购指一家企业用现金或者有价证券购买另一家企业的股票或者资产，以获得对该企业的全部资产或者某项资产的所有权，或对该企业的控制权。企业并购的过程实质上是企业权利主体不断变换的过程。产生并购行为最基本的动机就是寻求企业的发展。寻求扩张的企业面临着内部扩张和通过并购发展两种选择。内部扩张可能是一个缓慢而不确定的过程，通过并购发展则要迅速得多，尽管它会带来自身的不确定性。

（二）行业背景

航空业是典型的资金密集型行业，也是典型的高杠杆行业，飞机租赁之所以成为国际飞机融资的主要方式，主要是因为传统融资方式（自有资金、政府投资和银行贷款等）已经无法满足航空公司更快的机队扩张需求。相对于传统航空运输业，飞机租赁公司拥有更高的净利润率，可以达到15%～20%。且飞机租赁行业目前处在上升势头，航空租赁领域的前景备受看好，据统计，全球航空运输业所使用的飞机2/3以上通过租赁方式获得。

经过行业内一系列的并购，国际飞机租赁市场已经逐步走向了集中化、规模化的产业格局。根据行业机构Flight global的报告，截至2015年全球前五十大飞机租赁公司中，前十大飞机租赁公司的资产价值占到了一半以上。根据IATA（国际航空运输协会）的预测显示，在2020年，飞机租赁公司所拥有的飞机数量将占据整个市场份额的50%。

（三）制度背景

在“一带一路”政策指导下，政府鼓励国内企业走出去，并购国际优质资产，为此专门设立并购贷款，为并购企业提供资金支持。在对外开放的政策支持下，航空企业的航线拓展将跟随“一带一路”政策，继续加密“一带一路”相关航线，因此将会刺激航企开通洲际航线与引进飞机的需求。部分航企将走向国际化之路，这在一定程度上也会推进国际飞机租赁业务的发展，对于渤海租赁收购Avolon来说是一个好的时机。

三、教学组织方式

（一）问题清单及提问顺序、资料发放顺序

本案例讨论的题目依次为：

1. 渤海金控并购前的资金来源有哪些？
2. 本案例的多元融资方式给你带来了哪些思考？
3. 渤海金控是如何完成租赁业整合继而扩大公司影响力的？
4. 渤海金控并购成功的原因有哪些？
5. 渤海金控的融资渠道是否能推广到其他行业？为什么？
6. 对融资面临比较大的财务风险的渤海金控来说，该如何从不同渠道加强融资监管？
7. 并购后，渤海金控的财务指标有哪些变化？

（二）课时分配

1. 课后自行阅读资料：约3小时；
2. 小组讨论并提交分析报告提纲：约3小时；
3. 课堂小组代表发言、进一步讨论：约3小时；
4. 课堂讨论总结：约0.5小时。

（三）讨论方式

本案例可以采用小组式进行讨论。

（四）课堂讨论总结

课堂讨论总结的关键是：归纳发言者的主要观点；重申其重点及亮点；提醒大家对焦点问题或有争议观点进行进一步思考；建议大家对案例素材进行扩展研究和深入分析。

案例 13

豪掷 56 亿美元拿下 GE 家电：青岛海尔－GE 新联盟诞生*

* 1. 本案例由广东工业大学管理学院的许慧、李迪、关鹤、吴家宜、苏翊栋、胡婧琳等共同撰写，作者拥有著作权中的署名权、修改权、改编权。
  2. 将本案例授权予广东工业大学产教融合 MPAcc 教学智库实验平台使用，广东工业大学产教融合 MPAcc 教学智库实验平台享有复制权、修改权、发表权、发行权、信息网络传播权、改编权、汇编权和翻译权。
  3. 由于企业保密的要求，在本案例中对有关名称、数据等做了必要的掩饰性处理。
  4. 本案例只供课堂讨论之用，并无意暗示或说明某种管理行为是否有效。

[案例封面]

专业领域：财务管理
适用课程：《财务管理理论与实务》
选用课程：《财务管理理论与实务》
编写目的：本案例旨在引导学员进一步了解海外并购的设计、实施及后续整合风险的把控，使学员能够结合所学的并购理论和操作方法解决企业战略管理的实际问题，培养学员分析企业海外并购问题的综合能力。
知 识 点：海外并购的目的；支付方式的选择；整合风险
关 键 词：海外并购；风险控制
中文摘要：并购作为企业外部扩张的主要途径，对促进企业优化资源配置和实现规模经济方面有着重要作用。目前，我国许多家电企业已经开始实行跨国并购战略，但是由于我国在跨国方面的理论成果和实践经验较少，企业在并购过程中经常会遇到一些风险和困难，最后甚至导致并购失败。本案例通过对家电龙头行业青岛海尔的跨国并购及其绩效的研究，积极探索企业是否需要海外并购、如何选择并购目标及最优支付方式、如何完成风险的控制以改善家电企业的并购绩效。本案例侧重于引导学员进一步学习和理解海外并购的设计、实施及风险控制。

[案例正文]

近年来，中国家电企业加速了海外收购的步伐，先后有 TCL 收购法国彩电品牌汤姆逊和手机品牌阿尔卡特、创维收购德国电视机制造商美兹、海信收购有“液晶之父”之称的夏普电视在北美的业务等。2015 年 12 月 21 日，GE 家电业务出售招标开始，次年 1 月 14 日，青岛海尔与通用电气签署了《股权与资产购买协议》。根据上述协议，青岛海尔拟通过现金支付方式向通用电气购买其家电业务相关资产，协议交易金额为 54 亿美元（最终交易对价确定为 56 亿美元），其中债务融资占比 60%。同年 6 月，青岛海尔收购美国通用电气家电业务（GE）的交易完成。此举可看作中国家电企业迄今最大的一笔海外并购，对中国资本市场影响深远。GE 一直是中国企业学习的绝佳标杆，有着全球性的深远影响力。那么，青岛海尔凭什么并购 GE？并购之后又如何消化？

一、背景简介

（一）行业概况

1. 全球白电市场

全球白电市场整体小幅复苏。2016 年全球经济增速较 2015 年有所增长，发达经济体增长格局出现分化，新兴市场和发展中经济体整体增速逐渐企稳，全球白电市场持续复苏。根据欧睿国际统计，2016 年全球冰箱、洗衣机、家用空调零售额分别同比增长 4.7%、5.6%、4.5%。

根据欧睿国际全球大型家用电器调查数据显示，2016 年海尔大型家用电器品牌份额为 10.3%，实现八连冠。

2. 国内白电市场

2016 年行业表现平稳，受益于高温拉动空调销售、房地产市场转暖等因素影响，行业呈现前低后高走势。国内白色家电行业 2016 年小幅增长，据中怡康统计，2016 全年白电整体市场零售额规模同比增长 1.9%，达到 2980 亿元。其中空调受高温天气刺激需求、房地产拉动的效果最为明显，全年零售量增长 8.9%，零售额增长 9.1%；冰箱零售量增长 3.5%，零售额负增长 0.7%；洗衣机零售量增长 2.4%，零售额同比增长 4.6%。

根据中怡康数据，2016 年海尔冰箱、洗衣机、热水器零售量份额在保持第一基础上不断扩大份额优势：其中冰箱份额 25.11%，提升 0.94 个百分点；洗衣机份额 26.77%，提升 0.82 个百分点；热水器份额 18.41%，提升 0.66 个百分点。空调零售量份额为 10.09%，位居行业第三，其中智能空调份额 34.76%，以绝对领先优势位居第一。

3. 美国家电行业

作为全球经济霸主，美国是世界上经济实力最强、消费水平最高的国家之一，也是研发实力、技术水平最为领先的国家之一。近年来，随着海外制造成本提升、生产方式变革、本土比较优势渐显，美国大力实施“重振美国工业”战略，重点培育发展高端先进制造业新增长点，以抢占新一轮科技发展的制高点。家用电器作为美国高端制造业回流的重要支柱产业之一，存在较高的发展潜力。

（二）公司简介

1. 并购方——青岛海尔

海尔集团1984年成立于青岛，以家电业务为主，同时涵盖通讯、家居、物流、金融、房地产等多个业务领域。2016年9月20日，第22届中国品牌价值100强榜单发布，海尔集团以1 516.28亿元连续15年蝉联榜首。2016年10月11日，海尔集团入选《财富》2016年“最受赞赏的中国公司”榜单，位居国内电子电器类第一，并进入全球榜单前三名。

根据欧睿国际的调查数据，海尔集团大型家电2009—2016年的品牌零售量全球市场占有率蝉联全球第一（图13－1），尤其是冰箱、洗衣机、冷柜、酒柜销量均以巨大优势稳居全球第一。海尔集团的最终目标是成为全球家电的引领者，目前其用户已覆盖超过100个国家和地区，并在世界范围内拥有21个工业园区、10个研发中心、143 330个销售网点等。

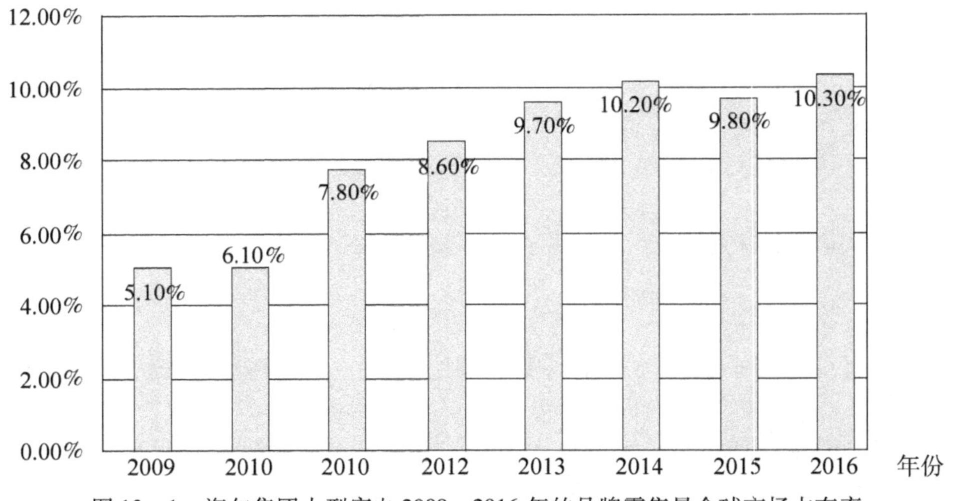

图13－1　海尔集团大型家电2009—2016年的品牌零售量全球市场占有率

数据来源：欧睿国际。

截至2016年12月31日，并购方青岛海尔的控股股东为海尔电气国际股份有限公司，海尔集团直接和间接合计持有青岛海尔41.05%的股份，为青岛海尔的实际控制人。青岛海尔股权结构图见图13－2。

多年来，海尔集团始终把创造用户价值作为目标，主要有五阶段的战略发展规划（表13－1）。目前，海尔集团正处于网络化战略发展阶段，通过建立“人单合一双赢”的自主经营体模式做网络化的企业。“人”即员工，“单”是用户需求，不是狭义的订单。“人单合一”即让员工与用户融为一体。而“双赢”则体现为员工在为用户创造价值的过程中实现自身价值。

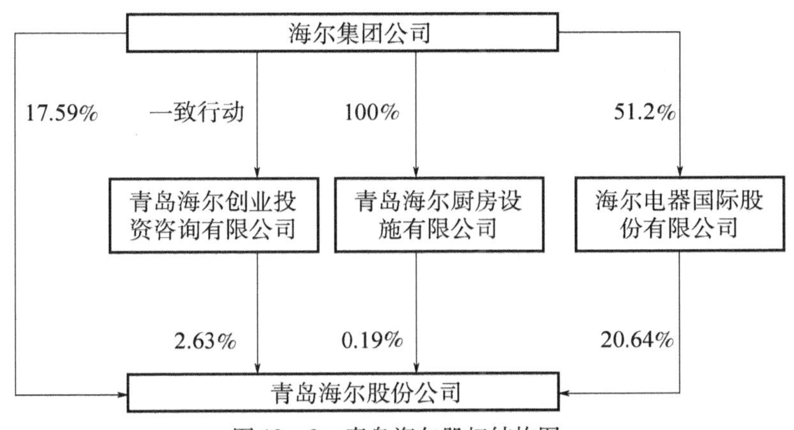

图 13-2　青岛海尔股权结构图

资料来源：根据青岛海尔公告整理。

表 13-1　海尔集团战略发展阶段

阶　段	战　略	具　体　表　现
1984—1991 年	名牌战略	创出冰箱第一品牌
1991—1998 年	多元化战略	创出家电第一品牌
1998—2005 年	国际化战略	创出国际品牌
2005—2012 年	全球化战略	创出全球白电第一品牌
2012—2019 年	网络化战略	创出互联网时代的管理模式

资料来源：根据青岛海尔公告整理。

青岛海尔的控股股东海尔集团堪称跨境并购的先行者。2011 年 10 月，海尔集团收购日本三洋白电，打通东南亚市场，并于 2014 年实现首次盈利；2012 年 9 月，海尔集团收购新西兰国宝级家电品牌斐雪派克，后在决策权、用人权、分配权“三权让渡”的治理机制下，使其品牌价值提升 20%，市场份额增长近 50%，树立了中国-新西兰企业合作的新典范。通过上述两个大的收购，海尔成功将版图扩张到日本、东南亚、澳洲。

2. 目标方——通用家电

通用电气（General Electric Company，GE）是一家多元化工业和金融服务公司，产品和服务范围广阔，工业板块涉及发电和水处理、航空、运输、石油天然气、医疗、能源管理、电器与照明等；金融服务业务范围涉及商业贷款和租赁、个人贷款、信用卡等。近三年来，公司不断进行业务调整，逐步剥离缩小金融板块，向核心工业板块倾斜。2015 年公司正式宣布“通用电气资本退出计划”，计划在两年内通过资产出售来降低其金融板块的规模，仅保留与其工业业务相关的航空、能源以及医疗设备等金融服务。目前，公司正积极发展工业互联网，致力于结合数字技术以及在航空、能源、医疗等领域的专业优势，向全球一流的数字化工业企业转型。

截止 2015 年 12 月 31 日，通用电气股权结构分散，无实际控制人，持有 5% 以上普通股的股东仅为 The Vanguard Group 和 Black Rock Inc. 两家，前十大股东均为机构投资者（表 13-2）。

表 13－2　通用电气前十大股东

序号	股东名称	股东性质	持股比例（%）
1	The Vanguard Group Inc.	机构投资者	5.9
2	BlackRock Inc.（NYSE：BLK）	机构投资者	5.7
3	State Street Global Advisors Inc.	机构投资者	3.7
4	Capital Research and Management Company	机构投资者	3.1
5	Fidelity Investments	机构投资者	2.1
6	T. Rowe Price Group Inc.（NasdaqGS：TROW）	机构投资者	1.5
7	Northern Trust Global Investments	机构投资者	1.3
8	BNY Mellon Asset Management	机构投资者	1.1
9	Trian Fund Management L. P.	机构投资者	0.8
10	Geode Capital Management LLC	机构投资者	0.8
合计			26

数据来源：Capital IQ（SEC 要求拥有 1 亿美元及以上的机构投资者按季度申报投资组合）。

本次交易标的为通用电气及其子公司所持有的家电业务资产，简称通用家电（GEAppliances，简称 GEA）。通用家电并非一个独立的公司，它包括 10 家全资子公司的 100% 股权，3 家合资公司的部分股权以及 3 家公司中的少数股权。据欧睿国际的统计数据显示，通用家电 2015 年的整体市场占有率为 20%，位列美国家电品牌第二；厨电产品的市场份额位列全美第一；制冷产品在美国市场占有率达 16.1%，位列全美第二；洗碗机位列全美第二；洗衣机则位列全美第四；大型厨电产品和微波炉在美国市场占有率分别达 24.6% 和 22.4%，位列全美第一。在消费者认可度方面，根据 Stevenson 市场调研机构的统计，在针对年收入 100 000 美元以上高收入家庭的品牌知名度评比中，通用家电以领先第二名两倍的高知名度夺得第一名，让通用家电成为美国高收入家庭身份的象征。当消费者考虑购买一件家电产品时，其中 28.2% 的消费者会考虑购买通用电气的家电产品（见表 13－3、图 13－3）。

表 13－3　通用家电主要财务数据　　单位：百万美元

项　　目	2015 年 9 月 30 日/2015 年 1—9 月	2014 年 12 月 31 日/2014 年度	2014 年 12 月 31 日/2014 年度
资产总额	3 535	3 238	2 881
负债总额	1 642	1 398	1 437
所有者权益合计	1 892	1 840	1 444
营业收入	4 658	5 908	5 783
EBITDA（折旧摊销息税前利润）	374	405	365
EBIT（息税前利润）	223	200	176

数据来源：根据青岛海尔公告整理。

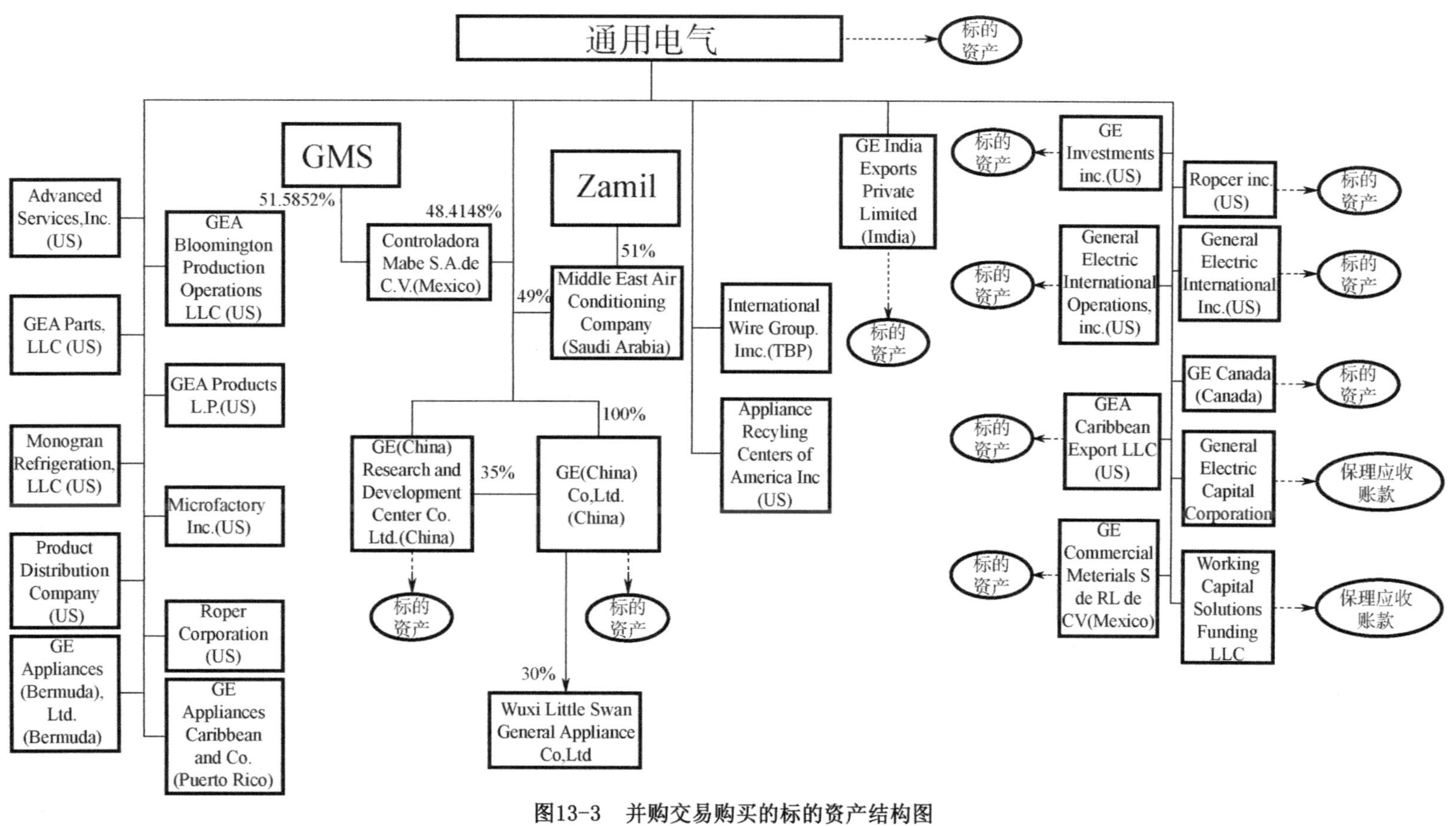

图13-3　并购交易购买的标的资产结构图

过去 8 年里，通用电气曾 3 次出售家电业务：2008 年，通用电气第一次出售家电业务，海尔曾参与竞标，最终出售未成功；2014 年，通用电气与瑞典公司 Electrolux 达成协议，拟作价 33 亿美元出售通用家电，但交易未能通过美国反垄断审查；2014 年之后，通用电气继续出售家电资产，交易依然采用竞标方式进行。路透社称，海尔的竞标对手包括三星、美的。最终海尔脱颖而出，竞标成功。

二、并购原因

青岛海尔之所以选择并购通用家电，有以下原因：

（一）业绩增速放缓

短期内，国内白电行业发展承压。一方面，国内经济增速放缓、房地产市场低迷，白电行业增长乏力；另一方面，国内劳动力、原材料价格上涨，家电行业成本压力上升。

经过三十多年快速发展，国内白色家电普及率已较高，更新需求成为主导，行业进入平稳增长期。目前我国白电行业增长驱动因素由销量增长转变为与消费升级结合的结构提升。白电行业已进入“消费升级”时代。最近几年，青岛海尔业绩增速放缓（图 13 - 4）。

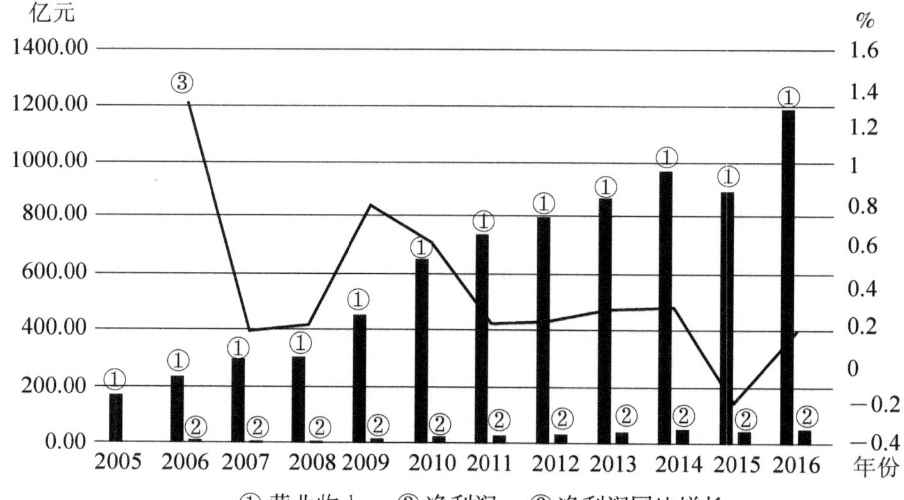

图 13 - 4　2005—2016 年青岛海尔业绩增速走势图

数据来源：根据青岛海尔公告整理，通用家电已在 2016 年 6 月底之前实现并表。

（二）提升盈利能力

凭借享誉全球的声誉与优秀的运营管理优势，通用家电长久以来拥有良好的业绩表现和稳健的增长预期。2013 年度、2014 年度和 2015 年前三季度营业收入分别为 57. 83 亿美元、59. 08 亿美元和 46. 58 亿美元，EBIT（息税前利润）分别为 1. 76 亿美元、2. 00 亿美元和 2. 23 亿美元。并购完成后，通用家电优质资产的注入将进一步优化青岛海尔的资产质量，提升盈利水平，为青岛海尔带来新的业绩增长点。通过进一步资源整合，发挥协同效应，青岛海尔的可持续发展能力得以提升，业绩稳健增长的目标将得到更好的保障，股东价值实现最大化。

青岛海尔与通用家电均为全球领先的家用电器制造商，分别在国内市场和美国市场具有强大的品牌影响力和高额的市场占有率。并购交易完成后，双方将在销售、生产、研发、采购、供应链等方面形成优势互补，通过销售网络互补、细分市场拓展、新产品开发和提升议价能力等方式实现收入协同效应，通过提升采购规模优势、提升质量能力和提高生产效率等方式实现成本协同效应，为实现成为横跨东西半球的家电行业全球领导者夯实基础。

（三）完成海外扩张

通过收购海外家电资产，海尔实现了全球化发展的战略布局。2011 年 10 月，海尔集团和日本三洋电器集团签署收购协议，三洋在日本的洗衣机和家用冰箱业务及其在印度尼西亚、马来西亚、菲律宾和越南的洗衣机、家用冰箱和其他家用电器销售业务正式纳入海尔麾下，并于 2014 年实现首次盈利；2012 年 9 月，海尔集团完成了对新西兰斐雪派克家电业务的并购，交易约合 7.66 亿美元，当时成为海尔尝试全球化 22 年来最大规模的海外并购，也是唯一的全资收购。

对于志在“世界家电老大”的海尔来说，GE 家电的出售对海尔是非常好的机会。海尔一直计划在北美市场大力发展，但截至 2015 年年底，海尔在北美市场主要销售产品为缝隙产品，市场占有率不高。而通用家电旗下的品牌为北美知名家电品牌。通用家电正是海尔理想的标的。自 2012 年以来，通用集团在家电方面增加了 10 亿多美元的投入，尤其是领先产品研发和生产设备改造方面进行了大力的投入。GE 家电的并购项目能够快速提升全球品牌布局，同时可以帮助海尔迅速占领北美市场，提升其在全球家电市场的竞争实力，孕育新的盈利增长点。

三、案例概况

早在 2008 年 5 月通用电气公司宣布将出售其家电业务时，海尔就表示了意愿，参与竞购的还包括韩国 LG、墨西哥 MABE 等公司。但由于对文化整合风险的担忧以及考虑到此前其他亚洲公司海外并购的失败经历，海尔最后宣布放弃并购。

此次通用电气依旧采用竞标的程序，青岛海尔在 2016 年 1 月 15 日发布公告，以现金收购通用电气及其子公司所持有的家电业务资产，交易金额为 54 亿美元，随后于 6 月 7 日完成支付，并于 2017 年 1 月 10 日根据《购买协议》约定的价格调整机制将最终交易对价确定为 5 611 601 583 美元，具体交易流程如表 13 – 4 所示，并购交易方案如表 13 – 5 所示。

表 13-4　并购交易实施情况

日　期	事　件
2016 年 1 月 14 日	青岛海尔召开第八届董事会第二十九次会议，审议通过本次交易的相关议案
2016 年 2 月 26 日	青岛市商务局向公司下发《企业境外投资证书》（境外投资证第 N3702201600044 号）
2016 年 3 月 3 日	美国联邦贸易委员会并购前申报办公室（Federal Trade Commission Bureau of Competition Premerger Notification Office）向公司和通用电气公司发出信函，根据该信函，本次交易的相关事宜已通过美国反垄断审查
2016 年 3 月 14 日	青岛海尔召开第八届董事会第三十次会议，审议通过本次交易的相关议案
2016 年 3 月 18 日	中华人民共和国国家发展和改革委员会向公司下发《项目备案通知书》（发改办外资备［2016］117 号），同意对本次交易予以备案
2016 年 3 月 31 日	青岛海尔召开 2016 年第二次临时股东大会，审议通过本次交易的相关议案
2016 年 5 月 21 日	青岛海尔收到墨西哥联邦经济竞争委员会（Comisión Federal de Competencia Económica）做出的决议，根据决议，本次交易的相关事项已通过墨西哥反垄断审查
2016 年 6 月 2 日	青岛海尔和通用电气收到百慕大金融事务管理局出具的《无异议函》（No Objection），准许 GE Appliances（Bermuda）Ltd 原股东 Banco Nacional de México 将其所持 GE Appliances（Bermuda）Ltd 注册资本转让予青岛海尔全资子公司 Wonder Global（Netherlands）Investment B. V.
2016 年 6 月 6 日（美国东部时间）	通用电气向青岛海尔提供其秘书执照（Secretary Certificate）经过公证的真实副本并确认通用电气董事会已授权其签署、交付及履行《股权和资产购买协议》并完成本次交易
2017 年 1 月 10 日	交易双方及相关各方签署《补充协议》（Side Letter）并根据《购买协议》约定的价格调整机制将本次最终交易对价确定为 5 611 601 583 美元

资料来源：根据青岛海尔公告整理。

青岛海尔向通用电气购买的资产除了家电公司的股权，还包括其非股权资产（不动产、相关知识产权及软件和技术、相关政府许可及授权、现金及等价物等）、负债（最终修订的营运资本报表中反映的相关负债、所承接的合同下产生的负债、税务协议下收购方需缴纳的相关税负等）。

表 13-5　并购交易方案

交易价格	初步作价为 54 亿美元
估值水平	（对应初步作价）EV/EBITDA 倍数为 9.78 倍，P/B 倍数为 2.59 倍
最终交易价格	56.1 亿美元
支付方式	现金支付
融资安排	自筹资金、并购贷款；其中 33 亿美元的并购贷款是由青岛海尔全资子公司 Haier US Application Solutions. Inv. 向国家开发银行股份有限公司申请，该贷款由青岛海尔及海尔集团公司提供全额担保，折合人民币为 218.55 亿元。该担保事宜已经被青岛海尔董事会、股东大会审议通过

资料来源：根据青岛海尔公告整理。

四、并购整合计划和后效

（一）并购整合计划

鉴于双方在国家文化、公司文化上各不相同，青岛海尔提出了“轻度整合”的策略。策略包括五个层面，如表 13－6 所示。

表 13－6　“轻度整合”策略的五个层面

整合内容	整 合 策 略
公司治理	基于董事会的治理，保证被并购方管理层的充分参与；在整合完成后，通用家电将独立运营；通用家电的董事会将由通用家电的高管团队、青岛海尔的高管团队以及两个独立董事组成。在董事会下，还将设立多个专业委员会，负责企业的战略制定、财务审计、薪酬管理、协同配合等工作
品牌	重视品牌，通过搭建品牌委员会机制，确保对并购方品牌价值的保护与升值
管理机制	管理独立，坚持并购后的本土化、独立化运营；并对关键能力的培育提供充分支持，包括研发、品牌和先进制造等；成立协同委员会，对两家企业的研发、采购、营销进行协同管理
人力资源	保留管理人才，提供更加广阔的全球范围职业发展平台，保留原有的组织结构和高管薪酬计划以防人才流失；签订《员工事务协议》《全球员工服务协议》
企业文化	文化融合，评估并购双方的文化特点，通过内部员工沟通和文化研讨会等方式实现最大程度上的文化融合

资料来源：公开数据整理。

青岛海尔将给予通用家电高度自治权，让其继续独立运营，将文化差异带来的震荡降到最低。海尔的“人单合一”也会应用于通用家电并根据本土情况做出“轻度整合”，从而调动员工积极性，实现多元文化的并存。

为达成此次并购的目的，青岛海尔通过其香港全资子公司海尔香港在美国、荷兰、新加坡、印度、韩国、BVI 等国家和地区设立公司，用于承接此次并购的相关资产。

在青岛海尔完成对通用家电的并购后，青岛海尔的海外业务占比增大，（2016 年度，青岛海尔国外地区收入占公司总收入的比例约为 40%），外币收入占比较大，而成本构成大部分为本币（人民币），收入与支出币种的不匹配致使汇率波动对公司利润有较大影响。为了规避风险，青岛海尔发展了不超过 65 亿美元的外汇资金衍生品业务。包括远期结汇/购汇业务、货币掉期业务、风险可控的套利型组合业务、其他 NDF（无本金交割远期外汇交易）、货币期货和期权业务、货币、利率互换等业务。

（二）并购绩效

青岛海尔在并购前后的财务表现如表 13－7 所示，青岛海尔 2016 年实现营业收入 1 190.7 亿元，增长率为 32.59%；实现营业利润 71.2 亿元，增长率为 10.21%；实现 EPS 0.83 元。扣除非流动资产以及可供出售金融资产处置收益等项目影响，青岛海尔 2016 年扣非后净利润增速为 17.89%。通用家电自 2016 年 6 月正式并表后，6～9 月共贡献收入 143.5 亿元，贡献净利润 3.2 亿元。受此影响，公司第三季度单季度收入及扣非后净利润分别同比快速增长 50.1% 和 22.0%。因此，公司长期增长前景的确定体现了并购通用家电的协同效应，并购对于青岛海尔长期发展有着积极的影响。

表 13-7　青岛海尔并购前后财务数据

日　期	2017 年 9 月 30 日	2016 年 12 月 31 日	2015 年 12 月 31 日
营业总收入（万元）	11 918 961.36	11 906 582.52	8 974 832.04
同比（%）	41.44	32.59	-7.41
营业总成本（万元）	11 336 428.44	11 366 263.60	8 452 608.18
营业利润（万元）	758 832.48	711 755.47	645 231.78
同比（%）	38.51	10.21	-22.26
利润总额（万元）	808 758.63	818 320.03	697 485.89
同比（%）	40.00	17.22	-18.67
净利润（万元）	711 146.98	669 133.43	592 208.95
扣非后归属母公司股东的净利润（万元）	469 533.64	433 245.31	367 495.25
同比（%）	32.31	17.89	-15.01

资料来源：根据青岛海尔公告整理。

五、参考资料

[1] 李光斗，张瑞敏. 这是一次完全不同以往的并购 [J]. 中外管理，2016 (10)：48-49.

[2] 贾淋. 中国企业海外并购存在的风险及其控制研究 [D]. 成都：西南财经大学，2014.

[3] 廖运凤. 中国企业海外并购案例分析 [M]. 北京：企业管理出版社，2007.

[4] 赵丹铜. 海尔集团并购通用家电的案例分析 [J]. 商业现代化，2017 (14)：42-43.

[5] 姜珊. 我国家电企业跨国并购的风险研究——以海尔并购 GE 家电业务为例 [J]. 农村经济与科技，2017，28 (06)：131.

[6] 青岛海尔股份有限公司年报. 巨潮资讯网.

[7] 青岛海尔股份有限公司重大资产购买预案（修订稿），巨潮资讯网.

六、讨论问题

1. 怎样确定企业当前是否应该选择海外并购？
2. 怎样选择正确的并购目标企业？
3. 如何选择对并购方有利的支付方式？
4. 如何加强并购风险防范？
5. 并购之后怎样才能改善企业的并购绩效，实现更好的发展？
6. 如何提高我国家电企业的竞争力？

［案例说明书］

一、本案例要解决的关键问题

本案例要实现的教学目标在于：通过对青岛海尔并购 GE 家电的动因与具体操作的介绍，引导学员进一步了解海外并购的设计、实施及后续整合风险的把控，使学员能够结合所学的并购理论和操作方法解决企业战略管理的实际问题，培养学员分析企业海外并购问题的综合能力。

二、案例讨论的准备工作

为了有效实现本案例目标，学员应该具备下列相关知识背景：

（一）理论背景

1. 并购的支付方式

并购的支付方式在整个并购过程中起着举足轻重的作用。我国企业跨国并购中有很多不同的支付方式，例如：现金、期权、股权、杠杆支付等，但目前我国企业仍以支付现金的方式为主，很少利用新型的支付工具，这将影响并购的效率和发展。并购企业应根据自身实际情况选择合适的支付方式，加强对支付工具的合理利用，从而稳定现金流，提高并购效率。

2. 海外并购整合

海外并购整合是两个或多个国家的企业之间，根据自身的战略发展需要，考虑国内外政治、法律、经济环境和文化的差异等因素，对双方企业内部的管理方式、文化价值观、生产运营、市场策略、人力资源以及核心能力等进行进一步融合，从而创造更大的企业价值。

3. 企业海外并购存在的风险（略）

（二）行业背景

随着家电行业的快速发展，以及中国工信部的利好政策，众多家电企业纷纷开始迈出国际化的第一步。作为我国家电领军企业，海尔、TCL 等多年来积极着手深耕海外市场，以此增强自身整体实力，同时也为我国家电企业以及其他行业之后的海外并购提供了经验借鉴。

近几年来，中国家电行业发生了多起影响较大的海外并购，且并购狂潮仍在继续。为提高企业自身实力及市场竞争力，中国家电企业要在保证目前投资力度的基础上，继续扩大产业投资，加速海外扩张，通过海外并购的方式来缩小自身与行业领先的发达国家企业在工业技术、品牌管理以及市场拓展等方面的差距。

（三）制度背景

政府出台了一系列政策措施和保障制度，为中国企业开展海外并购业务提供了良好的政策环境（见表 13－8）。

表 13－8　国内利好的政策措施和保障制度

时　间	有关政府部门、机构等发布的文件、法规及意见	核心内容和影响
2014 年 3 月	《国务院关于进一步优化企业兼并重组市场环境的意见》	（1）落实完善企业跨国并购的相关政策，鼓励具备实力的企业开展跨国并购，在全球范围内优化资源配置。 （2）简化海外并购的外汇管理，改革外汇登记要求，进一步促进投资便利化。 （3）优化国内企业境外收购的事前信息报告确认程序，加快办理相关核准手续
2014 年 10 月	《上市公司重大资产重组管理办法》	除发行股份购买资产外无需证监会核准，大大简化了 A 股上市公司收购海外资产的行政审批流程
2015 年 3 月	《2015 年政府工作报告》	（1）加快实施走出去战略，鼓励企业参与境外基础设施建设和产能合作，实行以备案制为主的对外投资管理方式。 （2）拓宽外汇储备运用渠道，健全金融、信息、法律、领事保护服务，让中国企业走得出、走得稳，在国际竞争中强筋健骨、发展壮大
2015 年 3 月	《推动共建丝绸之路经济带和 21 世纪海上丝绸之路的愿景与行动》	（1）深化与中亚、南亚、西亚等国家交流合作，形成丝绸之路经济带上重要的交通枢纽、商贸物流和文化科教中心，打造丝绸之路经济带核心区。 （2）丝路基金、亚投行及金砖银行将为中国“走出去”的企业提供更多元化的配套融资服务
2015 年 10 月	《进一步推进中国（上海）自由贸易试验区金融开放创新试点加快上海国际金融中心建设方案》	扩大人民币跨境使用、推动资本项目可兑换和利率市场化等自贸区金融改革政策，大力助推中国企业实施海外并购，并实现了更宽松的外汇管理体制，为中国企业境外资本运作带来了极大的便利

资料来源：公开资料整理。

2016 年下半年人民币贬值加剧，无论是经国家发改委进行对外投资的审核和备案，还是在外汇银行办理外汇手续，审核程序都趋于严格，强调对外投资的真实性和合规性，增加了企业对外投资的难度。2017 年 1 月 26 日，外管局发了 2017 年 3 号文，明确增加了企业在外汇银行办理外汇的手续，无论是对外投资，还是外资企业的利润汇出，还有外债、内保外贷的手续，都与以前有所不同。2017 年 5 月 4 日，国家外汇管理局局长潘功胜强调，在加强合法性和合规性审核的基础上，鼓励有条件、有真实交易背景的对外投资。

三、教学组织方式

（一）问题清单及提问顺序、资料发放顺序

本案例讨论的题目依次为：

1. 怎样确定企业当前是否应该选择海外并购？
2. 怎样选择正确的并购目标企业？
3. 如何选择对并购方有利的支付方式？
4. 如何加强并购风险防范？
5. 并购之后怎样才能改善企业的并购绩效，实现更好的发展？
6. 如何提高我国家电企业的竞争力？

（二）课时分配

1. 课后自行阅读资料：约3小时；
2. 小组讨论并提交分析报告提纲：约3小时；
3. 课堂小组代表发言、进一步讨论：约3小时；
4. 课堂讨论总结：约0.5小时。

（三）讨论方式

本案例可以采用小组式进行讨论。

（四）课堂讨论总结

课堂讨论总结的关键是：归纳发言者的主要观点；重申其重点及亮点；提醒大家对焦点问题或有争议观点进行进一步思考；建议大家对案例素材进行扩展研究和深入分析。